Quand le cirque inspire l'entreprise

Circus
Company

Éditions d'Organisation
Groupe Eyrolles
61, bd Saint-Germain
75240 Paris Cedex 05
www.editions-organisation.com
www.editions-eyrolles.com

Chez le même éditeur

Christian Mayeur, *Le manager à l'écoute de l'artiste*, 2005.

Eugénie Vegleris, *Manager avec la philo*, 2006.

Francis Cholle, *L'intelligence intuitive*, 2007.

Sources utilisées : www.even.com, www.jesuismort.com

Crédits photos : Fotolia, istock

Droits réservés : p. 113

Laurent SAUSSEREAU – Thierry ROUSSIN – Éric Axel ZIMMER

Quand le cirque inspire l'entreprise

Circus Company

Préface de Jacques Attali, écrivain

**Postface de Daniel Lamarre,
président du Cirque du Soleil**

EYROLLES

Éditions d'Organisation

Remerciements

Nous remercions nos clients grâce auxquels nous avons tant appris des questions qui se posent aujourd'hui dans les entreprises.

Nous remercions également Pierre de Romanet, Arnaud Jamin, Sabine Desternes, Jean-Marie Descarpentries et nos collègues de Secor pour leurs conseils, leur soutien et leurs encouragements.

Enfin, merci à Jacques Attali et à Daniel Lamarre pour leur précieuse contribution à l'ouvrage.

Mode d'emploi

LE SENS DE LA LECTURE

Dans un monde en quête de sens, dans un contexte non linéaire, nous ne pouvions faire autrement que d'imaginer une lecture adaptée. Une lecture «cirque» en quelque sorte, circulaire, sans entrée réelle ni sortie.

Vous pouvez prendre ce livre où bon vous semble. Le prendre par le début ou par la fin, en fait peu importe.

Les deux «préfaces» et l'introduction témoignent de cette logique. À vous de jouer et de zapper en entrant dans cet univers agité pour y trouver par vous-même la structure qui vous conviendra le mieux.

CORRESPONDANCE DU FUTUR

Le livre est jalonné d'une correspondance entre deux personnages témoignant de notre monde en 2032. Ces lettres, témoignage d'un futur possible, sont imaginées pour vous conduire à penser comment nos enfants décriront ce monde que nous construisons pour eux et que nous allons leur transmettre. Parce que dans l'agilité il est question d'anticipation, la projection imagée dans le futur nous aide à mieux penser aujourd'hui pour demain.

LE REGARD DU CLOWN

Le clown apporte un regard décapant sur le monde, interpelle et pose des questions si évidentes parfois qu'on finit par ne plus les voir. Certaines parties sont illustrées par ce regard du clown, elles sont une invitation à une prise de recul pour le questionnement. Les questions ne sont pas exhaustives et nous vous encourageons à trouver par vous-même les questions qui s'imposent à vous au cours de la lecture.

Préface

Quand le cirque vient à l'esprit

Quiconque s'intéresse à l'entreprise a tout à apprendre du cirque et lorsqu'on recherche une métaphore de l'entreprise, comme de toute communauté humaine, le cirque vient à l'esprit.

Il est lieu du spectacle de la domestication de la nature et du dépassement de l'homme, il donne au citadin le spectacle du Jardin d'Eden.

Il est un lieu de rassemblement de talents et de langues diverses (les artistes), exigeant une organisation sophistiquée du travail (du camionneur au dompteur) et des rencontres avec les clients les plus exigeants (les enfants). Le cirque fait rêver, laisse croire que tout est facile (le comble de l'élégance, le secret du succès, est de ne jamais laisser apparaître l'effort).

L'entreprise est comme le cirque le lieu de l'innovation, de la recherche permanente du neuf, du déplacement, de la délocalisation et du nomadisme. Elle est aussi, comme le cirque, une entité différente des attractions qui s'y produisent : le cirque est, ainsi, comme l'entreprise durable, une marque, un univers, une référence, une exigence de qualité.

De même, il serait assez facile d'identifier, parmi les employés de toute entreprise, celui dont la personnalité ressemble à celle de l'acrobate, du jongleur, du magicien, du clown, du lanceur de couteaux, du dompteur, de Monsieur Loyal, de l'écuyère ou de tant d'autres.

Enfin, demain, le cirque sera le lieu de l'esprit, du virtuel, du technologique, comme le sera évidemment l'entreprise. Il sera aussi, plus que jamais, le lieu du spectacle vivant, dont la valeur marchande sera de plus en plus élevée.

Tel est le mérite de ce livre que de nous rappeler que rien de grand ne se fait sans penser à l'enfance, temps de tous les possibles.

Jacques Attali

Préambule

Prendre le risque
de penser autrement

Nos vies quotidiennes sont sujettes à un nombre croissant de discontinuités, de ruptures, petites et grandes. Ce phénomène étourdissant donne l'apparence, réelle ou non, que notre société est instable, imprévisible et alors notre sentiment d'efficacité personnelle en souffre.

Aujourd'hui, notre environnement change à une vitesse vertigineuse. Les avancées technologiques fulgurantes modifient notre manière de vivre et nous conditionnent à tout instant. Ce phénomène induit une «globalisation» qui s'étend à tous les domaines de la vie. Qu'on le veuille ou non, nous devenons de plus en plus liés les uns aux autres à l'échelle de la planète, ainsi que de plus en plus intimement reliés à notre environnement.

Il n'a jamais été aisé pour l'être humain de faire une lecture objective du présent. Qu'il s'agisse de visions biaisées sur le passé ou de préjugés sur l'avenir, l'homme s'est trompé plus souvent qu'il n'a eu raison : pensez aux prédictions apocalyptiques du Club de Rome dans les années 1970 sur l'humanité en l'an 2000 ou aux visions paradisiaques d'un avenir radieux durant les années 1960.

La conduite d'un pays, d'une nation, d'une institution devient dans ce contexte un «sport» hasardeux si on ne possède pas les bonnes clés, les bons repères. Sans avoir peur de surprendre ou de dérouter, nous avons choisi le monde du cirque comme référence pour comprendre le présent, décrypter et imaginer l'avenir. L'usage d'une telle métaphore est surprenant dans un monde si rationnel et raisonnable. Pour ouvrir l'esprit, penser plus large et imaginer ce qui n'existe pas encore, il nous faut un langage ouvert et poétique, un peu à la manière des idéogrammes chinois qui ont chacun plusieurs sens suivant le contexte, et dont la lecture nous ouvre plusieurs chemins d'interprétation.

Plus important, l'utilisation de l'analogie nous permet d'aborder notre monde «post-moderne» si interconnecté. Décortiquer les différents environnements affectant le monde de l'entreprise via le cirque nous permettra d'y apporter un supplément de sens. Car au fond, c'est de cela qu'il s'agit : donner un sens à ce que nous vivons.

Le monde a cessé d'évoluer dans une seule direction. Progresse-t-on ? Régresse-t-on ? Qui est en mesure de répondre à cette question de manière satisfaisante ? Ce qui est sûr en revanche, c'est que la technologie joue un double effet direct. D'une part elle favorise une complexification inéluctable de nos vies et cette complexité est un vrai défi, et d'autre part, elle accélère le rythme de nos existences en tant qu'individus et en tant que responsables d'entreprise. Est-ce un régime de croisière soutenable ? Nous l'ignorons, mais nous parions sur la capacité des individus qui composent une entreprise à donner un sens particulier à ce qu'ils vivent.

Circassien

Dérivé de «Circassie» (région du Caucase) avec le suffixe -ien (pour donner le nom des habitants ou l'adjectif relatif à cette région). Les sens relatifs au cirque sont apparus au XXe siècle par une attraction probablement due à la proximité sonore des mots «circassien» et «cirque» (voir aussi le terme anglais *circus*). Ce sens peut aussi être dû au fait que les peuples du Caucase ont donné nombre de cavaliers ottomans (les cavaliers évoquant le monde du cirque) et par le fait que ces peuples étaient surtout nomades, de même que la plupart des cirques actuels sont itinérants.

Intituler ce livre *Circus Company* est à la fois une gageure et une prise de risque, celui d'affronter les préjugés que la plupart d'entre nous portent sur la notion même de cirque : un lieu où règne le désordre, où les règles semblent être, sinon absentes, du moins floues et difficiles à comprendre, un monde qui ressemble plus souvent au chaos qu'à l'harmonie.

Le cirque est aussi l'arène où se produisent des saltimbanques, ces gens «pas sérieux», marginaux et souvent anticonformistes, voire des «clowns» qui n'ont leur place que dans cet espace bien défini. C'est le lieu des enfants plus que celui des adultes, le lieu de l'imagination et du suspense, un autre lieu, une autre réalité. Le cirque est souvent considéré comme un témoin du passé, peu ont su, dans le cirque traditionnel, survivre et faire face à la déferlante des médias, de la télévision et du cinéma.

Que faire de ce monde apparemment si loin de l'entreprise pour parler de l'entreprise ? Loin de vouloir faire l'apologie du cirque, il nous semble que, dans un monde où règnent changements et chaos, un monde où l'agilité semble une voie incontournable pour survivre, l'esprit du cirque permet un détour riche d'enseignements pour nos organisations et leur fonctionnement et peut ouvrir quelques voies fertiles pour penser autrement.

Penser autrement, c'est prendre le risque de ne pas être compris, voire d'être marginalisé. C'est pourtant une piste sérieuse pour imaginer ensemble un futur constructif, au bénéfice de chaque homme sur terre. Penser autrement, c'est prendre le risque de passer pour fou aux yeux des autres, sauf à trouver suffisamment de ces fous convaincus que seules de nouvelles voies inexplorées permettront de construire le monde de demain.

⊠METAMAILEUROSERVERP2PVIRTUALINK//PARIS(ØF)OUTBOUND//DATE=0309
203222:36(GMT+1)/WWREP00034055572AZ24ZZ040////////////////////

PARIS, 3 SEPT. 2032

ANGIE,

CELA FAIT LONGTEMPS QUE JE SOUHAITAIS T'ENVOYER UN MESSAGE, MAIS APPAREMMENT TU N'AS PAS D'AVATAR CE QUI ME CONTRAINT À TAPER CE MESSAGE MANUELLEMENT ET À T'ENVOYER UN E-MAIL ENFIN J'ESPÈRE QUE TU VAS BIEN PARDONNE-MOI, MAIS J'AI PERDU L'HABITUDE DE LA PONCTUATION (SI INUTILE) TOI TU N'AS PAS CHANGÉ TU TIENS TOUJOURS AUX CHOSES «TRADITIONNELLES».

JE SUIS INQUIET DE LA TOURNURE QUE PRENNENT LES ÉVÉNEMENTS ICI. À PARIS, NOUS COMMENÇONS À MANQUER D'EAU ET DES ÉMEUTES COMMENCENT À POINDRE, MAIS LE SYSTÈME GÉO-POLICE PERMET UN RELATIF MAINTIEN DU CALME ET DE L'ORDRE. JE N'AURAIS JAMAIS CRU QUE CES PUCES DE GÉO-LOCALISATION PERMETTRAIENT ÇA.

À QUOI BON TOUTES CES TECHNOLOGIES ALORS QUE L'ESSENTIEL VIENT À MANQUER? POUR L'AIR, MÊME SI FRANCE AIR SE PRIVATISE, LE PROBLÈME N'EST PAS ENCORE POUR NOUS MAINTENANT. J'ESPÈRE QUE NOUS N'AURONS PAS LES MÊMES PROBLÈMES QUE BOMBAY A CONNUS LA SEMAINE DERNIÈRE : 200 000 MORTS PAR ASPHYXIE. C'EST INSUPPORTABLE! APRÈS LES INONDATIONS DE MADRAS LA SEMAINE PRÉCÉDENTE, JE ME DEMANDE CE QUI VA SE PASSER LA SEMAINE PROCHAINE.

AS-TU VU YI XUAN, DEPUIS SA DÉCISION DE DEVENIR MÈRE? LA DERNIÈRE FOIS QUE JE L'AI VUE, C'ÉTAIT POUR FEUILLETER ENSEMBLE LE CATALOGUE GÉNOMIQUE DE NEWGEN : ELLE HÉSITAIT SUR LES PARAMÈTRES DE SON ENFANT, ELLE AVAIT VRAIMENT DU MAL À FAIRE SON CHOIX, JE NE SUIS PAS CERTAIN QUE MES CONSEILS LUI AIENT ÉTÉ D'UNE GRANDE UTILITÉ. JE VAIS LUI OFFRIR UN CHIEN-GORILLE ANTI-ALLERGÈNE COMME CELUI QUE J'AVAIS PARAMÉTRÉ POUR MA NIÈCE L'ANNÉE DERNIÈRE. J'AI PEU DE TEMPS DISPONIBLE, CAR JE TRAVAILLE DANS DES PRÉ-COMPAGNIES QUI APPARAISSENT ET DISPARAISSENT ASSEZ VITE ET JE SUIS CONSTAMMENT PRIS PAR LE *DOWNTIME* À PROCESSER CHAQUE NOUVELLE FONCTION QUE JE DOIS OCCUPER COMME DU BÉTAIL. ENFIN, JE DIS CELA, MAIS ÇA PAIE BIEN.

LA SEMAINE PROCHAINE, JE VAIS FAIRE UNE CURE DE REVITALISATION DANS LA NOUVELLE CITÉ SOUS-MARINE DE LENOX, AU SUD DE LA SARDAIGNE; CELLE DONT ILS ONT INONDÉ D'HOLLO-PUB TOUT LE PÉRIPHÉRIQUE.

À BIENTÔT, JE T'EMBRASSE.

ENDMSG'VERISIGN00034055572AZ24-ZZ040 ▐█▌▐▌█▐▌█▌▐█▌▐▌█▐▌█▌▐▌█▌▐▌█▌

Agile ou fragile?

C'est la fameuse histoire du chêne et du roseau. Mais dans l'histoire d'aujourd'hui, le roseau, finalement, ne s'adapte pas plus que le chêne. Au mieux, il tiendra un peu plus longtemps. On regrette alors La Fontaine qui, sans doute, dans ce monde de mouvement aurait imaginé une fable où les deux protagonistes auraient été des entreprises.

La première est très solidement enracinée et a essuyé bien des tempêtes. Elle est fière de sa force et elle a un public nombreux, venant du monde entier l'admirer et l'applaudir. Elle rencontre un jour une petite entreprise. C'est une troupe de saltimbanques toujours sur les routes et exerçant différents métiers; ils sont riches de leurs expériences accumulées durant ces voyages.

Lorsqu'un puissant séisme secoue le paysage très concurrentiel, le chêne n'a plus de spectateurs pour l'admirer. Désormais infidèles et blasés, ils sont partis vers d'autres lieux où leurs intérêts étaient mieux servis. La grande entreprise, ne pouvant croire qu'un jour on lui tournerait le dos, ne s'est pas rendu compte tout de suite de la désertion de ses admirateurs. Elle tente alors de bouger, mais n'arrive pas à déplacer ses lourdes racines qui faisaient sa respectabilité et sa force d'autrefois. Les saltimbanques, libres de mouvement, ont poursuivi leur route et continuent d'inventer de nouveaux spectacles toujours plus beaux, pour le plus grand plaisir d'admirateurs durablement éphémères.

Au pays des merveilles
d'Alice

Tout fout le camp! Au royaume du scepticisme, les mauvaises nouvelles qui affluent quotidiennement font les choux gras des déclinologues. Phénomène nouveau de notre société, avoir peur est maintenant admis et l'affirmer passe désormais pour un acte de courage. Chacun y va ainsi de l'expression de ses peurs et de ses angoisses, ce qui donne l'impression que la peur s'est installée durablement, qu'elle semble être omniprésente et se propager comme une traînée de poudre en Occident. La peur a cette faculté de rendre souvent aveugle, si bien qu'on finit par perdre parfois le recul nécessaire pour une analyse objective de ce qui est en jeu, et surtout de passer à côté de ce qui est positif et peut constituer une force face à l'enjeu.

FAITES VOS JEUX… RIEN NE VA PLUS!

Le plus grand joueur de golf est noir, le rappeur le plus populaire au monde est blanc, le chef d'entreprise le plus adulé au Japon est libano-brésilien, les 24 heures du Mans 2006 ont été remportées par une Audi à moteur Diesel, la 32e America's Cup a été gagnée par un bateau suisse!

Qui aurait pu croire il y a vingt ans que le Vatican, symbole de conservatisme, serait au hit-parade des disques… En effet, en 1994, le Vatican, sous l'impulsion de son leader charismatique Jean-Paul II, se lançait dans une campagne marketing. En 1999, certains journaux titraient : «*Le pape meilleur vendeur de disques*». En effet, après la sortie de son disque *Abba Pater*, Jean-Paul II obtient les meilleures ventes d'albums étrangers en Pologne. Un site Internet a été conçu à l'occasion avec – entre autres – un vidéo-clip de la vedette du Vatican (www.abbapater.com).

Qui aurait pu dire que l'une des stars chinoises reconnues par le parti serait un transsexuel? Il n'y a pas si longtemps, Jin Xing était encore colonel de l'Armée Populaire de Libération. Aujourd'hui, le plus célèbre des transsexuels de Chine dirige, depuis Shanghai, la première troupe de danse moderne jamais homologuée par le régime communiste en plus de 50 ans de pouvoir.

Et vous qui étiez sur les bancs de l'école il y a dix ou quinze ans, auriez-vous imaginé venir assister d'un avocat pour votre défense ? Pour la première fois en France, en février 2004, lors d'un conseil de discipline, un élève se faisait accompagner de son avocat !

Le 7 décembre 2006, les Hard Rock Cafés, symbole de l'Amérique cow-boy, sont passés aux mains d'une tribu indienne : les Amérindiens Séminoles. Moins connue que les Sioux, les Cheyennes ou les Apaches, la tribu des Séminoles est pourtant réputée pour être la seule de l'histoire à n'avoir jamais baissé les armes face aux Visages Pâles. Bien des années plus tard, après avoir troqué la hache de guerre pour le costume trois pièces, ce peuple historiquement implanté en Floride est devenu le premier de la nation amérindienne à s'emparer d'une compagnie d'envergure internationale, en rachetant les Hard Rock Cafés.

Il s'appelle Matisyahu et il est la star montante du reggae aux États-Unis. Membre d'une communauté hassidique Loubavitch, rendue célèbre par son leader spirituel, le rabbin Menachem Mendel Schneerson, il porte le chapeau noir et la barbe des juifs religieux et chante sa prose saccadée devant des foules grandissantes. Son album *Youth*, est directement entré à la 4e place du Top 200 établi par le magazine spécialisé *Billboard* avec 120 000 exemplaires vendus en une semaine. La représentation live de *King Without a Crown* l'a fait pénétrer dans le Top 10 américain. Il compte parmi ses inspirations Bob Marley, Phish et le rabbin Shlomo Carlebach. Ses fans sont de différentes origines au niveau religieux, ethnique mais aussi au niveau du mode de vie. Il lui arrive parfois de se représenter en scène avec Kenny Muhammad, un beat boxer musulman (http://www.matismusic.com).

Le monde change ! Oui, c'est une évidence !

Eh oui, le monde change ! «Tout fout le camp, rien est plus pareil...», comme une rengaine quotidienne, nous ressassons un air nostalgique pour ne pas oublier qu'hier était mieux.

Le monde change-t-il vraiment?

«Il n'y a pas aujourd'hui un parent, enfant, mari ou femme, travailleur ou employeur qui n'est pas aux prises avec une situation inédite. Nous ne sommes pas habitués à une civilisation aussi compliquée, nous ne savons pas comment nous comporter quand le contact spontané avec son prochain et l'autorité éternelle ont disparu. Il n'y a pas de précédents pour nous guider, aucune sagesse qui n'a pas été le fruit d'une époque plus simple; nous avons transformé notre environnement plus rapidement que notre capacité à changer nous-mêmes[1]» (1914)

Walter Lippman, journaliste américain

Ce texte donne à penser que, finalement, le vécu de nos ancêtres à la fin du XIXe siècle semblait aussi plein de changements. Imaginez ces gens qui ont vu l'arrivée de l'électricité, du téléphone, de l'automobile, du travail en usine... Quelle révolution dans leur vie!

Ce que nous vivons n'est peut-être pas si extraordinaire que nous le pensons, et que ce que nous percevons comme unique dans l'histoire n'est qu'une illusion.

Alors le monde change-t-il vraiment? Et si, finalement, c'était la nature du changement même qui avait changé, car il est vrai que de tout temps, la nature et l'humanité y ont été confrontées. La vraie nouveauté semble davantage être dans les composantes même du changement, avec une vitesse accrue et une non-linéarité plus grande.

CHANGEMENT DE DÉCOR!

«Il faut que tu coures le plus vite possible pour rester à ta place!» Nous sommes comme Alice et cet avertissement lancé par la reine de cœur vaut pour tous. Le décor bouge et si Alice ne bouge pas au moins aussi vite, alors le décor la perd. Notre monde bouge vite, les changements sont étrangement rapides et comme Alice, nous risquons d'être largués si nous ne courons pas aussi vite que cet environnement en mouvement. Dans cette course, les chances risquent bien d'être inégales et certains d'entre nous n'auront peut-être pas les moyens d'aller aussi vite que le décor.

Pour A. Toffler[2], futurologue, les économies de temps se sont désormais substituées aux économies d'échelle, sur les marchés à très forte concur-

---

1. Walter Lippman, *Drift and mastery*, 1914. Traduction des auteurs.
2. Alain Toffler, *La 3e vague*, Denoël, Paris, 1984.

rence. Les progrès matériels, les évolutions de société et des modes de vie au cours de l'histoire sont directement liés à l'évolution de la capacité de traitement et de gestion de l'information : l'écriture fut le premier moyen «d'ancrer» le savoir et a permis la transmission notamment des textes sacrés et l'expansion du christianisme en Occident. L'imprimerie à caractères mobiles ensuite avec Gutenberg en 1455 a rendu possible la Révolution française plus de 300 ans plus tard : chacun sait le rôle majeur joué par la presse lors de la Révolution avec notamment le fameux journal du révolutionnaire Jean-Paul Marat, l'*Ami du peuple* qui en fut un sérieux détonateur.

S'inspirant de la biologie, certains chercheurs dans le domaine de la systémique, tentent même de démontrer qu'il y a un rapport entre l'évolution de notre manière de traiter l'information, et le type d'échange «énergétique» que nous avons avec notre environnement. La sophistication progressive de nos méthodes de stockage et d'échange d'informations serait la véritable évolution darwinienne de l'homme.

L'informatique changea tout notre rapport au monde. Sans elle, la conquête de l'espace n'aurait pas été possible. Le traitement rapide de grandes quantités d'information a permis d'aller dans l'espace. Est né alors l'*art pop* aux formes rondes rappelant étrangement notre Terre vue d'en haut, naissait aussi une conscience planétaire, l'idée de planète village.

De nombreux ouvrages ont traité les effets de la révolution Internet et nous n'y reviendrons pas. En revanche, il est clair qu'avec l'Internet, en permettant l'accès à toute l'information, à tout moment, de n'importe où s'ouvre une nouvelle ère qui bouleversera bon nombre de repères : l'ère de l'information communication. Stan Davis, président du Center for Business Innovation, affirme qu'aujourd'hui la masse de savoir accessible double tous les sept ans et qu'en 2020, il doublera tous les 72 jours. Peter Drucker fut le premier à parler des travailleurs du savoir. Au début du XXe siècle, dans les sociétés occidentales, 80 % des travailleurs vivaient de leur force musculaire. Aujourd'hui, dans nos sociétés de service, 80 % vivent de l'information ou de «l'intangible». Le savoir est devenu le premier actif de nos sociétés. Cet actif est entre les oreilles de chaque travailleur du savoir qui devient, ainsi, propriétaire d'une partie du capital de l'entreprise. Si le cerveau est en passe de devenir l'outil de production de notre ère de l'information, Marx sur ce point avait peut-être raison, en annonçant la propriété de l'outil de production aux salariés.

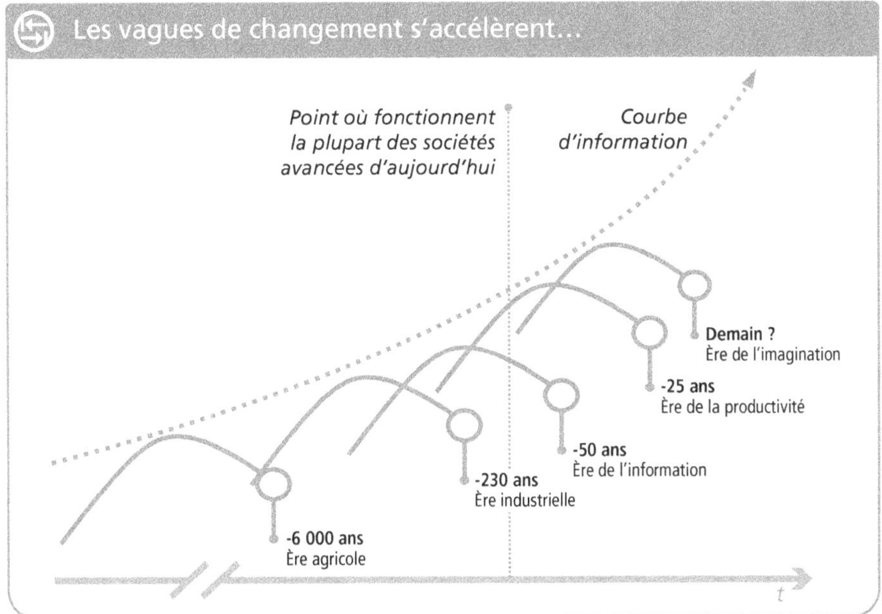

Notre décor change et nous entrons probablement dans une tempête de changements sans précédent. Le schéma montre comment les changements s'accélèrent avec l'évolution de la capacité de traitement de l'information. Les vagues du changement sont de plus en plus étroites et de plus en plus rapprochées. Elles se chevauchent désormais et, à peine a-t-on eu le temps d'accepter la vague qui arrive, qu'une autre se prépare.

Un certain nombre d'entreprises utilisent encore des outils de la vague industrielle, alors que la vague de l'information a déjà déferlé et que commence à s'abattre celle de la productivité.

Les changements se font alors de plus en plus rapides et sont vécus comme violents car il devient de plus en plus difficile de s'y adapter en temps réel. On a l'impression d'être comme un enfant assis sur son cheval de bois dans un manège qui accélère. Tenter de changer de cheval devient périlleux tant la force centrifuge projette à l'extérieur. Cramponnés alors à notre bon vieux cheval, chacun prie en attendant que le mouvement se calme, mais rien ne laisse entrevoir une décélération douce, bien au contraire.

CANON BALL : À TOUTE VITESSE...

Dans l'époque mécaniste que nous avons créée et que chaque jour nous célébrons, l'ensemble de la société est tiré par une unité de temps nouvelle : le temps technologique. Ce temps, d'une durée de douze à dix-huit mois, correspond au cycle de désuétude d'une technologie ou d'un produit technologique. Cette réduction des cycles de vie de nos produits est liée à la loi de Moore.

Constatant que le nombre de transistors contenu dans un circuit intégré avait doublé tous les cinq ou six ans depuis 1959, Gordon E. Moore, cofondateur de la société Intel, annonça en 1965 et en 1971 que la puissance des composants doublerait, à taille égale, avec un coût de production stable ou décroissant tous les dix-huit mois.

> La masse de savoir accessible double tous les sept ans et doublera tous les soixante-douze jours vers 2020…
>
> Stan Davis, président du Center For Business Innovation

Cette loi, qui semblait rendre inévitable un avenir seulement potentiel, trouvait sa limite dans la taille des micropuces et transistors qui ne peuvent pas se réduire infiniment. Mais les nanotechnologies, qui repoussent les frontières de la miniaturisation, donnent un nouveau souffle à la loi de Moore. C'est ainsi que des ordinateurs qui coûtaient 2 000 à 3 000 euros il y a cinq ans en coûtent aujourd'hui environ 1 000 euros et sont plus puissants. Prenez, par exemple, votre téléphone cellulaire ou bien votre ordinateur. Il est fort à parier qu'il a moins de dix-huit mois. Nathan Myhrvold, alors directeur du développement de Microsoft, ironisait : «*Quelle que soit la sophistication de votre produit, vous n'êtes jamais qu'à dix-huit mois de le voir complètement dépassé.*» Cette course à la productivité pour satisfaire le client a un impact sur l'ensemble de l'industrie quelle qu'elle soit. Dans l'automobile, par exemple, les cycles de production sont passés de cinq ans, dans les années 1980, à deux ans. Certains futurologues estiment que, dans dix ans, certains producteurs automobiles sauront produire des modèles sur mesure avec zéro défaut et en quelques jours seulement. À la fin des années 1980, dans l'industrie pharmaceutique, il fallait dix ans en moyenne pour élaborer et commercialiser un produit. Les nouvelles générations de produits biotechnologiques plus sophistiqués sortent actuellement en quatre à sept ans.

Cette propulsion technologique de la civilisation et de l'économie mondiale bouscule les habitudes de travailler et de vivre. Nous ne comptons plus le temps en termes de générations, ou encore de cycles économiques, mais bien en termes d'événements technologiques. L'horizon du temps se rapproche et l'homme voit succéder une série d'ères à toute vitesse.

L'accélération que nous percevons n'est pas une illusion. Elle nous projette chaque jour plus vite dans un futur de plus en plus difficile à anticiper. Comme des hommes canons, nous sommes propulsés en avant dans un espace-temps d'une autre nature, nous éloignant graduellement de notre camp de base initial, arrachés violemment parfois à des racines et à un passé qui fondaient nos repères.

Même si le changement n'est pas un phénomène nouveau, il est clair en revanche que la vitesse est un paramètre nouveau indispensable à considérer. L'accélération perçue change la donne de notre vie et engendre un véritable enjeu de société : garder suffisamment de repères stables pour ne pas tomber dans une forme de chaos qui serait dû à l'absence d'un cadre individuel et collectif. Pour prendre une métaphore, tout semble se passer comme si nous avions placé un moteur de Ferrari dans une 2CV et que nous roulions pied au plancher sur un chemin de traverse. Mais y a-t-il un pilote dans la voiture ?

Quel cirque!

Stone
Le monde est stone
J'ai plus envie d'me battre
J'ai plus envie d'courir
Comme tous ces automates
Qui bâtissent des empires
Que le vent peut détruire
Comme des châteaux de cartes
...

(Extrait de Starmania)

CLIC-CLAC, AU REVOIR KODAK!

L'histoire se passe à la fin du XVIIIIe siècle dans le sud-ouest de Londres. La campagne est couverte de forêts de bouleaux. Ces forêts, en été, sont peuplées de papillons, en majorité des blancs et en minorité des noirs. Au début de l'ère industrielle apparaît la machine à vapeur dont les premières lignes traversent ces forêts. Quelques décennies plus tard, on constate un changement étrange : une inversion dans les populations de papillons. Les blancs sont devenus minoritaires et moins nombreux que les noirs qui semblent proliférer, mais pourquoi ?

Les bouleaux sont blancs et les papillons noirs sur l'écorce des arbres étaient plus visibles aux yeux des oiseaux qui en faisaient plus facilement leur proie que les papillons blancs protégés par leur couleur. L'arrivée de la machine à vapeur a graduellement noirci les bouleaux, rendant les papillons blancs plus visibles, au contraire des papillons noirs qui étaient épargnés.

C'est ainsi qu'un changement de contexte, un élément nouveau et imprévu, une rupture technologique peut venir bousculer un équilibre qui semblait pour longtemps établi. Face à des ruptures soudaines, certains savent s'adapter et d'autres non. En revanche, il n'est plus question de progrès vers un but social commun ou autre finalité utopique. L'impératif de changement est plus simple que cela : adapte-toi au changement ou meurs.

Certaines entreprises ont été victimes de tels changements, par exemple Kodak, leader de la photographie jusqu'à l'avènement du numérique et qui lutte aujourd'hui pour sa survie. L'appareil numérique, en éclatant et en ouvrant le marché, a permis à de nouveaux acteurs qui n'étaient pas dans la photographie d'entrer avec une légitimité qu'ils n'auraient jamais eue à l'époque de l'argentique. Kodak a attendu trop longtemps pour décider de pénétrer sur le marché du numérique, pensant que sa marque suffirait à rattraper le retard.

Dans les années 1970, Xerox détenait 95 % du marché des photocopieurs, surtout dans les grandes entreprises. L'analyse du marché laissait alors penser que le principal risque pourrait venir de concurrents qui parviendraient à baisser les coûts unitaires grâce à des volumes importants. Xerox a alors concentré ses forces pour minimiser ce risque, et s'est évertué à verrouiller le marché des grandes entreprises : licences, service client remarquable, forte présence de la force de vente, etc., mais une concurrence inattendue est apparue avec le photocopieur personnel, inventé par Canon. Obnubilé par l'enjeu du marché des grandes entreprises, Xerox a ignoré Canon pendant 10 ans avant de se rendre compte que ce concurrent imprévu lui avait ravi sa place de leader.

On se souvient aussi en France de Lip, fabricant de montres, et de Manufrance, dont les fermetures furent retentissantes. À l'époque, beaucoup ont affirmé, pour l'une comme pour l'autre, que les marchés n'étaient plus porteurs et que la concurrence mondiale qui s'amorçait rendait impossible une quelconque compétitivité. Pourtant, quelques années après, Swatch inventait une nouvelle façon de concevoir les montres et Décathlon imaginait un autre *business model*. Ces deux entreprises se portent bien et prouvent que les raisons de la chute de Lip, comme de Manufrance, ne résidaient pas dans celles qui avaient été énoncées à l'époque. Qu'est-ce qui les empêchait de se transformer en un Swatch ou un Décathlon ?

Le *momentum* est le moment juste, précis, où la décision doit avoir un impact. Il arrive que des entreprises retardent leur action jusqu'au moment où, finalement il est trop tard et la chance est passée. La société Yahoo! en est un bel exemple : ses dirigeants ne croyaient pas vraiment que la fusion Time Warner/AOL était possible. Ils ont donc attendu qu'AOL annonce officiellement le rachat de Time Warner pour développer des moyens de lutter contre ce nouveau concurrent particulièrement dangereux. Un temps précieux a été perdu et Yahoo! a vu ses revenus fondre de 42 %! Le contraire est aussi vrai, trop de vitesse peut également être nuisible, une bonne idée en avance ne trouvera pas son marché.

Enfin, l'un des dangers majeurs est d'appliquer systématiquement des recettes qui ont fait les succès passés pour répondre à des ruptures. Dans l'Angleterre des années 1970, une enseigne très à la mode de vêtements pour homme, Foster Brothers, a fait face avec succès à une chute des ventes, en achetant des matières premières moins chères et en répercutant cette baisse de coûts sur les prix. Forte de ce succès, elle a continué à réagir aux aléas du marché, en réduisant ses coûts et ses prix. Au fil des années, la sensibilité des consommateurs aux prix est devenue moins évidente. Les clients se sont alors tournés vers des enseignes comme Gap ou Next, certes plus chères mais plus modernes et répondant plus à leurs besoins en termes de produits. Foster Brothers est ainsi tombée pour être resté rigide sur ses critères et figée dans une même analyse du marché sans adapter sa stratégie.

Parier sur l'avenir le plus probable donne l'illusion de la certitude. Nous considérons inconsciemment comme acquis que la situation évoluera comme prévu, et ne sommes de ce fait plus à l'écoute des éléments qui viendraient infirmer nos hypothèses. Si le pari s'avère malchanceux, les résultats peuvent être catastrophiques.

D'autres, en revanche, ont vu leur marché stagner ou la concurrence arriver et ont parié sur l'ouverture de nouveaux marchés : Nokia en est un bel exemple. Nokia fabriquait des bottes en caoutchouc et du papier jusque dans les années 1980. À cette période, les dirigeants ont fait le pari de la téléphonie mobile et l'entreprise est aujourd'hui parmi les leaders mondiaux, ce qui n'aurait sans doute jamais été le cas dans son secteur historique. L'entreprise Danone est passée, sous l'impulsion de Franck Riboud à la fin des années 1980, du contenant au contenu, a cédé ses activités de verreries et a abandonné sa marque historique BSN. L'un des maîtres mots en interne est «le jeu de jambes», traduisant une attitude permanente à avoir pour devenir *«the fastest food company in the world»*.

Dans votre environnement, y aurait-il des signes de rupture, des changements qui pourraient être déterminants pour la sélection? Et surtout, aurez-vous l'agilité suffisante pour faire face à l'imprévisible?

LE GOÛT DU RISQUE

Du latin *complexus* «fait d'éléments imbriqués», participe passé adjectivé de *complecti* «embrasser, comprendre», de *cum*, com et *plectere* «plier, entrelacer». Au XVIᵉ siècle, en France, le mot complexe (par exemple, dans l'expression «complexe querelle») qualifie ce qui est composé de divers éléments hétérogènes. Complexité signifie donc multiplicité d'éléments et de relations entre ceux-ci.

Vouloir prévoir le futur, savoir ce qui va se passer pour anticiper est un réflexe bien naturel. L'exercice était sans doute plus simple lorsque le monde était moins complexe. La complexité est liée à l'interdépendance croissante des systèmes que les hommes ont créés. Certains appellent ce phénomène «l'effet spaghetti», comparable à une grande assiette de spaghettis dans laquelle il est difficile de savoir où est le commencement et où est la fin, lorsque l'on prend un spaghetti bien d'autres suivent.

« Gouverner, c'est prévoir », disait Talleyrand. Nombreux sont les grands hommes, certains que leur position dans la société leur conférait une légitimité sans faille et convaincus qu'ils étaient les bâtisseurs du monde, à avoir fait des prédictions avec assurance. L'histoire a montré par la suite qu'ils n'étaient pas à l'abri d'erreurs étonnantes. Par exemple, le maréchal Ferdinand Foch disait avant la Grande Guerre que *«les aéroplanes sont des jouets intéressants, mais dépourvus de valeur militaire»*, Watson, fondateur d'IBM, affirmait en 1945 *«qu'il y a un marché mondial pour environ 5 ordinateurs»*. On trouve également dans le plan stratégique de Disney, en 1970 : *«nous ne vendrons jamais nos dessins animés sur des cassettes vidéo!»*

Certaines de ces erreurs trouvent sans doute leur cause dans le simple principe de l'effet «rétroviseur», qu'Hervé Sérieyx illustre ainsi : *«À imaginer le futur avec nos schémas d'hier, nous créons les problèmes d'aujourd'hui.»* Penser le futur avec des réflexes du passé, imaginer le décor de demain avec des matériaux d'hier induit un risque fort de faire fausse route. Par ailleurs, beaucoup ne saisissent pas encore jusqu'à quel point la complexité technologique induit une nouvelle manière d'appréhender le business et tentent vainement de plaquer leurs modèles de l'ère industrielle sur les enjeux de leur entreprise.

En même temps, l'erreur de prédiction est humaine et elle est potentiellement de plus en plus probable. Qui aurait imaginé au début de l'année 1989 la chute du mur de Berlin ou encore les attentats du 11 Septembre 2001 aux États-Unis, le tsunami en 2005? Le monde devient plus complexe, les enjeux sont croissants, on assiste à une montée irréversible du niveau de risque de chacune des décisions. Plus notre monde devient flou, plus nos paris sur l'avenir deviennent irrationnels. Par ailleurs, la masse d'informations et la prégnance des médias créent un bruit de fond qui couvre l'essentiel et ajoute à la difficulté de discerner les vrais signaux du changement. La planification et l'anticipation stratégique restent malgré tout indispensables, mais doivent sans doute être revisitées dans leur mode opératoire.

Détecter les faibles signaux de changements, de transformations, intégrer la complexité et ses lois dans la conduite des affaires devient une nécessité vitale. Des groupes industriels ont financé nombre de recherches sur la complexité et l'intègrent dans leur processus stratégique. Solvay, par exemple, finance depuis longtemps avec l'Université libre de Bruxelles des équipes de chercheurs dont le chef de file fut Ilya Prigogine, prix Nobel de chimie pour ses théories du chaos. Une entreprise de taille importante qui n'est pas dotée d'une veille prospective digne de ce nom, ouverte sur les grands changements de paradigmes, sachant détecter et intégrer les signaux faibles, pratiquant avec un entraînement assidu l'anticipation stratégique, a un avenir hypothéqué car elle ne saura jamais s'adapter avec agilité à un changement brutal extérieur. À la fin des années 1990, Jack Welch, alors P-DG de General Electric, lançait une vaste opération : DYB.com, pour Destroy-Your-Business.com. L'objectif était de faire réfléchir les principaux acteurs de son groupe sur les moyens de transformer leurs stratégies, leurs business ou leurs métiers, avant que l'Internet ne les rende obsolètes.

> Chercher à fabriquer l'avenir est plein de risques. C'est moins risqué cependant que d'y renoncer.
>
> Peter Drucker

Les entreprises performantes s'adaptent constamment aux défis qui surgissent quotidiennement. Elles développent une vision globale et partagée des conditions requises pour anticiper les changements. Ces conditions englobent les attitudes de leadership, les décisions d'affaires, les configurations organisationnelles, les comportements...

Qu'on le veuille ou non, le risque est là, présent dans chaque décision quel que soit son niveau de rationalité. Risque de décider et risque encore de ne pas décider faute d'informations. Chacun de nous est condamné à vivre dans ce risque et à assumer les peurs qui en résultent. Cette nouvelle donne engendre un sentiment d'inconfort, notamment chez les dirigeants qui ont longtemps trouvé leur légitimité dans le contrôle et la maîtrise des événements. Ils se trouvent souvent démunis face à un contexte échappant justement à tout contrôle et doivent trouver une autre forme de légitimité du pouvoir. Leur incapacité à déterminer pleinement les choses remet en cause les signes même de l'autorité qu'ils incarnent. La légitimité du pouvoir pourrait alors tenir à la fois de la prudence au sens aristotélicien et de l'aptitude à savoir prendre des risques en les assumant plus que d'autres !

VOUS AVEZ DIT AGILE?

L'ensemble du présent ouvrage aborde l'agilité avec un regard systémique. Compte tenu de la complexité des niveaux de réflexion, de l'enchevêtrement des causes et des effets, des liens visibles et intangibles entre tous les acteurs et toutes les forces à la fois internes et externes à l'entreprise, nous vous proposons une carte de lecture qui permettra d'avoir une forme de repérage des plans que nous abordons.

Ce que nous appelons l'agilité est la capacité d'adaptation entre un monde externe à l'entreprise avec ses forces, ses lois et ses mouvements et un monde interne.

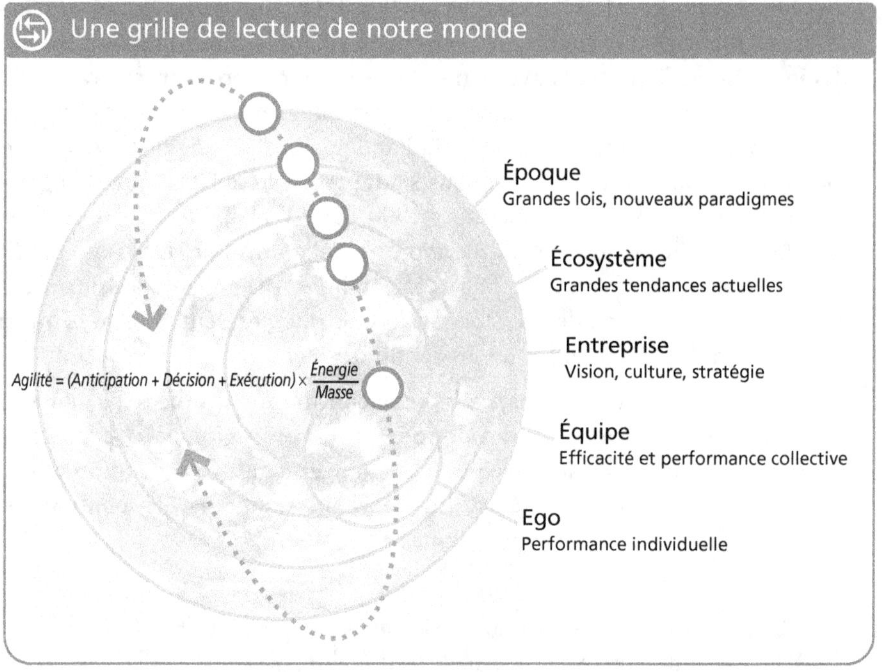

$$\text{Agilité} = (\text{Anticipation} + \text{Décision} + \text{Exécution}) \times \frac{\text{Énergie}}{\text{Masse}}$$

Le monde externe à l'entreprise est composé de deux niveaux :

- L'époque est constituée des grandes lois, des grands paradigmes et courants de pensées qui fondent une vision du monde partagée. Par exemple, le cartésianisme a engendré une conception du monde linéaire, faite de lois de causes à effets, qui fut à l'origine du taylorisme et du découpage des tâches dans l'entreprise. Les sciences de la complexité, les théories du chaos ou les découvertes de la physique quantique au cours du XXe siècle, ont ouvert une autre représentation du monde, plus organique et qui se traduit par exemple dans les entreprises par une approche plus «biologique» des organisations. L'époque est l'espace des grandes théories (visions du monde), au sens philosophique du terme. Les logiques de temps y sont relativement longues et les changements ont des impacts provoquant souvent des mutations profondes de civilisation.

* L'écosystème concerne tout ce qui est de l'ordre de la cité, des citoyens, consommateurs, marchés, acteurs économiques... pour reprendre les consonances philosophiques, il s'agit de la sphère de l'éthique, de la morale et de la pratique (échanges). Les logiques de cycles de changements y sont plus rapides et plus courtes.

Le monde interne de l'entreprise, lui, est composé de trois niveaux :

* L'entreprise englobe la culture composée de son mythe fondateur, de ses valeurs et croyances, l'organisation (hiérarchie, systèmes de relations, outils, ...) et les processus, les règles de fonctionnement.

* L'équipe qui concerne toute la partie humaine sur le plan collectif, les relations entre les collaborateurs, les questions de management ou de leadership.

* L'ego, enfin, qui désigne l'individu, la personne en tant que collaborateur ou le dirigeant.

Tous ces niveaux sont poreux et en lien les uns avec les autres : l'individu, point central en entreprise, est également à la fois citoyen et acteur économique, ce qui explique aussi le chaînage analogique entre tous les plans. Cette carte, comme toute carte, est une représentation, elle recèle des zones d'imperfection, et est limitative, mais pour l'avoir beaucoup testée, elle constitue un outil simple pour «naviguer» dans la complexité.

L'agilité reste un concept difficile à appréhender tel quel et par conséquent, il est difficile de penser la développer sans tenter de poser ce qui la compose, sans tenter de dire ce qu'elle est. Nous proposons une formule pour poser les différentes composantes que nous estimons être à l'œuvre dans l'exercice de l'agilité :

$$\text{Agilité} = [(\text{anticipation} + \text{décision} + \text{exécution}) \times \text{vitesse}]$$

Cette formule n'a rien de scientifique, mais définir les paramètres qui la sous-tendent et voir comment ils se combinent, permet de donner des pistes de réflexions et d'action pour favoriser l'agilité des organisations.

Sur les niveaux externes à l'entreprise : l'anticipation, c'est-à-dire la capacité à imaginer le réel dans un temps futur. Par exemple, un tireur visant une cible en mouvement va imaginer avant de déclencher son tir, où sera la cible quand le projectile sera à son niveau. L'anticipation pose donc la question du temps et nous y reviendrons.

Sur les niveaux internes à l'entreprise : la décision et l'exécution sont les deux grands principes de base qui suivent l'anticipation. Le tireur anticipe, il décide d'appuyer et la balle exécute sa trajectoire pour atteindre son but.

La vitesse est facteur de chacun de ces paramètres et induit elle-même deux composantes que nous allons retenir, l'énergie et la masse (V = énergie/masse). Par conséquent, l'équation décrivant l'agilité devient :

$$\text{Agilité} = (\text{anticipation} + \text{décision} + \text{exécution}) \times \frac{\text{énergie}}{\text{masse}}$$

Enfin, une autre dimension qui n'apparaît pas dans cette formule est celle du temps, le temps juste que nous avons appelé le *momentum*, sans lequel le tir est en avance ou en retard et donc, dans les deux cas, raté.

Ces différents paramètres sont pris en compte au fur et à mesure du livre avec des poids différents selon les chapitres : *Magic World* traite de certains futurs possibles pour alimenter l'anticipation, *Elephants Dancing* parle du niveau «entreprise» et traite notamment, on s'en doute par le titre, de la question de la masse, alors que le chapitre *La Piste aux étoiles* est davantage centré sur les questions d'énergie et d'exécution et enfin le chapitre *Les magiciens* abordera la décision.

En résumé, pour qualifier cette notion d'agilité autrement qu'en formule, on pourrait dire qu'il s'agit de la capacité du «système entreprise», avec ses trois niveaux, à être en réponse au temps le plus juste possible avec la proposition la plus adaptée possible à des changements sur les deux plans extérieurs. Ce qu'on appelle «alignement stratégique» dans les entreprises est en fait la capacité d'une entreprise à créer une cohérence entre les trois niveaux internes et les niveaux externes. En vision verticale, imaginez des cercles se superposant pour laisser passer un fluide ou bien de l'énergie : sans alignement parfait, il y a des fuites, des pertes et c'est souvent le cas car les plans du haut bougent vite et constamment.

Mais si, l'entreprise est, dans cette conception, le fruit de son environnement extérieur, l'inverse est aussi vrai. L'entreprise façonne le monde : la mondialisation, nous le verrons plus loin, en est un bel exemple. Elle est le fruit de l'expansion des entreprises. McDonald's, Coca-Cola, par exemple, ont changé les modes alimentaires et ont imposé un nouveau modèle au monde. Les entreprises par l'exploitation des ressources jouent sur l'environnement, et par l'effet qu'elles ont sur l'emploi, ont un impact sur les mouvements sociaux. Comme les deux mondes (interne et externe à l'entreprise) sont interdépendants, il y a un effet de boucle où toute décision revient finalement à sa source, comme un boomerang.

Le monde externe crée une pression forte sur l'entreprise. L'entreprise engendre des mutations profondes sur le monde. Le monde interne, pour ne pas asphyxier ou bien être broyé au centre, lutte constamment pour survivre en tentant de s'adapter. Les réponses d'adaptations sont très variées, certaines plus ou moins rapides, d'autres plus ou moins justes et adaptées. La recherche d'agilité est un réflexe naturel, mais les réponses mises en place ne sont pas toujours les meilleures. Et vous, comment cela se passe-t-il dans votre entreprise ou même dans votre vie ? Savez-vous prendre le temps de comprendre au-delà du court terme ce qui va être potentiellement générateur de changements ?

UN AIR DE CIRQUE

Des confettis pleins les oreilles, des paillettes pleins les mirettes... la magie du cirque entre en piste. Aux quatre coins de la planète, du premier siècle à nos jours, les hommes ont dressé des chapiteaux. De la naissance de l'acrobatie, au début de l'ère chrétienne, à l'émergence d'un cirque nouveau en 1974 et aux circonautes d'aujourd'hui, équilibre, agilité, force, souplesse, audace, psychologie animale et l'art de la dramaturgie ont fait l'histoire et la renommée du cirque.

Il y a plus de 100 ans, le cirque Barnum et Bailey tournait en France. Voici un article de *La Dépêche du midi* qui relate son arrivée à Toulouse le 15 mai 1902.

LA DÉPÊCHE Arrivé hier matin 15 mai à Toulouse, avec un retard de 4 heures sur l'horaire prévu, retard imputable au chemin de fer, le cirque Barnum Bailey a pu cependant donner dans cette journée les deux représentations annoncées au programme. Les premières voitures ont pénétré dans la prairie des filtres vers 6 heures du matin. Quelques heures plus tard, les parcs étaient établis, les tentes dressées, les animaux logés, et l'immense cirque lui-même était aménagé avec ses gradins, ses loges, ses agrès, ses scènes, ses pistes multiples avec son outillage et son mécanisme si varié, si compliqué et si simple à la fois. Cela tient vraiment du prodige, mais aussi quelle savante organisation, quelle entente du commandement, de l'effort, de l'action. Tout le travail d'installation s'accomplit méthodiquement sans hâte, sans à-coup, en silence, au sifflet, sous l'œil vigilant et sagace de deux ou trois contremaîtres et la direction supérieure d'une sorte d'ingénieur. Tout est réglé prévu, concerté de manière à marcher vite et bien, à gagner du temps : *time is money*. En dépit de tous les obstacles, le cirque Barnum était prêt à ouvrir ses portes à une heure et demie de l'après-midi et la foule énorme qui s'y précipitait pilotée par un personnel obligeant et nombreux, guidée aussi par des sergents de ville et des gardes municipaux, qui assuraient au dehors le service d'ordre, la foule disons-nous a pu pénétrer dans l'enceinte et se caser sans le moindre incident.

Le cirque existe depuis toujours, mais, des gladiateurs de jadis il ne reste plus que le souvenir, car acrobates, jongleurs, mimes et clowns les ont remplacés.

Le cirque tel qu'on le connaît aujourd'hui, est né en 1770 à Londres, en Angleterre. C'est un écuyer, Philip Astley, qui a eu l'idée d'organiser un spectacle de chevaux sur une piste ronde. Le public était assis sur des gradins tout autour. Lorsqu'on allait au cirque, c'était donc pour voir des chevaux et de périlleuses acrobaties équestres.

> Le cirque est le seul lieu où j'ai pu rêver les yeux ouverts.
> Ernest Hemingway

Environ 60 ans plus tard, vers 1830, on commence à ajouter au spectacle de chevaux d'autres animaux sur la piste du cirque. Le dressage de fauves, en particulier de lions, vient compléter le spectacle. En 1860, Jules Léotard décide d'ajouter encore un numéro au spectacle, mais au lieu de changer ou d'ajouter un animal, il ajoute un spectacle dans l'air. Il invente les acrobaties aériennes au trapèze.

Véritables marchands de rêves, les concepteurs du cirque insufflent au spectacle ce supplément d'âme qui lui donne sa couleur, son rythme et sa magie pour attiser les fantasmes d'un public avide d'émotions. Les conceptions du cirque ont beaucoup évolué, tout comme les techniques, les moyens, les mentalités, les goûts du public, mais aussi les sources d'inspiration et l'imaginaire parfois délirant des concepteurs. Par la magnificence des costumes, le faste des décors, la démesure ou la simplicité des mises en scène, la magie de l'éclairage, l'envoûtement de la musique, le spectateur est transporté dans un monde où tout devient possible. À leur tour, les cirques de la nouvelle génération renouvellent avec brio le langage du cirque moderne, puisant autant dans l'imaginaire de la peinture, du théâtre que de la poésie.

Peu à peu, le spectacle est devenu de plus en plus varié et évolue aujourd'hui soit vers un retour à la tradition (Gruss) ou vers de véritables spectacles de chorégraphie ou de comédie musicale avec le Cirque du Soleil ou le Cirque Plume, par exemple.

Le cirque est un lieu très particulier, porteur de sens souvent oublié ou totalement ignoré : le cirque est à la fois le «UN» et le mouvement. Le UN tout d'abord, car le cirque est *symbole*, au sens propre du terme, par sa forme il représente l'union parfaite. Ensuite, le cirque est à rapprocher des termes, cercle, circulaire, circuler... Le cirque est avant tout cette piste circulaire, théâtre de l'action où le mouvement est permanent car, étant au centre, les acteurs sont obligés de bouger pour être vus de tous.

Le cirque est le temple de l'agilité : comment cette organisation complexe, lourde, peut-elle déménager aussi vite et chaque soir produire un spectacle devant de nouveaux clients ? Comment cet éléphant fait-il pour danser aussi facilement et toucher autant les mémoires, produire ce waou qui fait que chaque moment devient une expérience ?

L'entreprise du XXIe siècle va sans doute devoir prendre des airs de cirque si elle veut rassembler (unir) et savoir être dans le mouvement.

UNE ÈRE CIRCASSIENNE

Il est probable que pratiquement aucune entreprise sous sa forme actuelle ne traversera le siècle qui vient. Une seule entreprise du Dow Jones de la fin du XIXe siècle y est encore au début du XXIe siècle : General Electric, qui a au cours des décennies complètement changé de métier. Seulement 45,8 % *(données Insee, déc. 2001)* des entreprises dépassent le seuil des 5 ans. La durée de vie moyenne des entreprises est de 40 à 50 ans et tend à diminuer. (Source : *Fortune*). D'après les prospectivistes, 80 % des produits phares dans 10 ans n'existent pas encore.

L'agilité est un art. Celui du mouvement, de la capacité d'adaptation rapide et permanente à un environnement qui change sans cesse plus profondément et vite. L'agilité est un état d'esprit qui forge la structure et qui se manifeste à tous les niveaux d'un individu (intuitif, mental, relationnel ou physique), d'une équipe (ses interactions, son mode d'échange et de prise de décision) ou d'une structure, entreprise ou institution (son organisation, sa culture, ses processus...). L'agilité est le résultat d'un entraînement constant, parfois difficile et méthodique. L'agilité résulte de conditions initiales multiples qui se cultivent. Quelle organisation est capable de changer du jour au lendemain de clients et sait provoquer à chaque fois un «waouh !» en les faisant rêver ? Quelle organisation invente en permanence du nouveau pour ses clients ? Quelle organisation rassemble des individus qui mettent en jeu leur vie pour le bonheur du client ? Quelle organisation rassemble une grande quantité de métiers différents, des nationalités différentes en maintenant une cohérence sans faille ?

Le monde bouge, se transforme rapidement. C'est une évidence quotidienne. Jamais l'Humanité n'a autant été bousculée qu'aujourd'hui : autrefois se succédaient les saisons avec leur florilège de catastrophes naturelles, d'épidémies régulières, mais globalement l'évolution de l'Humanité ressemblait à un chemin assez tracé. Ce temps est révolu, nous entrons dans un monde magique qui s'accompagne de son lot de questions : où mène le progrès technologique, quelles sont les conséquences de l'explosion

Classement des dix premières entreprises informatiques en 1984
1. IBM,
2. Univac,
3. NCR,
4. Control Data,
5. Honeywell,
6. HP,
7. Digital,
8. Sperry,
9. Wang,
10. Bull

démographique, quelles vont être les nouvelles forces économiques émergentes de la planète, quelles sont les conséquences potentielles de ses évolutions ?

Être agile, c'est savoir anticiper. Anticiper ne signifie pas prédire l'avenir car celui-ci devient dans tous les cas de moins en moins prévisible. Il est désormais vain de tenter d'identifier ce qui va se passer, et il est sans doute plus profitable de repérer des futurs possibles, des potentiels de transformation et de tenter d'en déterminer les conséquences possibles sur son entreprise, ses équipes et ses individus. Au-delà des signaux quotidiens que nous pouvons capter, sommes-nous conscients de la dynamique d'ensemble, savons-nous capter les tendances de fond au milieu de tout ce bruit qui nous entoure ?

Aujourd'hui, manquer d'agilité revient à être fragile et peut s'avérer dangereux dans l'exercice de prise de décisions. Savoir gérer l'incertitude, l'imprévisible sera sûrement un facteur de réussite déterminant, à la fois pour les individus et les entreprises. Face à l'incertitude, le réflexe est souvent de se préparer à l'avenir le plus probable. Les entreprises, pour se préparer à l'avenir ont longtemps pratiqué la planification stratégique. Elle résulte d'une analyse détaillée de l'entreprise et de son environnement pour effectuer des prévisions à partir desquelles sont mis en œuvre des plans d'action adéquats.

L'agilité prend le contre-pied de la planification stratégique «classique» souvent élaborée sur des certitudes et ignorant les scénarios possibles pour le futur. L'agilité est un cocktail savant de nombreuses conditions dont la première est peut-être de développer une vision la plus claire possible du monde qui nous entoure et des grandes tendances de fond à l'œuvre pour en détecter d'éventuels signes d'opportunités ou de dangers. Elle consiste à prévoir des scénarios différents et à imaginer pour chacun les conséquences et les réponses possibles. L'agilité est un état d'esprit, une attitude qui s'acquiert et se cultive et, en ce sens, elle est partie intégrale de la culture d'une entreprise et d'un individu, elle est inscrite dans son code génétique.

Qui dit que les entreprises existeront encore dans 100 ans ? Essentiellement apparues au moment de la Révolution industrielle, concomitamment au mot travail, elles n'ont pas toujours existé. Elles sont la traduction d'un mode de fonctionnement de nos sociétés à un moment de l'histoire, mais rien ne dit que cette organisation est définitive.

La question du sens se pose alors : est-il facteur d'agilité ? L'absence d'un sens que nous appellerons positif au sens du respect ou de la promotion des valeurs humaines fondamentales nuirait-il à l'agilité ? Pas si sûr car des organisations telles que les cartels de narcotrafiquants ou la mafia sont d'une agilité redoutable.

⊠INDISATGLOBALNETP2PVIRTUALINK//BENGALORE(IA)OUTBOUND//DATE=1810
2032-13:47(GMT+5)/WWREP/000777O5537QW1b-XD945/////////////////

Bengalor, 5 sept. 2032

Cher Laosa,
Merci pour ton dernier courrier. Je sais qu'il est difficile pour toi de comprendre les principes du Mouvement pour le Retour en Avant, mais en tant que membre actif tu sais bien que j'ai fait vœux de n'utiliser que l'informatique d'avant 2012. Il est hors de question que nous régressions comme la masse en acceptant la bio-informatique avec ce délire dangereux d'intelligence artificielle. Non pas que je critique la modernité, tu me connais, jamais je ne voudrai retourner dans un monde où le hasard détermine la naissance et où on acceptait les malformations génétiques, mais l'édit de Contrôle technologique était vraiment nécessaire et c'est grâce à notre lobby que ça c'est passé! On ne veut plus d'épidémies virales comme en 2018, 800 millions de morts causées par la maladresse de l'homme, jamais plus! Enfin, on n'arrête pas le progrès, disait-on encore au XXE siècle.
Ici tout va si vite que je n'ai pu te répondre plus tôt. J'ai eu vent des questions d'air à Bombay. L'Inde est en émoi et des mesures draconiennes ont été prises. La solidarité mondiale porte ses fruits et nous avons bénéficié de supports multiples à la fois des ONG, mais aussi de l'OSM (Organisation Sanitaire Mondiale) pour déplacer rapidement les populations hors des villes. Des émeutes semblent s'organiser maintenant dans les campagnes et la presse se déchaîne contre les laboratoires qui refusent d'augmenter le potentiel de «super riz» diffusé. Comme tu vois, nous avons des mouvements importants, mais mon inquiétude, c'est vraiment cette frénésie de consommation hallucinante, on est passé en dix ans du Moyen Âge au XXIE siècle et les gens sont paumés. Les subventions à la conso, ce n'est pas bon du tout ici.
Yi Xuan va bien. Elle a décidé de se spécialiser dans le psycho-marketing. Après dix ans comme Bioneer chez CalGen, elle en avait assez de ses incessants voyages entre l'Asie et l'Afrique. Elle est aux statistiques dans un de ces entrepôts de données planétaire (me souviens plus du nom) auxquels on a accès à chaque instant. Elle calcule les probabilités de tendances comme savoir quelles couleurs nos chers citoyens du monde préféreront l'année prochaine.

Je pars quinze jours en vacances orbitales, je te rappelle à mon retour.

Porte-toi bien et à bientôt!

Angie.

PS : Faut vraiment que tu réapprennes à écrire!

ENDMSG'VERISIGN000777O5537QW1b-XD945

Magic World

Époque
Grandes lois, nouveaux paradigmes
Écosystème
Grandes tendances actuelles
Entreprise
Vision, culture, stratégie
Équipe
Efficacité et performance collective
Ego
Performance individuelle
Agilité = (Anticipation + Décision + Exécution) × Énergie / Masse

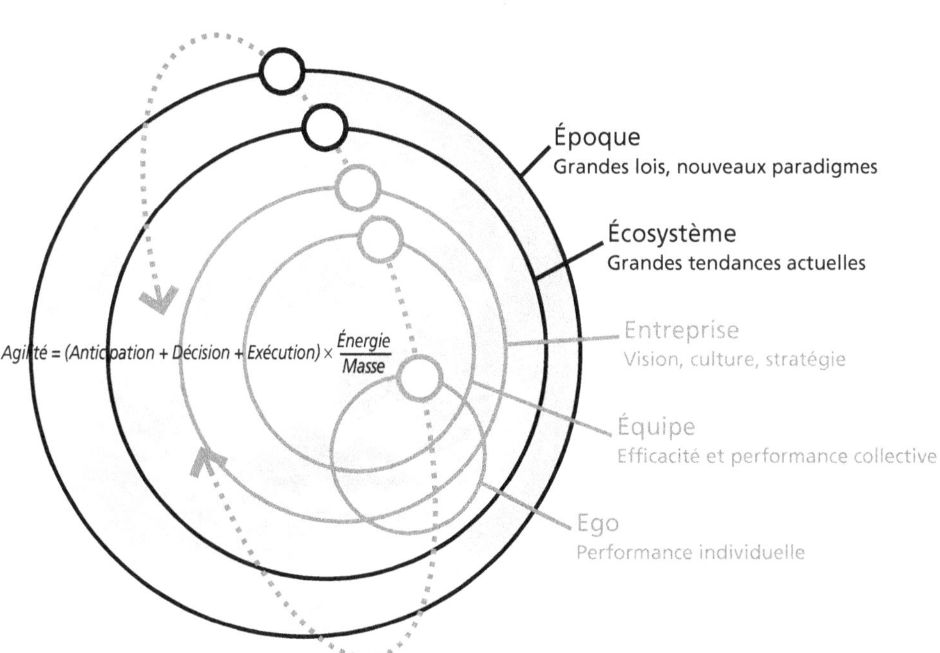

Aucun regard ne peut être porté sur l'entreprise d'aujourd'hui sans un examen attentif de notre environnement. La technosphère remplace peu à peu la biosphère, avec son lot de bouleversements sociaux et culturels qui s'ensuivent : multiplication de mégapoles, avancée dans la bio-informatique, omniprésence des médias électroniques...

Ces changements modifient les rapports entre nous de manière fondamentale : les idéaux et les utopies de société sont déconstruits et cèdent la place à un individualisme qui irrigue toutes les facettes de la vie, y compris celle de l'entreprise. Paradoxalement, notre interdépendance s'accroît de jour en jour et nous nous voyons obligés de reconnaître la présence de l'autre, l'altérité, non pas par grandeur d'âme, mais par nécessité.

Tournez manège!

Rond ou pas, la terre tourne! Malgré le rythme inchangé des saisons et des cycles de la nature, on a pourtant l'impression d'être dans un manège qui s'accélère, facteur d'ivresse, de vertige, d'espoir et de peur.

La tête nous tourne, face aux sirènes du progrès qui nous conduisent de plus en plus rapidement dans un futur surprenant qui brise les repères du passé et plonge le monde occidental dans une quête de sens profonde. Cette quête se traduit souvent par de nombreux excès individuels et collectifs où la conscience brille par son absence; elle est dans un univers mécanique une invocation à un supplément d'âme dans nos créations... Science sans âme, ruine de la conscience!

LE TEMPS D'UNE REPRÉSENTATION

La vie est là et chaque être qui la porte souhaite la mener le plus loin possible. La vie est un mystère aux yeux de l'homme dont la quête incessante fut d'en percer le mystère. Mystère du temps qui passe, interrogeant passé et présent pour en prévoir le futur, mystère de l'espace et des dimensions pour appréhender ce qui le transcende peut-être et découvrir de nouvelles terres. Pour vivre et souvent survivre, il a tenté de rendre acceptable le réel qui s'imposait, souvent violemment, à lui.

Pour faire face aux phénomènes naturels, il a développé toutes sortes d'univers : mythologiques, spirituels, symboliques, donnant ainsi des explications aux catastrophes naturelles, aux aléas de la vie, aux victoires ou aux défaites guerrières, etc. Cet univers de représentations du monde permettait de donner du sens et de mieux accepter l'inacceptable, de maîtriser par la symbolique le passé, le présent et le futur : il trouvait une raison et un sens à tout.

Pour les esprits convaincus que la nature obéissait à des lois modélisables, la foi donnait une explication insuffisante. Les sciences sont nées de cette volonté de maîtriser par la raison le réel en développant une compréhension rationnelle du monde, avec l'espoir caché d'en devenir maître et pourquoi pas le créateur : l'homme-dieu était né!

La foi en des forces dépassant l'homme et les lois de la science ont évolué ensemble, la première fondée sur la spiritualité, la transcendance et la verticalité, l'autre misant sur la technique, la matière et le progrès. Dans ces deux tendances s'affrontaient deux visions du monde, l'une spiritualiste, l'autre matérialiste.

Dans la conception matérialiste, le monde est une machine, l'homme une mécanique. Dans la vision spirituelle, l'homme est d'ordre divin, fruit d'un principe créateur qui le dépasse. La révolution industrielle a marqué un virage décisif dans cette opposition des deux représentations du monde au profit de la seconde. Le progrès technique entrait dans une nouvelle ère, un nouveau monde s'organisait : celui de sa déconstruction, le progrès avait tué Dieu, Dieu était mort, l'homme en s'en affranchissant devenait libre, libre d'aimer l'ici-bas. Les sciences constituent le moteur principal du progrès technique et le XXe siècle a amorcé un virage décisif en apportant une vision du monde radicalement nouvelle, notamment grâce à la physique quantique...

Paul Watzlawick, chef de file de l'École de Palo Alto, a souligné l'importance de nos représentations mentales dans la construction que nous faisons du réel. Nous produisons et projetons à l'extérieur la vision du monde qui nous habite. Notre vision du monde est directement liée à la fois à nos croyances et à nos valeurs, à nos expériences passées, notre contexte historique et géographique... Ainsi, cette évolution de nos représentations du monde n'est pas sans conséquences sur le futur que nous construisons, sur notre façon d'apporter des réponses aux questions qui se posent, aux décisions que chaque jour nous prenons individuellement et collectivement.

Nous construisons le monde à l'image de nos représentations mentales : elles jouent sur nos modes d'échanges, de relations, d'interactions, de communication et de management des entreprises. Avec l'évolution des représentations du monde, c'est toute la société dans ses dimensions politique, économique, sociale et culturelle qui se trouve bouleversée dans ses repères.

TOYS "R" US OU LE MONDE MAGIQUE DE GOLEM

L'homme n'a de cesse de transformer son environnement afin de le rendre conforme à ses utopies, et ce, depuis des milliers d'années. Nous avons été jusqu'à présent aux prises avec les mêmes préoccupations que nos ancêtres, mais...

Pour améliorer leur alimentation, les premières civilisations sédentaires croisèrent différentes sortes de blé afin de créer des espèces plus résistantes – les OGM sont aussi vieux que le monde. Les archéologues ont déterré des tablettes de cunéiforme, vieilles de 4 000 ans, où des citoyens babyloniens se plaignaient des augmentations d'impôts. Thucydide dans l'*Histoire de la guerre du Péloponnèse* parle de «Real Politik». Le satiriste romain Martial se lamente de la décadence de la jeunesse. Shakespeare décrit de manière intime les questions existentielles. Ce sont toutes des préoccupations que le Français, l'Américain ou le Chinois urbain peut partager avec ses aïeux.

Nos préoccupations n'ont donc pas tant changé sur le fond, seule leur hiérarchie a changé. En revanche, ce qui a changé, c'est notre environnement. Les progrès technologiques de l'humanité ont profondément modifié et continuent de modifier le monde dans lequel nous habitons. La sphère d'influence de l'homme s'est progressivement étendue à tous les domaines. L'homme ne lutte plus contre la nature comme autrefois, il la maîtrise. Notre succès prométhéen a redéfini notre rapport à l'espace et au temps.

Selon le philosophe Hans Jonas[1] : «*La frontière entre "l'État" (polis) et la "nature" a été abolie : la cité des hommes, jadis une enclave à l'intérieur du monde non humain, se répand sur la totalité de la nature terrestre et usurpe sa place. La différence entre l'artificiel et le naturel a disparu, le naturel a été englouti par la sphère de l'artificiel.*». L'artificiel est ce qui a été modifié ou transformé par l'action de l'homme. Pourquoi ?

Parce que notre monde, ou en tout cas notre existence, est aujourd'hui essentiellement artificielle. Nous habitons désormais un technocosme, plutôt qu'un biocosme. En dehors de la vie et de la mort, pratiquement plus aucune activité humaine n'est régie par les lois de la nature, exception faite des catastrophes naturelles. La lutte héroïque prométhéenne contre une certaine forme de nature imprévisible est terminée, l'homme a «gagné» : Il ne lui reste plus qu'à vaincre le hasard de sa naissance et la certitude de sa mort pour repousser la nature complètement en dehors de notre existence.

La lutte quotidienne de nos vies s'est déplacée et nous luttons désormais contre notre propre création, notre Golem[2] : Il n'y a pas si longtemps, nous invoquions les dieux de la pluie et de la guerre pour aider à notre succès. Dans le monde magique que nous habitons dorénavant, nous évoquons davantage la globalisation, les marchés financiers, et le changement climatique comme *Deus ex machina*.

En 1993, le mathématicien et auteur de science-fiction Vernor Vinge a défini ce qu'il appelle la singularité comme le moment hypothétique de l'évolution technologique qui marque le dépassement des capacités humaines par l'intelligence artificielle. Ce moment singulier de l'histoire signifiera aussi que le progrès sera désormais l'œuvre des intelligences artificielles, elles aussi en constant développement, ce qui rendra encore plus aléatoire toute prévision

---

1. Hans Jonas, *Le principe de responsabilité. Évolution et liberté*, Rivages, 2000.
2. Golem : personnage issu de la tradition juive d'Europe orientale. Être artificiel à forme humaine auquel la vie aurait été donnée en inscrivant «*emeth*» (vérité, en hébreu) sur son front et en introduisant dans sa bouche un parchemin, sur lequel était inscrit «Jéhovah». Symbolise la matière que l'on peut animer de manière artificielle.

> La fusion de l'homme avec la technologie ouvrira l'ère de «l'Homo Techniens».
>
> Les plus enthousiastes parlent de 2020-2030 pour cet événement qu'ils nomment «singularité».
>
> Vernor Vinge

de l'avenir. Le terme de «singularité» fait référence à la situation d'incapacité de la physique moderne à prévoir les comportements de la matière à proximité de la singularité gravitationnelle d'un trou noir.

Avec cette notion de singularité se développe une certaine vision de l'humain «transhumain» ou «post-humain» : le Suédois Nick Bostrom et le Britannique David Pearce sont devenus des références dans le mouvement transhumaniste et bénéficient du soutien et de l'intérêt d'institutions comme l'université d'Oxford, où se trouve le Future of Humanity Institute. Ils défendent la conviction que *«la condition humaine telle que nous la connaissons n'est pas une constante figée pour l'éternité, mais quelque chose qui sera profondément transformé dès le présent siècle»,* unie à la possibilité – souvent explorée dans la philosophie, la littérature, le cinéma et les arts – de créer une autre espèce d'humain transformé, le «cybernetic organism», ou le «cyborg» – comme l'appellent certains futurologues – qui est le fruit de l'hybridation homme-machine. Dans cet avenir possible et proche, la machine pourrait de moins en moins être considérée comme une «prothèse» et beaucoup plus comme quelque chose qu'on serait disposé à incorporer. Le fonctionnement et l'acceptation des implants de micro-puces sont encore à tester et à vérifier, mais nous sommes sur ce chemin, comme avec le Veri-Chip produit par la société Adsx (Applied Digital Solutions) qui ouvre la voie des nanorobots.

Selon ses partisans, le post-humain apparaîtrait au moment où l'intelligence artificielle et la nanotechnologie se conjugueront pour créer des formes de conscience non seulement égales à nous, mais interchangeables. La réflexion qui s'impose – et la problématique du post-humain en constitue une expression contemporaine – concerne les modalités et le choix de l'intégration de ces technologies dans notre quotidien, mais elle devrait plus profondément nous interroger sur les raisons qui nous poussent – ou poussent certains d'entre nous – à cette «intimité» avec la machine, sur le pourquoi, et pas seulement sur le comment.

L'homme et la machine forment désormais un couple inséparable, symbole de la libération de l'homme pour s'élever en s'affranchissant de contraintes naturelles et en prenant ainsi un ascendant sur la vie et la création; mais dans ce jeu d'évolution, n'y aurait-il pas un risque à voir la nature humaine, si dépendante de sens, entrer dans une errance et une souffrance croissantes ?

La conception d'entreprises comme «mécaniques à générer du profit», «machines à cash» se profile dans cette vision du monde où les hommes seraient des pièces interchangeables permettant de générer un taux de productivité au même titre que les machines. «Mécanisation» des entreprises, des institutions, du tissu social et même de l'homme, …, nous courons peut-être un risque dans cet éloignement de l'essentiel et de notre essence même.

À LA FOIRE DU TRÔNE

Une vision mécaniste du monde conduit à appréhender l'homme comme une machine, certains ne voyant par exemple dans les émotions que des processus chimiques dans le cerveau. Le besoin de maîtrise et de contrôle combiné à cette vision mécaniste a conduit l'homme à orienter ses recherches vers la création même de la vie ; les avancées dans le champ du clonage en sont l'un des plus beaux exemples : avec le clonage, l'homme deviendrait maître de la nature et auteur de sa propre création.

En février 2004, le professeur Hwang Woo-suk (Corée du Sud) annonçait dans la prestigieuse revue américaine *Science,* avoir réussi à produire des embryons humains par clonage et avoir fabriqué, à partir d'un de ces embryons, plusieurs cultures de cellules souches. En mai 2006, une commission d'enquête a remis partiellement en cause les travaux du professeur Hwang Woo-suk, remettant momentanément en question la faisabilité même du clonage.

Le clonage humain semble pourtant à notre portée, engendrant son cortège de questions : que dire du clonage pour améliorer la race humaine et du risque de l'eugénisme, du clonage pour pallier la stérilité, du clonage pour que chacun ait à sa disposition un double qui servirait de banque d'organes en cas de besoin ? Toutes ces applications seront-elles rapidement possibles ?

Notre société actuelle est régie par la loi du marché qui définit les modalités de toutes les transactions ou relations. La révolution génétique induite par la découverte du séquençage ADN, change profondément la donne et risque bien de bouleverser en profondeur l'économie mondiale et nos façons de vivre. Nous passons de l'ère industrielle à celle de l'information : les matières premières – combustibles, fossiles, métaux et minerais – cèdent peu à peu la place aux nouvelles ressources des biotechnologies. L'ingénierie génétique permet de développer des variétés agricoles nouvelles, des médicaments, des fibres, des matières et matériaux ultra-performants, voire de nouvelles sources d'énergie. La mutation profonde actuelle du secteur chimie/pharmaceutique est très révélatrice de cette évolution : les grands acteurs du

> Dans le monde, environ 1 000 veaux, quelques centaines de souris, quelques dizaines de porcs, quelques ovins, quatre lapins et un chat ont été obtenus par la «technique Dolly» (transfert d'un noyau de cellule adulte dans un ovocyte).

secteur – Monsanto, Novartis, DuPont et Sanofi-Aventis – se sont séparés de la plus grande partie de leurs activités chimiques au cours de ces dernières années pour se concentrer exclusivement sur la recherche génétique et la production de produits biotechnologiques.

Dans la logique industrielle classique, les ressources non renouvelables étaient transformées en marchandises commercialisables à des valeurs évoluant à chacun des stades de la transformation. La propriété des produits transformés change au gré des transactions acheteurs/vendeurs. Avec les biotechnologies, la logique économique est très différente de celle du monde industriel. Le *business model* change radicalement et s'apparente davantage aux secteurs de l'édition musicale ou littéraire, fondés sur la logique de droits d'auteurs, logique d'accès et non de vente. Par exemple, les gènes qui ne sont pas vendus, mais cédés sous licence, une location en somme.

Les brevets émergent en nombre croissant et il en existe déjà de très nombreux sur des gènes et des cellules humains. Les prospectivistes estiment qu'aux alentours de 2020, la majeure partie du patrimoine génétique aura été identifiée, isolé et sera la propriété intellectuelle de bio-industries mondiales.

En 1987, le PTO (bureau des brevets américain) publia une nouvelle directive annonçant que les composants des créatures vivantes – gènes, chromosomes, cellules, tissus... – étaient brevetables et pouvaient être considérés comme la propriété intellectuelle des chercheurs à l'origine de la découverte ou isolant la propriété, ou ayant trouvé une application commerciale nouvelle.

L'une des conséquences, par exemple, sera le contrôle des stocks de semences de la planète par ces groupes.

Cet exemple des semences s'applique également aux autres secteurs du vivant, avec notamment les animaux clonés et brevetés qui sont la propriété de son «inventeur» sur toute la lignée du génotype. Les utilisations potentielles, dont le clonage animal peut être le vecteur dans le domaine de la médecine et de la recherche médicale, sont notamment l'amélioration des connaissances génétiques et physiologiques, la réalisation de modèles de maladies humaines, la production à un moindre coût de protéines thérapeutique et la constitution de banques d'organes et de tissus servant à des xénogreffes.

L'homme-dieu et la vie sous les droits d'auteur

Depuis dix ans, les multinationales biotechnologiques ont graduellement racheté tous les producteurs indépendants de semences dans le monde, prenant ainsi le contrôle des systèmes de culture des tissus végétaux dont dépend l'activité agricole. Les semences brevetées ne sont pas vendues, mais louées pour un usage et une récolte uniques. Les nouvelles semences produites par la récolte appartiennent au détenteur de brevet et ne peuvent être réutilisées à la plantation suivante. L'agriculteur paye pour un accès provisoire à la propriété intellectuelle.
Les agriculteurs recherchent évidemment un meilleur rendement de leurs sols et une qualité supérieure de leurs produits. La recherche biotechnologique répond à leur besoin et les bio-industries sont donc en train d'acquérir le contrôle d'une bonne partie de la production agricole mondiale en devenant les prestataires exclusifs sur l'ensemble de la planète de chaque paysan qui doit désormais chaque année réacquérir le droit de louer les semences de la vie pour chaque saison. Pour se prémunir de toute fraude, les bio-industries ont inventé des procédés ne permettant qu'un usage unique de la semence. Une fois arrosé par un composé chimique (indispensable), le gène déclencheur de fertilité est désactivé et la plante ne peut plus germer.
Ce procédé, appelé «terminator», a soulevé une levée de boucliers en 1999. Monsanto a renoncé à son utilisation, affirmant malgré tout que des recherches se poursuivaient pour protéger l'utilisation illicite des semences.

Le Roslin Institute[1] a déposé, en 1997, deux demandes de brevets destinés à couvrir non seulement la technique qui a permis de créer le clone d'adulte et ses précurseurs, mais aussi tous les dérivés de cette technique : les clones eux-mêmes, leurs descendants et leurs produits, qu'ils soient à usage agricole, pharmaceutique, chirurgical ou médical. Ces demandes ont été homologuées en janvier 2000 par l'Office britannique des brevets. Ainsi, si un animal est breveté, les copies clonées sont considérées comme propriété intellectuelle du détenteur du brevet qui encaissera des droits d'auteur à chaque nouvelle naissance. Que ce soit dans la production alimentaire, la greffe d'organe, la production de biomédicament, les animaux clonés vont prendre une place croissante. Paysans et autres utilisateurs ne seront donc plus propriétaires de leurs cheptels et devront acquérir des droits d'utilisation des animaux clonés et brevetés, y compris sur leurs générations descendantes.

Divers grands groupes – Nexia Biotechnologies (Montréal), Geron Bio-Med (filiale écossaise de Geron associé au Roslin Institute), Genzyme Transgenics (États-Unis), ACT (Advanced Cell Technology, Worcester, Massachusetts) –

---

1. Laboratoire écossais où fut «créée» Dolly, née le 23 février 1997.

financent une importante activité de recherche dans ce domaine avec la perspective d'un marché mondial dont la fourchette d'estimation se situe entre 6 et 8 milliards d'euros.

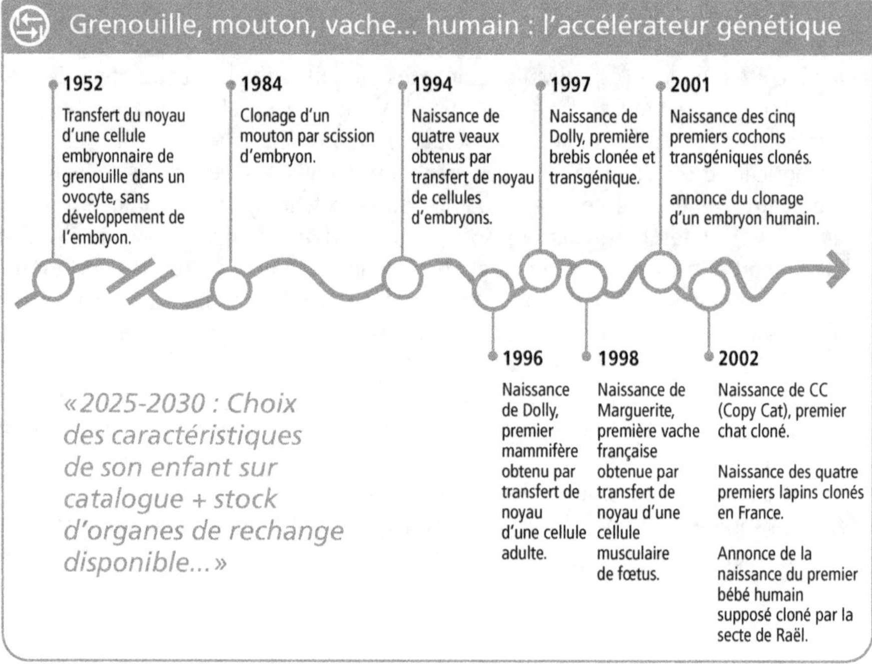

La propriété intellectuelle des méthodes de clonage constitue à l'évidence un atout décisif dans la compétition commerciale qui oppose, sur l'ensemble de la planète, les grandes sociétés de biotechnologies. Comme le constate Jean-Paul Renard, responsable de l'Unité de Biologie du Développement et Bio-technologie de l'Inra, «*un animal est un biotransformateur très efficace, capable de transformer des aliments simples, comme l'herbe, en composés complexes, comme le lait qui contient plus d'une centaine de protéines différentes. Plusieurs protéines de lait, comme les caséines ou la protéine du petit-lait, ne sont produites que par les cellules de la glande mammaire car leurs gènes sont régulés par des séquences d'ADN ne fonctionnant que dans ce tissu. Si on associe ces séquences à celles de gènes codant pour une molécule d'intérêt thérapeutique, cette molécule sera produite dans le lait. Disposer d'emblée, avec le clonage, de plusieurs animaux à forte pro-duction laitière comme la vache, c'est non seulement réduire le coût de production de la molécule, mais c'est aussi s'imposer rapidement sur de nouveaux marchés.*»

Cette «marchandisation» de la vie s'étend également doucement à l'humain. La recherche sur les embryons demeure en principe interdite, mais ce prin-cipe est levé à titre dérogatoire et pour 5 ans. Les chercheurs pourront donc travailler sur les cellules souches embryonnaires issues d'embryons surnuméraires ne faisant plus l'objet d'un projet parental.

Certains futurologues estiment que, dans une vingtaine d'années, des *body shops* existeront probablement. Il s'agira d'entreprises qui pourront cloner et stocker certains de vos organes vitaux. Comme des pièces de rechange, ils pourront remplacer les organes défaillants. Dans le même délai, ils prévoient la possibilité de paramétrer complètement votre enfant et de choisir sur catalogue les critères voulus : taille, couleur de peau, des yeux, des cheveux, forme du visage...

Au-delà de tout ça, la signification que nous pouvons voir dans cette évolution, au-delà du rêve de l'homme-dieu, est peut-être la marchandisation finalement de ce qui est le plus essentiel : la vie. Tout devient alors objet de marché et si autrefois le marché signifiait «le client», on assiste à l'apparition de nouveaux marchés obéissant aux mêmes lois de l'offre et de la demande. Ces marchés seront présentés un peu plus loin.

AU PAYS DU SYNTHÉTIQUE OU LE TEMPS DES CONVERGENCES

La convergence est la traduction de la fusion d'appareils, ou de milieux jusque-là très différents. Par exemple, aujourd'hui, le multimédia est la convergence du téléphone, de la télévision, de l'ordinateur et de la chaîne hi-fi. Et ce, grâce à l'existence d'un point de convergence : le langage et les contenus numériques.

Ce processus se manifeste donc par une perméabilité des parois, voire une disparition des parois étanches qui existaient entre des techniques ou des disciplines, des secteurs d'activité autrefois étrangers les uns aux autres.

La convergence est aujourd'hui globale et a des conséquences potentielles profondes dont nous reparlons dans «Magic World».

Dans le rapport 2004 de la Commission européenne intitulé «Converging Technologies, Shaping the Future of European Societies», la notion de convergence s'étend à de nombreuses autres dimensions que celles classiquement identifiées. On ne parle plus seulement de NTIC (Nouvelles Technologies de l'Information et de la Communication), mais de NBIC (Nano, Bio, Info, Cogno), Socio, Anthro, Philo, Geo, Eco, Urbo, Orbo, Macro, Micro, Nano. La convergence des technologies est au cœur de ce grand mouvement et a un impact sur les autres sphères de la vie quotidienne. Ray Kurzweil (futurologue et expert en informatique appliquée) pense que l'on peut généraliser la loi de Moore à toute l'histoire humaine jusqu'aux futures formes d'intelligence artificielle. La complexification constante et le développement régulier des relations entre la technologie et l'humain convergent vers un point de non-retour, une rupture profonde (la singularité) qui marquera un tournant décisif de l'histoire humaine (voir partie Toys "R" us, le monde de Golem).

Quelles seront les conséquences de cette nouvelle étape de la technologie ? Un phénomène de transversalité accrue, de méta-convergence pour utiliser le terme des scientifiques américains ? Enfin, des bouleversements de toutes sortes de la condition humaine qui amènent l'agence américaine de la recherche (NSF) à évoquer l'enjeu d'un homme en transition, d'un trans-humanisme.

En écrivant le présent ouvrage, nous n'échappons pas à cette tendance : en compilant des données éclatées et en créant un container métaphorique (le cirque) capable de faire sens, nous offrons des repères de lecture du monde destinés à lui donner un angle global d'intelligibilité qui devra permettre une autre façon de se comporter et décider dans la conduite des affaires.

Nous sommes aux prémices du monde synthétique, univers de synthèse et d'alliance, même du plus improbable. Difficile de prévoir exactement ce qui émergera de ces synthèses tant les potentiels sont grands. C'est l'ensemble de la vie qui devient convergence, et ce, à bien des niveaux : géographique (convergence des peuples nomades vers les villes), économique (interdépendance des économies), ethniques (mélanges des races)…
Cette convergence va définir les contours de nouveaux espaces, de nouveaux mondes, de nouveaux marchés avec leurs lots de dérives et de questions éthiques.
Dans ce mouvement vers le tout-en-un qui se généralise, allons-nous perdre ce qui faisait aussi le charme de la vie, ces petites choses individualisées, spécifiques et uniques ?

LA CENTRIFUGEUSE DU PROGRÈS

On raconte cette histoire de Raoni, chef du peuple Kayapo (peuple indien qui vit au cœur de l'Amazonie brésilienne, sur les rives du Xingù, un affluent de l'Amazone). En voyage en Europe, il passa dans le tunnel du Mont-Blanc et dit : *«Mais vous creusez la montagne, pourquoi ?»*. Son interlocuteur répondit : *«Pour gagner du temps !»*. *«Gagnez du temps oui, mais pourquoi ?»*, questionna Raoni.

L'humanité est entrée dans une course effrénée au progrès en ayant l'espoir qu'il lui permettra de s'affranchir de sa condition de mortel, de devenir plus libre et heureux. Le progrès devait libérer l'homme de la tyrannie de la nature. Au nom du progrès, nous mettons en œuvre tous les moyens pour faire de l'homme le créateur et le maître de la vie, le maître du monde et de son destin. Souvent, en oubliant la finalité de cette quête et surtout que nous devenons responsables de ce qu'on apprivoise. L'avenir a toujours fait peur et le progrès donnait une réponse à cette angoisse du lendemain, il délivrait une promesse d'un futur plus beau. L'avenir nous inquiétait hier car nous étions impuissants, il nous effraie aujourd'hui par les conséquences de nos actes, que nous n'avons pas les moyens de discerner clairement. Le progrès autrefois faisait sens, il était porteur de transcendance, le sens semble aujourd'hui lui faire cruellement défaut.

Le mouvement s'accélère et nous avons souvent un sentiment d'impuissance. Le paradoxe actuel est que nous nous sentons impuissants vis-à-vis de notre propre puissance : elle porte en potentiel le meilleur comme le pire. Notre maîtrise des choses et du monde est à la fois démesurée et incomplète. Elle est suffisante pour que nous ayons conscience de faire l'histoire, mais elle est insuffisante pour que nous sachions quelle histoire nous sommes effectivement en train d'écrire. Du coup, nous craignons cet avenir que nous sommes en train de construire d'une façon apparemment délibérée. Nous avons peur de nous-mêmes plus que de notre futur.

Moderne

C'est un vieux mot, apparu au Moyen Âge. Au départ, sa signification est neutre, il veut dire : présent, actuel. Un basculement se produit, note Jacques Le Goff : *« À partir de la fin du XIIIᵉ siècle, une certaine idée de progrès et de combat contre le passé se fait jour. »* Depuis, le mot « moderne » contient un présupposé massif : ce qui est actuel est supérieur à ce qui fut, aujourd'hui est mieux qu'hier, le passé est dépassé. Avec le surgissement de l'idée de progrès, la valorisation du changement et du nouveau, l'adjectif « moderne » finit par signifier « supérieur ». Qualifier ce monde de « moderne », c'est affirmer qu'il est supérieur à tous les autres mondes, passés et présents.

Andreu Sole

Tout se passe comme si nous étions dans une centrifugeuse, avec une entropie croissante. Porté hors de lui par cette ivresse chronique, notre monde échappe à toute forme d'arrêt et de repos. Il est devenu si entropique que la boutade de Simone Veil, qui prétendait que *« désormais il faudrait dire des choses éternelles pour être sûr qu'elles soient d'actualité »*, gagne chaque jour une part de vérité. Tirés vers l'extérieur nous tentons, en nous cramponnant à nos places, de résister pour ne pas être éjectés, plaqués au mur ou bien exclus. Dans ce mouvement, trois choix s'offrent à nous, à la fois collectivement et individuellement :

- continuer à lutter pour rester accrochés en résistant aussi longtemps que possible ;
- lâcher et prendre le risque d'être éjectés violemment, d'être exclus ;
- avec force et courage, revenir au centre de l'axe en luttant contre l'énergie centrifuge.

Dans l'œil du cyclone tout est calme, au centre la force n'agit plus. Revenir au centre requiert beaucoup d'énergie, de courage et parfois de sacrifice. À la périphérie sont les sirènes du pouvoir et de la maîtrise, du contrôle et de la domination. Au centre, celles du vrai, du bon et de la vie. Ce centre, c'est l'acceptation de notre nature humaine, de la vie. Paradoxalement, plus l'homme cherche à maîtriser la vie, plus il s'en éloigne. Il en va comme dans toute chose que nous voulons posséder, le plus souvent elle s'échappe. L'énergie centrifuge nous éloigne du centre, de la vie qui nous échappe parce que nous voulons en être le dépositaire. Le risque est de créer une civilisation sans vie, où règne le cynisme. Dans les entreprises, la recherche du profit pour le profit engendre une perte de sens et de confiance de l'ensemble des parties prenantes qui risqueront peu à peu de se désengager. La recherche légitime de compétitivité entraîne parfois les entreprises à sortir de leur axe et à entrer dans des turbulences fortes, dommageables.

Le centrage est alors un centrage identitaire sur lequel nous reviendrons plus en détail dans «Elephants Dancing».

L'homme va-t-il arriver à contrôler la vie? Mais qui contrôlerait l'homme le cas échéant? Des machines ou d'autres hommes? Des institutions échappant à tout contrôle? On dit le futur imprévisible, mais n'est ce pas finalement l'homme qui l'est? Quel est le prix de la vie dans une société marchande? Si la vie est demain sous droits d'auteurs, de quoi allez-vous être l'auteur?

Objet de consommation, objet de désir, objet d'intérêt... Le tout marchand jusqu'à la vie pose la question du sens et interpelle la capacité à agir simplement «par don», gratuité du geste reconnaissant l'autre comme sujet et non comme objet. Le sens de la vie qui vient à manquer cruellement engendre le plus souvent des comportements d'excès de violence ou de consommation.

Au-delà des questions éthiques que régleront des comités internationaux dédiés, cette tendance peut changer radicalement le paysage des entreprises. Dans le futur, ce qui fera sans doute le succès d'une entreprise sera ses intangibles, ses actifs immatériels qui lui assureront un avantage comparatif clair et décisif : ses brevets, ses marques, ses compétences, ses réseaux internes et externes. L'entreprise du futur devra savoir gérer et piloter ses intangibles dans une stratégie de renouvellement, de transformation et d'adaptation constantes.

Jeux sans frontières

Sous l'effet combiné de la mondialisation et de l'explosion des technologies, bon nombre de frontières et repères «classiques» de l'espace-temps sont remis en cause et vont probablement engendrer, dans les années à venir, un profond bouleversement de notre rapport au monde.
Par plaisir ou par nécessité, les gens du voyage seront plus nombreux; ce qui faisait les cultures d'autrefois se mêlera dans un melting-pot, où la diversité fera loi. Les mouvements vont s'accélérer et va émerger l'ubiquité nomade (être chez soi et ailleurs à la fois).

LES GLOBODYTHES, HABITANTS DE LA GLOBOSPHÈRE

La mondialisation n'est pas un phénomène nouveau. Elle démarre vraiment au XVIIe siècle, avec Newton qui publie, en 1687, son œuvre maîtresse : *Philosophiae naturalis principia mathematica*. Cet ouvrage expose le principe d'inertie, la proportionnalité des forces et des accélérations, l'égalité de l'action et de la réaction, les lois du choc, il étudie le mouvement des fluides, donne la théorie des marées, etc., mais Newton y développe avant tout sa théorie de l'attraction universelle. C'est le début d'un discours valable en tout temps et en tout lieu : celui de la science.

Un nouveau mouvement de mondialisation a eu lieu récemment, dont le facteur déclencheur et accélérateur fut sans doute la conquête de l'espace dans les années 1960. Pour la première fois dans l'histoire de l'Humanité, l'homme quittait la Terre pour la voir de l'extérieur et en avait une vision globale : celle d'une sphère bleue. Pour la première fois, il se rendait visuellement compte qu'il faisait partie d'un tout et pouvait relativiser sa place sur cette terre. Une vraie conscience planétaire naissait, accompagnée d'une dynami-

> **Globodythe**
>
> Nom masculin (ou adjectif utilisé, à tort) désignant un homme, une collectivité habitant un lieu de parois souvent bétonnée ou de parpaing, avec une forte concentration en équipements multimédias donnant une ouverture en temps réel sur l'ensemble du monde virtuel et réel (Globosphère).
>
> Le Globodythe se trouve essentiellement en milieu urbain.

que d'émancipation collective, un appel à la liberté individuelle et à la liberté des mœurs. L'art pop naissait à la même époque avec sa collection de bulles, de cercles et de ronds de couleurs en tout genre révélant cette perception d'une planète, vision du monde unifié. La conquête de l'espace venait de modifier notre vision du monde, de la vie sur terre et du lien entre les hommes, elle ouvrait les perspectives de la globalisation, la planète devenait un village et le concept de «citoyen du monde» prenait toute sa dimension. Cette prise de conscience est directement liée aux avancées technologiques : sans ordinateurs, il aurait été impossible de réaliser les calculs qui ont permis à Neil Armstrong, en juillet 1969, de déclarer avec raison : *« Un petit pas pour l'homme, un grand pas pour l'humanité ! »*.

Quelques manifestations de la mondialisation

Les marques

Dans la civilisation du virtuel, la valeur accordée à la marque sera croissante. Nous allons assister à la mondialisation des marques et de grands groupes, autrefois manufacturiers, vont devenir des gestionnaires de marque avec une sous-traitance de leur production. Cette mondialisation engendrera l'uniformisation des styles de vie, des modes vestimentaires. Elles sont américaines, européennes ou asiatiques et viendront prochainement d'autres parties du monde ; toutes incarnent une identité forte, véhiculant un contenu intangible perçu. McDonald's (plaisir), Nike (*just do it,* liberté), Apple (*Think different,* étonnement), d'autres viennent d'Europe, Vuitton (luxe), Danone (santé) ou d'Asie, Sony (mobilité), Toyota (qualité).

Les world companies

La mondialisation des entreprises qui deviennent transnationales et où leur pays d'origine ne dit plus rien sur ce qu'elles sont : Nissan est une entreprise française par sa propriété, japonaise par ses origines et mondiale par sa production. Savez-vous combien de pays contribuent à la production d'un objet aussi simple qu'un vélo ? Près de 80 ! Entre les caoutchoucs, les plastiques, les métaux, la fabrication des pièces... La part du capital des grandes entreprises françaises cotées détenue par des investisseurs étrangers est de 40 % et tend à augmenter. La nationalité d'une entreprise est de moins en moins évidente. La nature de sa propriété ne l'est pas davantage et le patriotisme économique, autrefois si moteur, décline sous cet effet.

Les Très Très Chics Mondialisés (TTCM)

Les TTCM sont la relève des jet-setters. Plus discrets, plus connectés, ils sont souvent hommes d'affaires ou stars, ont une influence sur le monde et entendent la faire valoir. Après les aristocrates et les technocrates, nous assistons à l'émergence d'une élite mondiale, les cosmocrates, membres de ce qu'appelle J. Attali, *«l'Hyperclasse»* qui parcourt le monde entre New York, Londres, Pékin ou Hong-Kong. Ils gouvernent le monde et en deviennent peu à peu, par leur puissance économique et leur influence politique, les maîtres. Leur richesse repose non plus sur

.../...

leur biens matériels, mais sur leur propriété intellectuelle (brevets, droits d'auteurs, savoir faire, créativité, imagination...). Ils sont mobiles, souvent narcissiques et utopistes et leur mouvement entraîne la planète vers une conscience plus grande des enjeux planétaires.

Les métacultures

La mondialisation des cultures. Le sport et la musique notamment en sont les grands contributeurs. Pour la première fois dans l'histoire du football, en 2002, lors de la Coupe du Monde, les cinq continents étaient représentés en quarts de finale. La chanteuse Britney Spears est une république à elle seule : des fans du monde entier se reconnaissent dans sa musique et son chiffre d'affaires annuel est supérieur au PNB d'un pays comme la Belgique.

Sous l'effet de la mondialisation, les gouvernements nationaux peinent de plus en plus dans leur rôle de régulateur et semblent en passe de jouer un rôle de moins en moins important dans les équilibres économiques de leur pays. Ce pouvoir des gouvernements nationaux décline au profit des organisations internationales, et les régions en développement ont une influence accrue. Par exemple, le Brésil a pris le parti de s'affranchir des brevets internationaux dans la lutte contre le sida. Parallèlement, on assiste à l'émergence du pouvoir croissant de l'opinion publique mondiale qui aura dans le futur sans doute un poids considérable dans les équilibres économiques. Les événements récents, que ce soit à Seattle en 1999 lors de la réunion ministérielle de l'OMC ou, bien plus récemment, à HongKong en décembre 2005 en sont l'une des manifestations.

La nature de la demande sera probablement bouleversée par la mondialisation et les mouvements migratoires qui vont s'accentuer. L'explosion démographique en est un facteur important : l'humanité comptait 1 milliard d'individus en 1800 et nous sommes aujourd'hui 6,4 milliards. Les perspectives les plus souvent avancées, notamment par la division «Population» des Nations unies, sont aujourd'hui d'un peu moins de 9 milliards d'habitants en 2050, ce chiffre représentant sans doute un plafond de la population  mondiale. Logiquement, la population mondiale devrait ensuite baisser.

Il est probable alors que nous assistions à des phénomènes nouveaux imaginables pour certains, mais difficiles à anticiper pleinement. Il est clair qu'une tendance forte est l'universalisation du consommateur avec un marché devenant de plus en plus mondial et son urbanisation avec des conséquences en termes de comportements d'achat, de relations, de déplacement...

Ni bonne ni mauvaise, la mondialisation est un fait, un mouvement inéluctable. Elle ouvre autant de nouveaux potentiels extraordinaires que de risques : l'un des risques est – du fait de l'uniformisation qu'elle entraîne – un appauvrissement des cultures, une perte des identités locales, un oubli graduel de nos mémoires ancestrales, ancrées dans la nature.

La mondialisation, parce qu'elle engendre une «uniformisation», a tendance souvent à entraîner les entreprises hors de leur axe identitaire, à les éloigner de leur culture de base tout en s'enrichissant d'autres cultures. Le métissage qu'elle provoque modifie l'ADN originel et transforme en profondeur la culture même de la structure. Comment rester soi-même en devenant mondial? Comment échapper aux risques de la banalisation et de l'uniformisation pour rester unique et différent?

BIENVENUE À CYBERLAND

La frontière entre les mondes biologique, mécanique et électronique devient de plus en plus ténue. Dans les quinze prochaines années, nous allons entrer progressivement dans des environnements de plus en plus «intelligents» où l'homme – de moins en moins isolé – va entrer en symbiose avec l'environnement qui l'entoure, avec des objets physiques, statiques, capables de communiquer et d'interagir avec lui.

La parole, la reconnaissance du visage, des gestes ou des signes vont nous permettre de rentrer en communication avec cet environnement, qu'il s'agisse de sa maison, de son bureau, de sa voiture ou de ses moyens de transport. Cette symbiose va changer complètement la relation que nous avons à nous-même et aux autres. La vie artificielle, les nanotechnologies, la robotique, la connexion à un réseau Internet vont radicalement transformer l'homme par le regard que nous portons sur nous-même et par la modification des connections avec d'autres.

> Associations, institutions religieuses, et tribus en tout genre se réuniront dans des lieux de culte virtuels. Cet hypermonde sera la locomotive économique du XXIe siècle avec un PIB prévisionnel, en 2010, égal à celui de la France.
>
> Jacques Attali

Avec les NTIC s'ouvre l'ère du cyberspace caractérisée par l'interactivité et ce que Joël de Rosnay appelle l'intercommmutabilité. L'interactivité est globale et immédiate : nous sommes à un clic de souris d'une base de données ou d'un site. Au-delà de l'interactivité de premier degré où les utilisateurs ne font qu'appuyer sur des boutons, un peu comme une sorte de jeu de dialogue stérile sans bien comprendre ce qu'on essaie de leur dire derrière, apparaît l'interactivité qui permet de créer collectivement «l'intercréativité». Dans cette dimension de l'interactivité, nous ne sommes plus connectés «à» Internet, nous sommes

connectés «par» Internet : ce sont des «cerveaux» qu'il y a derrière, et c'est cette créativité mutuelle qui peut, ou non, s'exprimer.

L'intercommutabilité est le fait de pouvoir créer, sur sa propre page Web, un lien avec un ou d'autres sites. Avec le Web, pour la première fois, chaque personne a potentiellement la possibilité de réaliser une interconnexion, chaque utilisateur est comme une synapse d'intercommutabilité entre lui et les autres. Nous sommes devenus des neurones interconnectés par des réseaux planétaires. Cette interconnexion de neurones, conduit à la création de ce que Joël de Rosnay appelle le «cybionte» (de cyb-, pour cybernétique et -bio pour biologie). Le cybionte est une espèce de métaorganisme planétaire qui se complexifie au fur et à mesure des liens intercommutables et qui s'est constitué par nous, avec nous (et peut-être contre nous). Ce métaorganisme, qu'on a aussi appelé *«global brain»* (cerveau planétaire), est en train de se construire : c'est un organisme hybride, à la fois vivant, biologique (nous), technologique (les machines) et électronique (les ordinateurs interconnectés). Actuellement, comme le dit aussi Vinge, l'existence d'une telle machine est encore en question. En 1993, il prévoyait que, selon la courbe du progrès de l'informatique des dernières décennies, la probabilité qu'un tel événement se produise est à placer entre 2005 et 2030.

ww.secondlife.com

Second life est un jeu de rôle à univers persistant en 3D dans lequel les joueurs peuvent mener une seconde vie. Il regroupe aujourd'hui plus de 2 millions de joueurs dans le monde passant en moyenne 3 heures par jour dans cet univers virtuel, où tout se passe comme dans la vraie vie.

Chaque joueur a un avatar (sa représentation virtuelle) de forme humanoïde qui vit dans ce monde. Les joueurs vivent sur une terre divisée en trois grands continents d'un côté, et une myriade d'îles indépendantes remplissent l'océan autour de ces continents. Chaque parcelle de terre peut contenir un nombre maximal de prims proportionnel à sa surface.

Les joueurs peuvent voler, modifier leur apparence autant qu'ils le désirent et créer objets, vêtements, bâtiments, sculptures, véhicules de toutes sortes, plantes, animaux, gadgets, etc. Le joueur n'a pas de mission à remplir, il est libre d'aller où bon lui semble, et d'y faire ce qu'il veut tant qu'il respecte les conditions d'accès de Second Life. Il peut télécharger depuis son ordinateur des images, des sons et des animations, qui pourront ensuite être partagés avec, et utilisés par, les autres joueurs : il conserve les droits de propriété intellectuelle sur ce qu'il crée dans Second Life droits. Le créateur d'un objet peut interdire aux autres joueurs la copie de cet objet, ou sa transmission à un autre joueur.

Chacun y vit comme il veut suivant ses envies : rencontres et interactions sociales pour les uns, développement d'un rôle à part entière dans une communauté spécifique pour d'autres, ou poursuite de fantasmes divers, conception et utilisation d'outils de communication et d'enseignement, création artistique, recherche socio-économique et marketing, et même thérapie contre certaines phobies ou psychoses. De manière générale, l'absence d'objectif à atteindre ou d'histoire à suivre fait que le jeu ne renvoie que ce que l'on y injecte soi-même.

Toutes sortes de mini-industries se sont créées à l'intérieur du monde de Second Life : discothèques, casinos, prostitution virtuelle, jeux vidéo, immobilier et architecture, jeux de rôle, etc. L'économie repose sur la monnaie locale, le Linden dollar (L$) : chaque abonné payant de Second Life en reçoit chaque semaine, ce qui lui permet d'acquérir des objets, des biens mobiliers et immobiliers, ainsi que des services auprès des autres joueurs. Les joueurs peuvent aussi s'acheter et se vendre leurs Linden dollars sur LindeX, site de change de Linden Lab, ou sur les sites similaires de tierces parties.

L'activité économique de Second Life offre de telles opportunités que certains des joueurs y perçoivent maintenant des formes de rémunération, certaines sociétés, comme Reuters, Dell[1], Toyota ou IBM ont aussi ouvert un bureau virtuel dans le jeu et les professionnels du marketing étudient ce nouvel univers aux potentiels prometteurs !

Nous entrons dans l'hypermonde, un nouveau monde virtuel, où toutes les composantes du monde réel se retrouvent : activités et échanges économiques, vie politique, activités sociales et culturelles... Dans ce monde, chacun y aura un avatar, une personnalité double inventée et créé par soi, et pourra y inventer une vie virtuelle : homme d'affaires la journée, femme fatale le soir !

Fondé en 2003 par Tom Anderson, MySpace.com en offre un bel exemple. MySpace est une plate-forme communautaire ou site de socialisation *(social networking)* dans la mouvance des services gratuits comme le Web 2.0 qui marque une nouvelle ère. Laissant place à l'utilisateur au cœur du contenu numérique, l'internaute devient vraiment actif, contrairement à une période Web 1.0, où il était un simple consommateur de services.

Sur la page d'accueil, le sous-titre «un endroit pour les amis» en résume la philosophie. La recette du succès de MySpace réside en un mode d'emploi simple. On y ouvre gratuitement sa page personnelle ou un blog pour parler de soi, de ses goûts ou de ses coups de cœur. Les internautes séduits par une photo ou par des affinités communes (vidéo-clips, sélections musicales MP3) cherchent le contact. Leur tentative pour adhérer sera acceptée ou repoussée. Le réseau se crée progressivement. MySpace est une manière de trouver des infos et de les partager avec les autres. Le tout gratuitement. La nouvelle reine de la pop anglaise, Lily Allen, s'est fait connaître grâce à cette plate-forme communautaire. Inconnue en 2004, elle a mis ses chansons en ligne en novembre 2005 sur MySpace, comme le groupe de rock anglais Arctic Monkeys, et elle a reçu plus de 5 millions de visiteurs sur sa page avant de signer chez EMI en décembre 2005.

MySpace.com, est en passe de devenir un marché d'une grande puissance. Avec 100 millions d'utilisateurs à travers le monde et 240 000 nouveaux «immigrants» par mois, Myspace.com est le 11e «pays» par la population après le Mexique. Début juillet 2006, MySpace.com était le site le plus fréquenté par les internautes américains devant les géants Yahoo! et Google, soit une croissance de 4 300 % en deux ans.

La première conséquence possible de cette tendance est un changement profond de notre culture : ce cerveau planétaire en constitution – combiné à l'évolution du multimédia, du temps réel, du haut débit... – va générer une sorte de mental collectif, composé d'images partagées, dont la télévision n'est qu'un tout petit élément et qui, qu'on le veuille ou non, va créer un fossé extraordinaire entre ceux qui ont accès à ces techniques et les autres. Une nouvelle culture est probablement en train d'émerger et de se propager à travers le monde, de manière très fluide et très rapide, une sorte de culture de l'image, du son, de l'expression : la culture de l'expérience et de l'émotion, une culture dans laquelle vivre une expérience riche en émotion sera plus important qu'acquérir des objets ou des savoirs.

La seconde conséquence possible serait de voir ce métaorganisme échapper à tout contrôle et prendre des décisions imprévisibles, à l'image de ce qui est présenté dans le film *Matrix* réalisé par les frères Wachowski en 1999.

Mais ne sommes-nous pas déjà dans ce mouvement ? On peut imaginer différents types de métaorganismes : le financier par exemple (on entend déjà si souvent dire « le marché a décidé, la place de New York a sanctionné... », mais également peut-être l'opinion mondiale connectée qui peut sanctionner en temps réel telle ou telle décision d'une entreprise, lancer le boycott immédiat d'une compagnie pétrolière dont l'un des tankers produirait une marée noire.

LES FRONTIÈRES DU TEMPS : L'HYPERPRÉSENT

« Du passé faisons table rase »

« ... *no future* », disaient les punks à la fin des années 1970. Jusque très récemment, on croyait que le monde de demain serait nécessairement meilleur. Était-ce parce que nous avions plus de possessions matérielles que nos parents ? Était-ce parce que nous reculions les frontières de la science, jusqu'à croire que nous pourrions sonder les profondeurs de l'âme grâce à Freud, Jung et leurs successeurs, et donc connaître le bien-être émotionnel de façon certaine ?

Il y a vingt ans, le vent semble avoir tourné : l'Occident est entré dans l'ère du postmodernisme. Le progrès est remis en question. Depuis vingt ans, nous sommes entrés dans ce qui sera peut-être la dernière phase de la déconstruction du monde, nous nous évertuons à déstructurer l'espace-temps :

* Le temps et l'Histoire. Les événements du passé ont perdu leur valeur d'enseignement, relégués à des circonstances locales précises dont aucune leçon n'est transposable à notre présent.

* L'espace. Dans l'espace *politically correct,* toutes les cultures se valent et gardons-nous de juger les autres. Vivons plutôt dans un multiculturalisme, laissant le choix à chacun de vivre sa vie en respectant un minimum la vie privée de ses voisins.

Ce relativisme, nourri par l'individualisme et une certaine instrumentalisation de nos actions, le philosophe français Michel Lacroix l'a appelé le *« créationnisme moral »,* où nous décidons souverainement de notre comportement. Le Beau, le Bien, le Vrai existent pour chacun de nous et aucun modèle externe ne peut être imposé. Peu importe si Tocqueville, il y a 160 ans, prévoyant le triomphe de l'individualisme et de la raison instrumentale disait que cela risquerait *« de tourner les hommes sans repos sur eux-mêmes pour se procurer de petits et vulgaires plaisirs dont ils emplissent leur âme »*[1]. La machine est en route. Nous n'allons nulle part et tout est relatif : vivons nos vies comme il nous semble. Le progrès technologique, en revanche, est toujours là et nous devons, dorénavant, pratiquer ce que le philosophe Pierre-André Taguieff appelle la philosophie du *« bougisme »*[2]. L'une des valeurs qui prédomine désormais est notre capacité à sans cesse nous adapter au monde artificiel. C'est le culte du nomade, de l'indépendant, qui démontre sa capacité d'autonomie.

Notre culture valorise l'immédiat et la personnalisation (le *one to one*). En dehors de notre appréciation subjective et de leur valeur marchande, le temps et l'espace n'ont plus de valeur absolue. Nous sommes entrés dans un paradoxe étonnant, où temps et espace n'ont plus de valeur même s'ils sont devenus des valeurs de référence : par exemple, le temps n'a plus de valeur dans une logique d'immédiat, et il prend toute sa valeur car il est le repère de la vie et de l'individu. Il devient une valeur marchande au même titre qu'un produit de consommation.

 Le temps semble se contracter, l'horizon s'est rapproché et nous sommes en danger de ne plus être capables d'imaginer collectivement un avenir, ni d'adhérer à ce qui est plus grand que nous. Avoir un rêve semble exotique ou suspect!

Pourtant, le rêve nous reconnecte au temps et à la durée, il nous sort de cet hyperprésent qui risque bien – sans que nous nous en rendions compte – de devenir une prison. Ceci est valable pour la société comme pour les entreprises : combien d'entre elles proposent aujourd'hui un rêve, savent emmener leurs collaborateurs dans une aventure humaine? L'hyperprésent sonne le glas du sens et accroît la culture du cynisme. Les efforts de vision déployés semblent être bien mis à mal par cette dictature de l'immédiat. L'hyperprésent conduit aussi parfois à l'amnésie, à oublier notre passé et nos racines. Ainsi déracinés, nous avons quelquefois des difficultés à trouver l'équilibre et la stabilité nécessaires quand souffle le vent de l'incertitude. Sans passé ni rêve, c'est alors comme si nous étions sans lien temporel, dans une forme de vide où tout se joue en même temps, sans distinction ni autre discernement, que le prix du temps que nous sommes prêts à payer.

LE PETIT POUCET

Les progrès technologiques induisent une autre conséquence, l'une des plus profondes de notre technocosme : la traçabilité.

---

1. Alexis de Tocqueville, *De la Démocratie en Amérique.*
2. Pierre-André Taguieff, *Du Progrès.*

Si le monde est devenu le fruit de l'intelligence instrumentale de l'homme, alors tout ce qui nous arrive peut être attribué à un autre à qui la responsabilité est attribuée *de facto*. Qu'il s'agisse d'un individu, d'un parent, d'une entreprise ou d'une culture, nous croyons pouvoir toujours identifier la cause de ce qui nous affecte. Cela nous donne une importance et renforce notre sentiment d'existence et d'autonomie car nous pensons pouvoir agir sur tout le monde qui nous entoure. Il y a une maladie mystérieuse (sida, vache folle, etc.)? Ce n'est pas le destin, mais la faute de scientifiques, de gouvernements, qui ne nous ont pas prévenus à temps. L'obésité? C'est la faute de McDonald's. Le chômage? C'est la faute de la globalisation. La traçabilité rendue possible grâce aux avancées technologiques permet désormais de repérer la chaîne des événements et de déterminer de façon de plus en plus précise les points de rupture et les niveaux de responsabilité.

La culture de poursuites judiciaires dans tous les domaines de la vie s'accentue, au fur et à mesure que nous établissons une traçabilité de l'ensemble des événements qui modifient notre vie. Il s'agit comme l'affirme Alain Finkielkraut d'une *« extension du domaine de la responsabilité »*[1] ou Emmanuel Levinas pour qui : *« la certitude que tous nos malheurs nous viennent du prochain, que de tout il y a responsabilité, le droit d'accuser et de juger la civilisation, c'est peut-être cela un monde qui a un sens. »*[2] Il n'y a plus l'Autre, il n'y a plus que le calculable, dans une société ou l'objet prend le pas sur le sujet.

Cette mainmise de l'homme sur le destin fait en sorte que certains voient cette tournure de notre civilisation de manière négative, une culture à la fois de déresponsabilisation (ce n'est pas moi, c'est la faute d'un autre) et d'individualisme.

Paradoxalement, la disparition de l'infini, du destin, au profit d'une liberté individuelle apparente sur sa marge d'action, est vécue comme disait le sociologue Durkheim comme «un malaise, une cage de fer». Certains regrettent la nature et l'inconnu qui leur laissaient l'espoir. Alors l'homme se résigne dans une posture minimaliste de confort, car il se sent dépossédé par le monde artificiel animé qui l'entoure. Le progrès matériel a sorti l'homme de sa dépendance de la nature, mais le replongerait dans une dépendance vis-à-vis d'un monde artificiel qu'il ne contrôle pas plus. Est-ce cela l'aboutissement de notre désir d'autonomie? Une utopie narcissique? En cherchant, on aurait perdu «l'Autre», nous plongeant ainsi dans un certain mal-être.

Heureusement, la traçabilité recèle des propriétés positives. Elle évoque une responsabilisation de chacun face à son prochain. L'initiative des «Global Commons», par exemple, lors du traité de Kyoto sur la réglementation de la

---

1. Alain Finkielkraut, *Nous autres modernes,* Ellipses, 2005.
2. Emmanuel Levinas, *Les imprévus de l'histoire,* Fata Morgana, 1994.

pêche dans les eaux internationales est un indice significatif de responsabilisation progressive de l'homme face à son environnement. L'origine et le traitement de tout ce que nous consommons seront bientôt accessibles pour le consommateur, qui pourra faire son choix en toute conscience. Seul bémol à cela : la capacité à comprendre et à interpréter ces informations !

 La responsabilisation de l'homme dans sa technosphère ne se fera pas parce que nous sommes devenus des anges, mais par nécessité, due au degré d'interconnexion entre nous. La traçabilité peut signifier l'entrée dans une ère de contrôle de chaque fait et geste de chacun d'entre nous, et par conséquent une perte de liberté et d'autonomie. Elle peut également signifier une responsabilisation renforcée de chacun dans ses actions et donc une autonomie accrue.

Dans les deux cas, la traçabilité sera vécue comme une contrainte forçant les individus, les entreprises, les institutions à respecter un cadre légal renforcé : plus de loi, plus de contrôle.

AU-DELÀ DU TEMPS ET DE L'ESPACE

Les théories scientifiques classiques se sont évertuées à donner des explications au réel visible et l'apogée en fut le positivisme avec Auguste Comte qui réfutait toute interprétation de l'intangible, le reléguant au rang de la métaphysique.

Les découvertes scientifiques au cours du XXe siècle ont marqué un tournant profond dans notre vision du monde, ouvrant ainsi de nouvelles perspectives dont nous ne sommes probablement qu'à l'aube. Les lois de la gravité découvertes par Newton, sans être remises en cause, semblent avoir des limites claires lorsqu'il s'agit d'interpréter l'infiniment petit, invisible à l'œil, le nanomonde. La physique quantique a ouvert de nouvelles portes sur ces mondes invisibles. Ils s'appellent Einstein, Bohr, et plus récemment Aspect ou Yung, ils ont contribué à donner des réponses nouvelles et des visions remettant parfois en cause toutes nos conceptions classiques du monde : théorie de la relativité, de l'inséparabilité relativisant les notions d'espace et de temps et prouvant le lien invisible entre deux particules, théories de Yung montrant que la lumière peut être à la fois onde et corpuscule.

À l'axe espace-temps vient en complément un axe énergie-information ouvrant des champs nouveaux d'explication du réel et repoussant les frontières auxquelles se heurtaient les sciences classiques. Le grand bouleversement qui en découle sera probablement un changement profond de paradigme. Si la pensée cartésienne, linéaire, a engendré une vision du monde sur laquelle s'est construite notre société, les nouveaux paradigmes (nous y reviendrons plus loin) qu'engendrent les découvertes de la physique quantique, des biosciences ou de l'astrophysique vont bouleverser notre façon de penser et de construire le monde. Nous entrons dans de nouveaux espaces-temps allant au-delà des limites du réel perçu et du tangible. Tenter de construire dans ces nouveaux espaces-temps avec les représentations et les outils mentaux d'hier est sans aucune efficacité. Si l'énergie et l'information deviennent des points de référence pour ce monde que nous découvrons, comment allons-nous en faire des points d'appui pour transformer les fonctionnements de nos sociétés, de nos institutions ou de nos entreprises ? L'enjeu en vaut sans doute la peine et se demander comment passer d'une logique espace/temps à une logique complémentaire énergie/information pourra peut-être ouvrir sur des réalisations nouvelles.

 Si l'énergie et l'information s'ajoutent à l'espace et au temps en tant que référentiels ayant une valeur marchande, il n'est pas improbable que, dans les entreprises, le capital dynamique et le capital informationnel deviennent des éléments de valorisation. L'imagination, fruit de l'énergie et de l'information, sera, comme le promet Toffler, probablement l'une des qualités que développeront les hommes pour naviguer dans ces nouveaux univers et penser d'autres possibles pour les construire. Combien d'entreprises font de l'imagination individuelle et collective une valeur centrale ? Dans combien de recrutements cette composante est-elle prise en compte ?

Les enfants du paradis

En devenant plus libre, l'homme se trouve davantage face à ses responsabilités. En maîtrisant son destin, il ne peut plus invoquer un tiers extérieur qu'il pourrait tenir pour responsable de ses difficultés. L'homme est devenu responsable de ses malheurs comme de son bonheur. Cette évolution combinée à la déconstruction de repères identitaires profonds, se traduit par un individualisme exacerbé, un refus et un déni du réel prenant de nombreuses formes.

ET MOI ET MOI ET MOI...

L'individualisme tel que nous le connaissons est une invention récente. Il n'existe d'ailleurs pas dans les tribus primitives et n'a pas toujours existé dans nos civilisations. C'est une invention assez récente : des travaux des anthropologues et des historiens, il ressort que l'individualisme économique se produisit en Europe entre la fin du XVIIe et le milieu du XVIIIe siècle. Sans doute est-ce dans *les deux Traités du gouvernement civil,* publié par le philosophe anglais John Locke en 1690, que, pour la première fois, est clairement posée l'idée que l'économique prime sur le politique. Dans la seconde moitié du XVIIIe siècle, avec le *Tableau économique* de François Quesnay, l'économie devient un tout autonome, distinct et cohérent, qui suit ses propres lois et obéit à ses propres logiques.

Une autre avancée majeure dans la pensée économique qui conduisit à l'individualisme économique fut, en 1776, une contribution d'Adam Smith dans ses *Recherches sur la nature et les causes de la richesse des nations* dans lesquelles on peut lire, par exemple : *« Ce n'est pas de la bienveillance du boucher, du brasseur ou du boulanger que nous attendons notre dîner, mais de leur souci de leur intérêt propre. Nous ne nous adressons pas à leur humanité, mais à leur égoïsme ; et ce n'est pas de nos besoins que nous leur parlons, c'est toujours de leur avantage. »* Soutenant que l'unique manière d'obtenir la richesse de la nation, d'améliorer les conditions

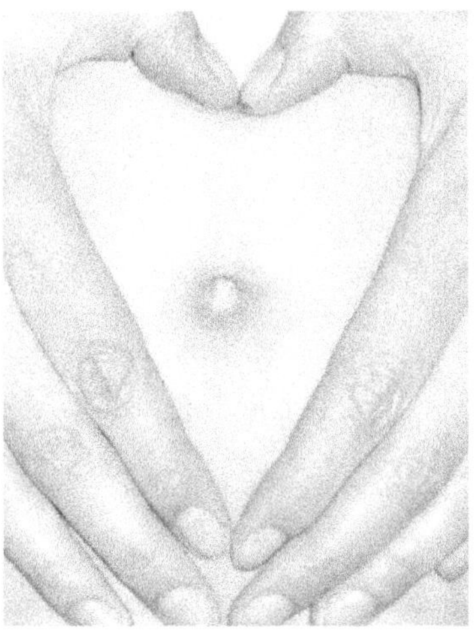

de vie de l'ensemble de la population est de stimuler l'égoïsme (la poursuite des intérêts individuels), que l'égoïsme, grâce à une main invisible, produit son contraire, le bien général, le philosophe écossais détache l'économie de la morale : les lois de l'économie sont indépendantes de celles qui régissent la morale. *«L'ensemble de ces rapports (de production),* écrit Marx, *forme la structure économique de la société, la fondation réelle sur laquelle s'élève un édifice juridique et politique, et à quoi répondent les formes déterminées de la conscience sociale. Le mode de production de la vie matérielle domine en général la vie sociale, politique et intellectuelle.»*

L'idée que l'économie est la réalité fondamentale de la société humaine est donc défendue aussi bien par Smith que par Marx, par le libéralisme que le marxisme. Notre civilisation, tirée depuis deux siècles par l'économie, est donc imprégnée de ces visions du monde et de ces lois qui conduisent à l'évidence à des comportements des acteurs centrés davantage sur leurs intérêts individuels que sur le bien commun.

UNE FIN DE «MOI» DIFFICILE!

Chacun, pour éviter le chaos, a besoin de repères sur lesquels s'appuyer pour fonder son identité. Ces changements qui se succèdent rapidement entraînent inéluctablement une perte de repères. Non que les repères n'existent plus, mais ils bougent. Au centre, la question de l'individu, de sa façon de se définir par rapport à un extérieur en mutation : qui suis-je?

Le schéma suivant illustre l'évolution du moi. Chaque pointe du triangle illustre l'une des dimensions sociales qui façonnent l'individu.

On constate une profonde évolution identitaire au cours des siècles : l'individu se définissait autrefois par la caste à laquelle il appartenait, puis le travail est devenu, par le statut social qu'il donnait, le repère identitaire : «je produis, donc je suis». Aujourd'hui, c'est le «je consomme, donc je suis» qui prime.

L'individu était simplement un «on» indifférencié parmi tant d'autres dans une communauté. L'idée de famille s'est ensuite renforcée, remplacée par la tribu, communauté d'intérêt où la gratuité a disparu. Enfin, la loi du marché, de la consommation est devenue la règle; ni les religions (en Occident) ni l'État ne fixent plus les règles. Les échanges humains sont régulés par les règles de l'offre de la demande.

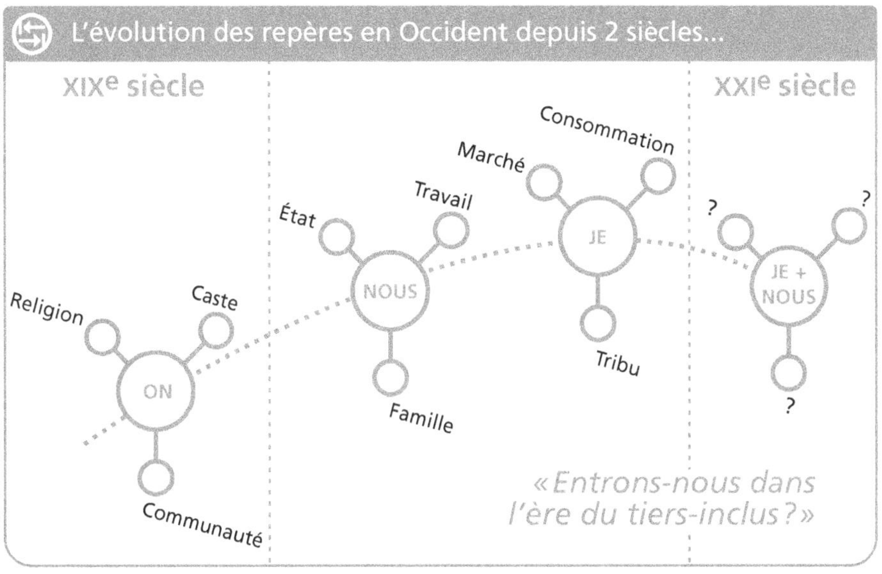

La loi du marché va de pair avec la montée de l'individualisme, ce JE avant tout qui se nourrit de transactions matérielles ou immatérielles pour remplir ses manques. Avec cette évolution rapide des repères, l'avoir est devenu le leitmotiv de la plupart des nouvelles générations. Cette soif d'avoir se traduit par une ruée vers le superficiel, vers les signes ostentatoires et un gavage souvent outrancier et excessif. La malnutrition et l'obésité croissante sont une traduction de ce trop-plein d'inutile et de superficiel et depuis 1998, l'OMS considère l'obésité comme une épidémie. La population obèse représente aujourd'hui 35 % de la population américaine. Au cours des dix à quinze dernières années, l'obésité a augmenté d'environ 10 à 40 % dans la majorité des pays européens. En dix ans, la proportion d'enfants et d'adolescents en surpoids a triplé aux États-Unis. La malnutrition, principale cause du surpoids, se présente désormais sous deux formes : l'insuffisance de l'essentiel et la surabondance du quelconque.

Je consomme donc je suis, certes, mais je suis unique! Donc ce que je consomme doit l'être! La dictature de la consommation et de la demande s'est traduite par une offre pléthorique de produits, avec des exemples qui font tourner la tête : Sony offre plus de 220 modèles de Walkman, Seiko plus de 5 000 modèles de montres, vous pouvez faire vous-même vos propres chaussures uniques sur le site de Nike, etc. On assiste à l'effet «buffet», c'est-à-dire l'apogée de l'excès du superflu, l'absence d'essentiel.

La tendance semble aller vers une nouvelle articulation : celle du JE-NOUS. Logique d'inclusion entre Moi et l'Autre, prise de conscience que j'ai besoin de l'autre pour être. Passage du besoin d'indépendance à une prise de conscience de l'interdépendance : mon bonheur passe aussi par celui des autres! Je suis Moi et je fais partie d'un système dans lequel j'interagis.

PETER PAN ET LE MONDE DES ENFANTS PERDUS

Peter Pan, personnage créé par James Matthew Barrie, est un enfant qui veut le rester pour toujours pour éviter les responsabilités de l'âge adulte. Son monde est celui de Neverland (monde de nulle part), le monde de l'imaginaire où il emmène les enfants perdus venant du monde réel. S'il quitte Neverland, le monde s'endort, la nature se fane et les enfants perdus ne se battent plus avec les pirates dont le chef est le capitaine Crochet.

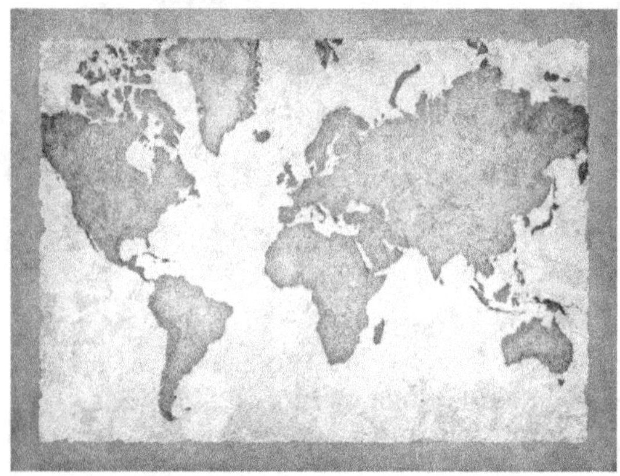

Tout change constamment à Neverland, les enfants perdus ne sont jamais les mêmes (quand ils sont trop grands, ils partent ou sont exécutés par Peter car *«grandir est contraire au règlement»*), les méchants changent et les aventures s'enchaînent. Seul Peter Pan est immuable, il est l'éternel maître du jeu, le jeu lui-même. Dans Neverland, tout est interchangeable à part lui; il va chercher les enfants génération après génération et oublie à chaque fois les précédents. Il reste bloqué dans le factice, ne faisant aucune différence entre le jeu et la réalité, il s'obstine à ne pas vieillir et à ne pas se souvenir (il ne viendra plus chaque printemps rendre visite à Wendy).

Peter tient sa raison de vivre de Crochet qui représente l'adulte qui veut tout dominer, tout rationaliser et laisser le moins de place possible à l'imagination et à tout ce qui a trait à l'enfance ou à la nature. Crochet est l'adulte type, en opposition complète à Peter : ayant accepté de vieillir (ce qui est pour Peter une perversion), il est mortel, se sait mortel et en est terrifié. Ainsi, il est sans cesse poursuivi par le crocodile géant au tic-tac inquiétant et obsédant, symbole de la mort et du temps qui dévore tout : Crochet sait que le jour où le réveil salvateur s'arrêtera, il n'entendra plus le crocodile s'approcher et ne pourra donc plus lui échapper, mais, sans Crochet qui est à la fois son opposé et son miroir, Peter n'est rien, il se trouve piégé entre l'homme qu'il refuse de devenir et l'enfant qu'il ne peut plus être.

Peter est finalement la meilleure raison pour laquelle il faut grandir : continuer à vivre dans le pays imaginaire, au-delà de la période prévue, ne peut entraîner que de la mélancolie et du mal-être, malgré les apparences, mais en perdant l'enfant en nous, nous prenons le risque de devenir comme Crochet, cynique, aigri et sans poésie. C'est dans l'alliance des deux que l'individu retrouvera peut-être toute sa force, l'alliance des contraires, la légèreté et l'insouciance de l'enfant et la conscience responsable de l'adulte.

D'UN COUP DE BAGUETTE MAGIQUE : LE MONDE DES ENFANTS TOUT-PUISSANTS

Notre société est entrée dans une quête effrénée de l'avoir, elle semble avoir perdu le sens de l'essentiel. Les signes en sont l'obésité croissante, l'effet «buffet» décrit précédemment, mais aussi une grande immaturité sociétale. L'un des grands symboles de notre époque est la télécommande. À distance, sans bouger, elle donne le pouvoir de changer à volonté ce que nous voyons! Quelle force! Quel sentiment de toute-puissance!

La télécommande, la machine de toute-puissance à changer le monde!

Le zapping signe l'avènement d'une société immature, celle de la toute-puissance de l'enfant qui croit que rien ne peut lui résister. Dans cette société, toute frustration est refusée, les individus veulent tout, ici et maintenant, avec tout refus de penser à un quelconque sacrifice  pour assurer le futur. Une société où les verbes ne se conjuguent ni au passé ni au futur, où seul compte le présent. *Carpe diem,* cette célèbre phrase d'Horace, reprise dans le film *Le cercle des poètes disparus* qui fait l'apologie de l'ici et maintenant, a fait le tour du monde, elle s'est imposée comme le leitmotiv de toute une génération. Elle est la manifestation de l'hyperprésent dans lequel nous vivons et la signature de l'*amor fati* amour du réel.

La toute-puissance ne serait pas complète sans superlatif. Le contenu du discours est riche de ces mots qui viennent magnifier le vécu : super, top, kif, nul, destroy... Nous sommes dans le monde de l'hyper, dans toutes ses déclinaisons.

Alors, comme si la quête de l'ici et maintenant ne suffisait pas, elle s'enrichit d'une quête supplémentaire, celle du meilleur : je veux le meilleur, car *«je le vaux bien!»*

Cette société du zapping et du «je le vaux bien» constitue la vraie expression actuelle de la toute-puissance. Si tu ne peux pas ici et maintenant, alors zappe, tu vaux bien mieux que ça ailleurs!

Deux composantes de la société zapping

L'effet «buffet»
Avec sa pléthore de produits, de services, de possibles qui s'offrent aujourd'hui et qui implique des choix et donc du discernement. Ce discernement suppose de connaître ses besoins, savoir ce que l'on veut. Choisir, c'est aussi renoncer, accepter de perdre ou de ne pas avoir. L'effet «buffet» est générateur de frustrations, lesquelles, mal gérées, sont anxiogènes et peuvent être source de dépression ou de violence.

...

> ### L'éducation
>
> La structuration psychique des individus qui résulte de l'éducation aujourd'hui semble être un facteur fort de cette tendance au zapping : Guy Corneau, dans son ouvrage *Père manquant, fils manqué* montre comment l'absence paternelle dans l'éducation des jeunes garçons est susceptible de générer à terme des individus adultes qui n'en auront que l'apparence. Des individus dépourvus de repères forts de ce qu'est un homme. L'homme dans toutes les traditions est le garant de la loi, de la règle. Il représente la verticalité et l'extériorité, au contraire de la femme qui elle porte l'horizontalité (la relation) et l'intériorité. Il semblerait donc que le défaut de père dans l'éducation d'un garçon peut avoir, à terme, des conséquences telles que des manques de repères masculins, une carence de règles et une recherche paradoxale de la loi (des limites) en même temps que son refus (puisqu'elle n'a jamais existé). Violence ou état dépressif peuvent résulter de cette carence, mais surtout ce que génère l'absence du père est un profond manque de repère identitaire. Ce manque est alors compensé par la consommation, puisque «je consomme donc je suis». Mais, confronté à la difficulté de choisir et à l'impossibilité de tout avoir, la violence monte.

L'école est en crise, en réalité, il semblerait davantage que ce soit l'éducation qui le soit. L'école ne pourra jamais se substituer au rôle du père dans la transformation d'un garçon en homme et c'est ce dont souffre tant notre société actuelle. La société zapping est une société d'enfants qui n'ont pas grandi, faute de figure paternelle. Les périodes de guerre (1914-1918, 1939-1945) puis les années 1960 avec l'émancipation des femmes, qui a remis en cause la place du père, ont été des éléments constitutifs de l'absence du père dans l'éducation des garçons. Aujourd'hui, dans les grandes villes, le taux de divorce est supérieur à 50 %, engendrant des familles monoparentales ou recomposées.

Le zapping est la manifestation de la transformation de notre rapport à la vie, où seuls l'ici et le maintenant comptent. Ainsi, les rites, qui faisaient partie des grands piliers structurants de la vie sociale se sont profondément transformés. Par exemple, les repas autrefois en famille sont aujourd'hui plus rares et éclatés, chacun se nourrit quand il veut avec ce qu'il veut. La mort faisait partie de la vie, elle était accompagnée de rituels précis et longs, on veillait le mort, on l'accompagnait en cortège silencieux jusqu'à sa dernière demeure. Aujourd'hui, on meurt le plus souvent à l'hôpital, on évite la mort qui pourrait nous rappeler notre propre état de mortel, en conduisant vite le défunt au cimetière, de moins en moins fréquenté.

 La quête de bien-être est devenue une motivation profonde de la plupart de nos contemporains. «Le bonheur si je veux!» «Être Re», dixit le Club Med. Cette quête du paradis sur Terre, d'un monde de bonheur, d'un monde libéré de toute souffrance se traduit entre autres par différentes tendances fortes et l'apparition de catégorie de personnes comme «les attrapeurs de rêves» ou les «créatifs culturels». Dans l'entreprise, le zapping risque d'être croissant, car le divorce entre l'entreprise et l'employé est consommé, mais également parce que les collaborateurs sont moins fidèles et privilégient leur bien-être, leur bonheur et refusent tout sacrifice. Dans l'hyperprésent, ils demandent des réponses à leur besoin d'équilibre ici et maintenant.

LES ATTRAPEURS DE RÊVES : À CHACUN SON PARADIS

Ils sont insomniaques, dépressifs, angoissés, sous l'emprise de troubles comportementaux profonds ou passagers. Ils cherchent. Ils rêvent d'accroître leurs performances sexuelles ou de pallier des inhibitions. Les laboratoires sont souvent leurs fournisseurs : près d'un quart des Français consomment des anxiolytiques, des antidépresseurs ou des somnifères. C'est un record en Europe selon le Centre de Recherche, d'Étude et de Documentation en Économie de la Santé (CREDES). En 2000, un quart de la population protégée par le régime général a bénéficié du remboursement d'un médicament psychotrope : 33 % d'hommes et 55 % de femmes de plus de 70 ans. Ils veulent échapper aux marques du temps, vivre plus jeunes plus longtemps.

Selon les statistiques de la Société américaine de chirurgie esthétique et plastique, la France se situe, au niveau mondial, à la cinquième place pour ce qui est du nombre d'interventions de chirurgie et médecine esthétique. Reconnue depuis 1988 comme spécialité médicale à part entière, la chirurgie esthétique classique laisse place peu à peu à la médecine esthétique. Les injections et autres traitements au laser ont la cote auprès de ceux qui souhaitent ralentir les effets du temps. Quelque 450 000 actes ont été recensés en médecine esthétique, ce qui équivaut au double des actes de chirurgie esthétique. Entre 2002 et 2003, le marché a progressé de presque 30 % avec environ 5 000 spécialistes sur toute la France. Les interventions les plus courantes étaient, en 2004, la toxine botulique (20 %) et les injections de graisse pour combler les rides. Cette quête du jeunisme s'étend largement aux hommes, de plus en plus nombreux à avoir recours à ces techniques, principalement au niveau des interventions par injections de toxine botulique, d'acide hyaluronique, ainsi que par la liposculpture et la micro-transplantation de cheveux.

Les jeunes sont également de plus en plus nombreux à fuir les pressions du monde et à le refuser. Les mondes virtuels sont leur refuge. Le Japon fut sans doute le premier pays à mettre en évidence ce phénomène. Au pays du Soleil Levant, ces jeunes s'appellent les *hikikomori*. Ils se sentent accablés par la société japonaise, ils ont le sentiment de ne pas pouvoir accomplir leurs objectifs de vie et réagissent en s'isolant de la société. Les *hikikomori* refusent souvent de quitter la maison de leurs parents et s'enferment parfois dans une même pièce pendant plusieurs mois, voire des années. Selon certaines estima-

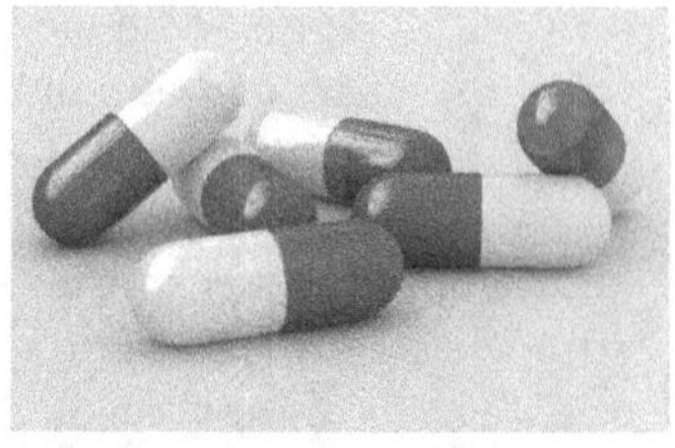

Psychotropes les plus utilisés :

17,4 % d'anxiolytiques

9,7 % d'antidépresseurs

8,8 % d'hypnotiques

2,7 % de neuroleptiques

tions, il y aurait 1 million de *hikikomori* au Japon, soit un jeune sur dix et presque 1 % de la population (qui est de 127 millions).

Le sociologue Paul H. Ray et la psychologue Sherry Ruth Anderson ont, durant 13 ans, mené des enquêtes et des recherches auprès de 100 000 Américains, plus de 100 *focus groups* et des dizaines d'interviews approfondies. C'est la plus grande enquête sociologique jamais réalisée. Cela a donné lieu à un best-seller, *L'émergence des créatifs culturels*. Pratiquement passé inaperçu en France, il a pourtant initié une onde de choc par la prise de conscience sociale de cette nouvelle population qui initie une nouvelle civilisation. Prise de conscience qui s'effectue également en Europe et dans de nombreux autres pays dans le monde. Paul Ray et Sherry Anderson expliquent comment ces gens se sont écartés du mode de vie traditionnel ou moderne pour tisser de nouveaux modes de vie.

Trois sociétés américaines s'opposent pour se définir comme ce que l'Amérique devrait être : traditionnelle, moderne ou créative culturelle. Les auteurs montrent comment chacune d'entre elles a émergé, et particulièrement la société des créatifs culturels qui est apparue dans les années 1960, au moment des manifestations contre l'OMC à Seattle et lors de l'émergence des mouvements sur la conscience spirituelle, la psychologie et la médecine alternative. Ils en concluent que ces différents mouvements convergent vers le même centre, que constitue le mouvement des créatifs culturels.

Les créatifs culturels sont très préoccupés par l'écologie et la protection de la planète, la paix, les relations humaines, la justice sociale, le développement personnel, la spiritualité, l'expression personnelle. Contre toute attente, ils sont à la fois tournés vers eux-mêmes et très concernés par la société. Ils sont militants, volontaires et plus impliqués dans de grandes causes que les autres Américains. Toutefois, par leur manque de visibilité dans la société américaine, ils sont eux-mêmes étonnés de voir à quel point leurs valeurs et leur mode de vie ont de l'écho dans la société. S'ils prennent conscience de leur nombre, leur impact sur la société promet d'être considérable, dessinant un nouvel ordre du jour pour le XXIe siècle. Ils sont au moins 50 millions aux États-Unis, mais ce phénomène n'est pas uniquement américain : des membres de l'Union européenne, constatant son ampleur aux États-Unis, ont mené leur enquête et, d'après eux, il y aurait autant de créatifs culturels dans l'Europe actuelle.

NOMADE'S LAND ET LES MOBILES HOMMES

À l'âge de la chasse-cueillette, les hommes étaient nomades, changeaient de lieu en fonction des conditions climatiques ou du potentiel alimentaire. Entre 12 500 et 7 500 avant J.-C., de petites communautés humaines se sont groupées dans des villages permanents, développant l'agriculture en complément de la chasse et de la cueillette. Après quelques millénaires de sédentarisation, nous revenons aux civilisations nomades avec deux catégories qui se dessinent clairement.

Les nomades, tout d'abord par nécessité, vont se déplacer pour avoir accès aux ressources vitales s'ils ne les trouvent pas localement. Attirés par la société de l'avoir et du progrès, ils estiment qu'ils ont légitimement le droit de vivre en pouvant être soignés, apprendre, travailler... Il est probable que nous assisterons ainsi dans les années à venir à une recrudescence des flux migratoires. Ces mouvements ont largement commencé aux États-Unis et se traduisent par une communauté hispanophone si importante qu'il est possible que, dans deux ou trois mandats présidentiels, le président des États-Unis soit d'origine hispanique. En Europe, Sangatte, le sud de l'Italie et de l'Espagne sont les plates-formes d'accueil de l'immigration clandestine, en provenance de l'Europe de l'Est, des pays d'Afrique et d'Orient... Dans les pays eux-mêmes, comme nous l'avons vécu en Occident, les campagnes vont être délaissées au profit des villes. Les prospectivistes estiment, par exemple, que dans les trente prochaines années, un tiers de la population chinoise va migrer des campagnes aux villes.

La deuxième catégorie de nomades sera les cosmocrates. Le monde, autrefois dirigé par les aristocrates, puis les technocrates, est aux mains de ceux qui ont les moyens de sillonner le monde pour affaires ou pour le plaisir, ils sont citoyens du monde, ont un pouvoir plus économique que politique, sont capables d'influence, en usent et exercent leur pouvoir sur toute la planète.

Ce nomadisme émergent se traduit par des changements de repères importants, le mélange de races et de cultures et probablement, l'émergence de nouvelles formes de culture et de pensée. Dans les entreprises, les individus nomades seront certainement aussi plus nombreux dans le futur. Les collaborateurs les plus performants et, par conséquent, les plus recherchés seront comme des cosmocrates mercenaires, sans attache géographique, ils se déplaceront selon les opportunités. Les flux migratoires vont probablement également ouvrir des perspectives nouvelles en termes de «ressources».

Magic World

Ce monde plein d'enjeux recèle aussi son lot d'opportunités. Il est magique parce qu'il impose une nouvelle donne et tout y est possible, le meilleur comme le pire. Le paysage est en train de changer, le monde devient un immense cirque avec ses tribus, ses troupes d'acteurs sociaux, économiques, artistiques ou d'exclus, se regroupant le temps d'un projet ou d'un spectacle commun.
De nouveaux marchés vont prendre une place de premier plan, marchés de l'intangible, du service, qui supplanteront les marchés plus traditionnels des produits. Ces marchés sont ceux de la peur, de l'évasion ou bien de «l'autre».
Dans ce monde magique, émotion et imagination seront peut-être les grandes composantes qui contrebalanceront la tendance vers un univers de calcul froid où le cœur et le sens font si souvent défaut.

UN TICKET POUR LE FUTUR

Dans son livre, *The age of access,* Jeremy Rifkin explique que nous passons de l'âge de la propriété à un âge nouveau, celui de l'accès. L'accès signifie que l'usage de biens et la consommation de services, sont indépendants de la possession ou non de ces mêmes biens et de l'équipement qui rend des services disponibles. Les individus préfèrent de plus en plus détenir l'usage de biens et de services que d'en être propriétaires. C'est un âge où l'on ne s'engage plus, où la fidélité est remise en cause; une époque où plutôt que d'acheter un bien, nous allons payer un droit d'accès temporaire.

Dans la société marchande, tout accès sera payant et cet accès, plus qu'à un bien, se fera à un service : accès à l'éducation, à la santé, à la culture. Même ce qui était de nature matérielle devient immatérielle : la voiture se transforme graduellement en une commodité de transport. La transformation des entreprises occidentales pour rester dans la course mondiale passera peut-être par une évolution de leur mission et de leur raison d'être. Comment passer d'une logique de production à une logique de «fournisseur d'accès»? Comment un constructeur automobile va-t-il, par exemple, repenser son métier pour devenir un fournisseur d'accès d'un point à un autre?

Le monde magique est celui de la liberté et du bonheur auquel chacun aspire. Cet accès a un prix et le ticket d'entrée ne sera peut-être pas à la portée de toutes les bourses. 98% de cette croissance est prévue dans les pays pauvres (Banque mondiale). À cette date, si les tendances actuelles se poursuivent, les taux de fertilité tomberont au-dessous du seuil de remplacement pour 75 % du monde, l'âge médian passera de 26 ans aujourd'hui à 37 ans, l'espérance de vie passera de 65 à 75 ans, et il y aura 2 milliards de personnes de 60 ans et plus, davantage que de personnes de moins de 15 ans. La culture et les systèmes de retraite et de santé devront changer. Aucun pays industriel n'a un taux de fertilité supérieur ou égal au-dessus du seuil de remplacement de 2,1 enfants par femme. Logiquement, la population mondiale devrait ensuite baisser. Les 3 milliards de personnes habitant dans les villes aujourd'hui deviendront 5 milliards d'ici à 2030. Plus de la moitié de la planète sera urbaine, essentiellement dans des villes en bordure de côtes inondables à cause du réchauffement climatique.

Près de 40 % de la population mondiale vit en Chine ou en Inde, où la croissance industrielle accélère l'exploitation des ressources avec des impacts sur l'environnement. La moitié de la population mondiale vit dans les villes sur 2 % du sol, consomme 75 % des ressources en produisant environ le même pourcentage de pollution. Les ressources naturelles pour supporter toute cette croissance diminuent. En 1997, une équipe de chercheurs a estimé que la valeur courante de la nature à l'économie mondiale est d'environ \$33 billions par an, et que 40 % de l'économie du monde en voie de développement est directement fondé sur la biodiversité, laquelle est en train d'être détruite. L'explosion démographique est un facteur d'accélération qui, combiné à l'explosion technologique et scientifique, amplifie des écarts qui ont toujours existé. Si les inégalités ont toujours existé, le monde n'a jamais connu pareille offre et pareille demande à l'échelle mondiale.

Alors que l'écart entre ceux qui vont avoir accès à Magic World et les autres se creuse, l'accès est en passe de devenir un enjeu planétaire. Des paradoxes étonnants apparaissent parfois : les hommes recensés par le magazine *Fortune* les plus riches au monde possèdent autant que les 2,3 milliards les plus pauvres. Chaque vache de l'Union européenne est subventionnée chaque jour à hauteur de 3 \$US alors que 40 % des Africains vivent avec moins de 1 \$US. De nombreux signaux positifs montrent toutefois un potentiel d'amélioration encourageant : la pauvreté a reculé plus vite au cours des 50 dernières années qu'au cours des 500 précédentes, durant les trois dernières décennies, la proportion des personnes ayant accès à l'eau potable a presque doublé, chaque année les campagnes de vaccination élémentaire permettent de sauver quelque 3 millions d'enfants, l'espérance de vie dépasse aujourd'hui 70 ans dans trente pays.

À titre d'exemple, dans l'extrême sud-est de l'Inde, dans le Tamil Nadu, un jésuite de 90 ans, le père Ceyrac (frère de l'ancien président du CNPF), a adopté environ 3 500 enfants orphelins, bon nombre portant son nom. Il a développé pour les enfants, entre Madras et Pondichéry, des centres d'accueil, où il leur offre – avec le soutien de bénévoles locaux et de pays occidentaux – des soins, l'éducation et de quoi se nourrir. Son leitmotiv : un toit, l'éducation et de l'amour et ils sont peut-être sauvés! Sa croyance : tout ce qui n'est pas donné est perdu! Avec 1 euro, il supplée aux besoins quotidiens de trois enfants, il leur donne une chance de sortir de la misère et de progresser dans la société indienne. L'éducation est au cœur de l'enjeu : il a créé un réseau dans lequel des veuves et des jeunes femmes donnent, chaque soir, des cours aux enfants des rues. Ils sont entre 30 000 et 40 000 à bénéficier de l'éducation qu'ils n'auraient jamais eue autrement. Les femmes, par ailleurs, bénéficient du coup d'une liberté dans un pays où leur statut est encore très archaïque.

En Inde comme dans le reste des pays du monde, la capacité d'accès des individus sera l'un des défis du futur, avec trois niveaux d'enjeu d'accès : les technologies, les ressources (nourriture, eau, air et énergie) et la santé.

Les technologies

Internet joue un effet amplificateur et accélérateur et la dématérialisation de l'économie oblige chacun à être connecté, s'il veut accéder à la consommation, aux loisirs, à la culture et au savoir. Un peu plus de 5 % de l'humanité seulement a accès à l'Internet. Les NTIC sont des technologies encore coûteuses et difficiles à utiliser. Se pose la question de savoir qui va les utiliser? L'éducation sera intimement liée à la capacité de connexion et on entrevoit la sélection supplémentaire potentielle qui se fera pour ceux qui ne pourront y avoir accès.

Les ressources

L'eau devient un enjeu plus important à terme que le pétrole. À la conférence des Nations unies qui s'est tenue dans le cadre du Sommet de la Terre à Johannesburg, les enjeux de l'eau ont été particulièrement développés : l'eau pour tous est une véritable question car actuellement 1,2 milliard de personnes n'ont pas accès à l'eau potable dans le monde et 2,4 milliards ne disposent pas d'installations sanitaires décentes. Dans trente ans, la moitié des habitants de la planète manquera d'eau si rien n'est fait.

La santé

On observe un accroissement des inégalités dans l'accès à la santé entre les différents pays et le rapport de 2005 de l'OMS sur la santé dans le monde montre une généralisation de la difficulté d'accès aux soins dans les pays en développement, qui se traduit par une recrudescence des mortalités infantile et maternelle, notamment accrue par l'épidémie de VIH/sida. 4 millions de nouveaux-nés meurent dans les 28 jours suivant la naissance et 6,6 millions avant l'âge de cinq ans.

Entrons-nous dans un monde où ce qui fondait la vie et lui donnait sens sera monnayable? La santé, l'éducation, voire nos ressources naturelles vitales, telles que l'eau ou l'air, seront des marchés. Il est alors possible que, si tout devient payant, certains n'auront simplement plus les moyens de vivre ou de survivre, mais n'est-ce pas déjà le cas dans certaines parties du monde?

Du fait de l'interdépendance croissante entre les individus de la planète, n'est-il pas inéluctable qu'à terme, les individus les plus privilégiés qui jouent dans Magic World voient leur monde envahi par des hordes d'humains réclamant leur droit à l'accès?

Autrefois, faute d'information, la conscience faisait défaut. Aujourd'hui, chacun connaît ces risques. L'inconscience peut justifier l'irresponsabilité, la conscience impose la responsabilité.

LE *NEW DEAL* DE MAGIC WORLD

« On ne peut résoudre les problèmes d'aujourd'hui en pensant de la même manière qu'au moment où ils ont été créés... En faisant un peu plus de la même chose ne vous attendez pas à avoir des résultats différents. »

Albert Einstein

Les nouveaux actifs

Longtemps, le capitalisme s'est identifié à la propriété : le marché est d'abord ce lieu où s'échangent les biens que nous possédons et ceux que nous désirons acquérir. Le boom des technologies de l'information et de la communication est à l'origine de cette mutation sans précédent qui se traduit par de nouveaux champs de compétition sur de nouveaux marchés dépassant de loin celui, traditionnel, des clients. Nous allons assister très rapidement à une véritable compétition mondiale sur les marchés des talents et ceux des capitaux.

Pour ce qui concerne les marchés traditionnels, nous assistons à une explosion de l'économie des services, où les marchés laissent place aux réseaux. Elle se traduit par la transformation des biens en services, par le passage de la figure du vendeur à celle du prestataire de services et dans le changement de la pratique commerciale de certaines entreprises de distribution qui concèdent gratuitement, ou à très bas prix, un produit matériel qui devient le support de services payants. Cette transformation du rapport à la propriété est un changement fondamental qui se traduit par :

- le déclin du capital fixe au profit d'un accès à court terme au crédit marquant la fin de l'épargne et la montée de l'endettement;

- le développement de toutes les formes qui permettent de disposer de biens et de services, en contournant l'impératif de la propriété : à la fois dans la production et dans la consommation, dans la location d'équipements et de biens durables, ainsi que sur les variantes de sous-traitance et co-traitance.

L'entreprise virtuelle (type Nike) en est un exemple avec le passage progressif du patrimoine matériel dans le passif du bilan comptable (la propriété génère des coûts de fonctionnement et d'entretien et freine l'adaptation de l'entreprise aux variations technologiques et au marché et, enfin, les nouvelles industries de l'information et la primauté donnée au capital intellectuel (actifs immatériels).

La convergence

Dans le chapitre «Tournez manège», le point crucial de la convergence a été abordé avec son lot de questions. Les risques de dérive sont innombrables et il est probable que cette étape de métaconvergence technologique conduira à une métaconvergence juridique mondiale ; une organisation mondiale permettant de réguler et de prévenir les dérives potentielles et inévitables.

En réalité, c'est l'ensemble de la vie qui devient convergence, à bien des niveaux : géographique (convergence des peuples nomades vers les villes), économique (interdépendance des économies), ethnique (mélange des races). La vie semble peu à peu tendre vers une forme de synthèse des opposés et de complémentaires, nous entrons peut-être doucement dans l'ère du synthétique, souhaitant qu'elle ouvre les portes de l'essentiel.

La convergence peut avoir deux conséquences :

- une vision modifiée du monde : certains parlent de pensée systémique, de pensée complexe pour tenter de l'appréhender et d'en donner une lecture plus fine;

- l'émergence de la transdisciplinarité : l'ouverture entre les métiers, les savoirs et les savoir-faire.

L'une des conséquences directes en sera peut-être l'ouverture dans l'apprentissage de la conduite

> **Conjonction de coordination**
> La conjonction de coordination est un coordonnant, c'est-à-dire une liaison qui joint deux choses ayant une même fonction et finalité…

des affaires – que ce soit dans les business schools ou par les formations internes – à de nouvelles disciplines telles que les sciences ou la philosophie. Plus la convergence s'accroît, plus l'ouverture sera nécessaire pour échapper au risque d'enfermement et d'asphyxie.

LA VALSE DES PARADIGMES

Nos représentations passées du monde évoluent sous la pression de nouveaux modèles que nous offrent la science, la mondialisation et les technologies. Les anciens modes de pensée ne peuvent plus désormais donner de réponses satisfaisantes aux questions qui se posent à nous. Certains réflexes devront probablement évoluer vers de nouvelles logiques; trois évolutions semblent fondamentales.

1. Vers la nouvelle alliance : le tiers inclus

La métaconvergence imposera sans doute une logique nouvelle; elle induit un profond changement de paradigme. Par l'interdépendance des liens qu'elle génère et la complexité qu'elle accroît, elle impose la transversalité, la transdisciplinarité comme mode de fonctionnement. La complexité inhérente à l'interdépendance et au maillage des individus, des tribus, des institutions ou des économies a tissé un lien tangible et intangible entre les 6,2 milliards d'individus de la planète. Tous unis désormais dans un même destin, celui de notre monde et de notre futur. Là est la plus grande des convergences : un déséquilibre en un point du monde génèrera le même effet, à terme, sur les autres parties! Nous devrons, par nécessité ou par choix, transformer les logiques de tiers exclus sur lesquelles nous avons fondé notre évolution, par celle du tiers inclus. Nous allons devoir passer du «ou» au «et», du «oui, mais» au «oui, et», car l'effet d'interdépendance est tel que le «ou» (exclusion) exprimé envers autrui, revient à s'exclure soi-même. Le corollaire de cette évolution sera sans doute une évolution des rapports humains vers davantage de coopération, de solidarité et d'entraide. On commence à ressentir ces effets dans l'émergence des mouvements humanitaires, du besoin non seulement de se sentir utile, mais de contribuer à un meilleur équilibre planétaire global. Dans les entreprises commence à se développer une recherche de plus de coopération, d'échanges et de transversalité.

2. Au-delà de l'axe espace/temps, l'axe énergie/information

Notre référentiel espace/temps qui fonde les échanges, les relations, nos raisonnements... sous l'effet des découvertes de la physique quantique et des nanosciences, va être complété par un référentiel qui va devenir central : information/énergie.

Les effets commencent à se faire sentir et l'énergie, par exemple, est de plus en plus prise en compte dans les dimensions quotidiennes de la vie : le feng-shui par exemple illustre cette prise en compte de la dimension énergétique des formes dans l'habitat, les aliments sont souvent considérés dans leur apport énergétique, etc. Nous reviendrons plus loin sur la diffusion de ces notions. Pour ce qui concerne l'information, inutile de démontrer que désormais nous évoluons et vivons dans un océan d'informations et que nous n'en sommes qu'au début. Le décodage de l'ADN montre que la matière est composée de séquences informationnelles dont l'organisation donne un caractère unique et spécifique.

3. De l'anthropocentrisme à l'altérité

Dans son ouvrage *De l'infini de l'Univers,* écrit en 1584, Bruno Giordano, ancien moine dominicain originaire de Naples, affirme que l'univers est infini et surtout que la Terre n'est pas le centre de tout, mais tourne autour du Soleil et qu'elle ne serait qu'une étoile parmi d'autres. C'est le début de l'héliocentrisme. Il défend les thèses d'un autre moine polonais : Nicolas Copernic, qui n'aura pas le même courage que Bruno Giordano à assumer ses affirmations. Bruno Giordano le paiera de sa vie : torturé et brûlé vif à Rome, la langue clouée. Trente-trois ans plus tard, sur les mêmes affirmations et devant un tribunal, Galilée se rétractera. L'Histoire retiendra l'idée de révolution copernicienne, comme si la gloire récompensait parfois davantage ceux qui finalement préfèrent renoncer à ceux qui vont jusqu'au bout de leurs convictions.

Nous sommes dans une société de services et cette notion est loin d'être neutre, elle reste encore très loin dans les actes de sa vraie signification. Servir pose la question de l'autre, d'être au service de l'autre. C'est une question d'abnégation, de don de soi. Entendons par l'autre, tout ce qui est extérieur. Une société de services accomplie serait alors une société ou chacun œuvre dans un souci de l'autre, en abandonnant son ego. Cette évolution est comme une nouvelle révolution copernicienne : nous sommes encore beaucoup centrés sur nous-mêmes, dans un nombrilisme aveugle engendrant cloisonnement et barrières. Or, compte tenu du premier changement de paradigme, chacun va devoir modifier son référentiel autocentré pour s'ouvrir à l'autre et prendre conscience qu'en définitive, l'autre n'est qu'une partie de soi. L'enjeu, le changement qui va être nécessaire est du même ordre que celui de l'héliocentrisme il y a quatre siècles : prendre conscience en tant qu'individu que «je ne suis pas le centre du monde, mais une simple partie prenante du monde, une étoile parmi les étoiles et qu'en tant qu'être unique j'ai une responsabilité et un rôle à jouer». Ce changement de paradigmes pose un réel défi : celui de la maturité. Robert Keagan, psychologue américain, décrit cette évolution individuelle comme le passage d'un premier niveau immature – la plainte (ça ne va pas), le blâme (c'est la faute de...), les intentions du Nouvel An *(y'qu'à, faut qu'on)* – à un second niveau – la responsabilité (quel est mon niveau de responsabilité dans la situation ?), la contribution (en quoi puis-je contribuer ?), l'engagement (ce que je fais pour changer).

SENS FICTION : LE MANÈGE DÉSENCHANTÉ

> *Une propension à combler le vide coûte que coûte, à le remplir quitte à ce que ce soit superflu : la consommation explose, des hommes se mettent en quête de réponses, d'autres trouvent des terres d'exil virtuelles ou réelles, certains trouvent dans l'hyperactivité un refuge salvateur.*

«Ah, look at all the lonely people»... En 1966, les Beatles, avec *Eleanor Rigby* diffusé sur l'album *Revolver,* dénonçaient l'errance et la solitude individuelle. La perte de repères amorcée au XIXe siècle a une conséquence : le monde est déconstruit et la déconstruction a un prix à payer, celui de l'absence de sens.

Déconstruction de la musique avec les Boulez, Schönberg, de la peinture avec les Picasso, Kandinsky, de la littérature avec les auteurs du Nouveau Roman (Claude Simon, Michel Butor, Nathalie Sarraute) ou bien le théâtre de Beckett ou d'Ionesco... Et surtout, déconstruction de la philosophie avec Nietzsche dans son ouvrage fondateur : *Le crépuscule des idoles.* Les idoles sont pour lui tous ces repères de transcendance, ces idéaux métaphysiques. Il y fait la critique du nihilisme (qui a des idéaux ou des idoles), affirmant que l'au-delà n'a été inventé que pour nier l'ici-bas. Il prône l'*amor fati* (amour du réel), seul moyen d'échapper aux deux tyrannies, celle du passé (regret et nostalgie) et celle de l'avenir (peur de la mort). Le sens est toujours le résultat d'une transcendance, de quelque chose d'exogène qui nous dépasse. Pour Nietzsche, la vie n'a pas de sens et donc pas de repères, seule existe la vie. Cette critique du nihilisme est la matrice du XXe siècle, nous sommes les enfants de la déconstruction et le legs laissé est l'absence de repères, de transcendance et de sens.

La mondialisation a accéléré la déconstruction du sens : tout d'abord dans sa phase scientifique, où les lois universelles développées ont installé la croyance que tout est explicable, qu'il n'existe pas de force mystérieuse quelconque, que rien n'arrive sans raison. La croyance d'un monde causal s'est ainsi développée. C'est le désenchantement du monde par la science, la fin du sacré, qui s'amorce dans ce premier mouvement de mondialisation.

Le progrès engendré par la science a été porteur de sens en relais du sacré et des idéaux religieux : Le progrès avait du sens car sa promesse ultime était transcendante : plus de liberté (maîtrise de son destin), plus de bonheur pour l'humanité. Le salut pour l'humanité par le progrès!

Nous sommes dans une nouvelle phase de la mondialisation avec de nouvelles conséquences :

* La mondialisation engendre une compétition généralisée : le progrès qui était autrefois porteur de sens n'est plus que porteur de compétitivité. À titre d'exemple, pourquoi fabriquer un téléphone de 50 grammes de

moins? Pour être plus libre? Plus heureux? Non! Nous touchons là à la limite du progrès : il a perdu toute transcendance, il n'a plus de sens et cette absence nous plonge dans un abîme de manque, on ne sait plus où va le monde, car les promesses de liberté et de bonheur se sont éteintes.

- La mondialisation et les phénomènes qu'elle engendre nous échappent, car tout devient très complexe. La promesse de maîtrise de notre destin par la science ne tient plus, chacun le sait désormais : nous sommes dépossédés de tout pouvoir et de contrôle sur le futur, mais aussi sur le présent.

- La mondialisation nous a fait entrer dans l'hyperconsommation, même les activités autrefois les plus transcendantes, gratuites et porteuses de sens n'échappent plus à la tyrannie des forces du marché : santé, culture, religion, politique... tout est entré dans la logique du marché.

- La mondialisation a engendré un cycle pervers par cette hyperconsommation, un cycle addictif à deux niveaux : les entreprises en compétition sont dépendantes de la croissance pour survivre et doivent proposer toujours plus, toujours mieux, toujours autrement pour que la consommation croisse. Et la condition de croissance pour elles, est que les clients soient plus nombreux à consommer toujours plus. Cette loi du toujours plus conduit les entreprises à créer de l'addiction (fidélisation), à fabriquer du manque auprès de consommateurs drogués : on tente de rapprocher les prises (acte de consommation) et d'augmenter les doses (le panier de la ménagère).

Perte de sens, absence de transcendance et de sacré sont la manifestation d'un monde désenchanté. Ni Dieu, ni la nation, ni la révolution ne sont aujourd'hui des mobiles suffisamment sacrés pour lesquels un seul d'entre nous serait prêt à offrir sa vie. Dans l'hyperprésent et le besoin d'ici et maintenant, tout sacrifice est désormais banni, et une société où le sacrifice est rejeté est peut-être le signe d'une société qui a perdu le sens du sacré. Les repères sur lesquels nous avons fondé l'évolution du monde occidental ont été déconstruits. Le grand paradoxe est que la mondialisation engendrée par la civilisation capitaliste risque de remettre en cause, finalement, les valeurs même du capitalisme. La mondialisation impose une universalité du sens, de symboles et de transcendance que le monde économique tente d'imposer au travers des marques et de leurs promesses. Dans la société de consommation, les marques font figure de transcendance, repères d'appartenance ou plutôt de possession dans la sphère de l'avoir, mais cette tentative ne peut prendre que temporairement, pour la simple raison que sens et transcendance ne sont pas de la sphère de l'avoir, mais de celle de l'être et, par conséquent, n'est pas réductible à un objet d'échange monnayable.

Dans son livre *L'homme-Dieu où le sens de la vie,* Luc Ferry montre que nous sommes dans une transformation des réponses à la quête de sens. Cette quête bascule d'un sens autrefois vertical, transcendant vers un sens horizontal qui annonce la famille comme lieu de sens et de transcendance pour le futur : nos enfants seront, d'après lui, le seul motif valable pour lequel nous nous sacrifierons désormais. Nos enfants, au sens plus large, vont être un motif central de rappel à la responsabilisation, quant au legs que nous ferons aux générations suivantes.

L'absence de sens conduit à l'errance et l'errance peut mener à la folie. Si nous souhaitons une civilisation durable et éviter au monde occidental de tomber dans la folie, alors la reconstruction de sens s'impose et l'imagination et la créativité seront un recours précieux pour y parvenir.

LES TRAPÉZISTES : BUSINESS DU VIDE ET SALAIRE DE LA PEUR

« Nous n'héritons pas de la Terre de nos ancêtres, nous l'empruntons à nos enfants. » Antoine de Saint-Exupéry

Les repères sont des guides pour un chemin et le chemin qui était autrefois étroit et qui semblait faire sens, semble aujourd'hui être un océan de potentiels dans lequel nous traçons des labyrinthes où nous nous perdons. La vie devient objet marchand, l'espace-temps est modifié, le moi se cherche...

Nos repères ontologiques bougent, se transforment, les fossés se creusent et une sensation d'inconfort grandissant s'installe, une forme de vide, avec un besoin de se raccrocher à des certitudes, des convictions, des espoirs, voire des limites. La nature a horreur du vide et le refus du vide s'exprime par deux phénomènes :

* le premier phénomène, la croissance de la violence, manifestation d'une recherche des limites, de la loi comme repère structurant. Les repères qui structuraient nos vies laissent place à un sentiment de risque et d'insécurité à la fois individuel et collectif;

* le second phénomène concerne l'absence de sens. Autrefois donné de l'extérieur, il est maintenant à construire par chacun.

Ces deux phénomènes ont leur contrepartie, en termes d'émergence de quatre grands marchés :

* les marchés de la sécurité des personnes et des biens qui vont exploser dans les années à venir avec les marchés des assurances, des conseils juridiques et de l'assistance en tout genre;

* le marché du sens, avec son cortège de voyants, d'astrologues ou d'institutions parareligieuses;

* le *« marketainment »*, c'est-à-dire que le refus de la peur se traduit par un marché qui est en train de prendre une ampleur considérable : marché

de l'évasion, de l'émotion, qui touche l'enfant en nous (voyages, musiques, cinéma, aviation, technologies multimédias). Contenants et contenus émotionnels vont être au premier plan. Dans ce marché, un autre redoutable se structure aussi sur le plan mondial, celui de la drogue, autre marché de l'évasion qui en anglais se dit aussi voyage : *trip.*

- l'*altermarket,* celui qui ne se sent pas utile pour lui ou pour d'autres, dépérit car il n'a pas de sens. Le sens se construit autour d'autres valeurs, comme l'altérité ou la solidarité et se traduit notamment par l'engouement pour les actions humanitaires et caritatives. La quête de sens trouve pratiquement des réponses extérieures.

Il découle l'émergence d'un grand marché mondial avec deux voies :

- le marché de l'autre, de l'altérité avec les ONG et les actions humanitaires qui se développent tant en Occident que dans les pays défavorisés;

- le marché d'un autrement, pour une autre planète, avec les mouvements altermondialistes, les aspirations à un commerce équitable, une consommation raisonnée et responsable.

Il est probable que, dans les années à venir, chacun de nous aura son ou ses conseillers personnels, sans lesquels nous ne prendrons plus de décision. Besoin d'être rassuré, soutenu, coaché, pour chaque moment de la vie, prévenu et défendu contre attaques ou agressions : le grand marché de la peur est en train d'ouvrir ses portes !

 Le vrai risque, en refusant d'affronter nos peurs du vide, en tentant de le remplir à tout prix, est de passer à côté de l'essentiel : grandir en trouvant au fond de soi la sécurité ontologique nécessaire pour être vraiment dans la vie, pour vivre en homme et être dans l'articulation JE/NOUS. Nous devrons apprendre à devenir des trapézistes de la vie, accepter d'être dans le vide en lâchant prise, c'est-à-dire en acceptant de ne plus contrôler et maîtriser le cours des choses, centré sur sa confiance intérieure.

WONDERLAND OU LE MONDE DE L'IMAGINATION

« Que si l'on prétend que tout ce qui est agréable et beau exerce sur nous une sorte de contrainte, attendu que ce sont des objets extérieurs, alors il faudrait dire que tout exerce sur nous un empire violent; car c'est toujours en vue de ces choses que les hommes font tout ce qu'ils font, malgré eux et par conséquent avec peine, les autres avec plaisir, parce qu'ils n'envisagent que le côté agréable. Or, il est ridicule d'accuser les objets extérieurs plutôt que de s'en prendre à soi-même de la facilité que l'on a à s'en laisser séduire. » (Aristote, Éthique à Nicomaque, *III)*

Ce monde est magique et tous les possibles s'offrent à nous. Pléthore de choix de produits, de services, de liberté et de moyens pour réaliser la plupart de nos rêves les plus fous. Le meilleur comme le pire est à portée de main : l'arme nucléaire disponible dans le monde permettrait de faire exploser plus de cinq fois la planète, alors que nous avons le savoir qui permettrait de résoudre l'ensemble des problèmes de famine. L'empreinte écologique est pratiquement partout supérieure à un (www.footprint.com), et en même temps jamais autant d'hommes ne se sont mobilisés pour le développement durable. Nous explorons l'espace et nous ignorons encore tant des profondeurs des océans, nous pensons maîtriser la vie alors que le cerveau reste un univers à découvrir. La puissance de l'homme est incontestable, nous avons le pouvoir de transformer le réel, nous savons créer et produire des mondes virtuels, des mondes d'images permettant de simuler des futurs et les rendre ainsi réels. Nous sommes plus que jamais responsables de ce futur que nous construisons chaque jour individuellement et collectivement.

> ## Extrait du site www.fondation-nicolas-hulot.org
>
> «Le progrès s'est transformé en risque pour l'humanité, mais le risque peut à son tour devenir une chance. Nous avons les cartes en main. Nos capacités techniques mettent d'ores et déjà à notre disposition des outils pour réagir. Nous savons économiser l'énergie, produire proprement, recycler. Le moment est venu de passer à l'acte à grande échelle. Les mesures nécessaires, si contraignantes qu'elles puissent apparaître aujourd'hui, génèreront demain une fantastique créativité industrielle, stimuleront la recherche scientifique, découvriront de nouveaux gisements d'emploi. La révolution écologique est porteuse de nouvelles activités, d'une nouvelle ère économique et sociale et d'améliorations de la condition humaine.»

Chacun de nous a eu de nombreuses occasions d'être surpris par la capacité créative de l'homme, et ce dans tous les domaines : culturel, politique, scientifique, technologique, économique, entrepreneurial... L'imagination est l'une des caractéristiques fondamentales qui le différenciera le plus des autres créatures sur Terre. Elle est à l'origine de ce qui nous entoure et rien ne semble impossible à réaliser que l'homme ne puisse imaginer, c'est une question de temps.

La vitesse est un défi : l'explosion démographique ira-t-elle plus vite que la diffusion de l'accès ? La question est peut-être mal formulée ! S'il est clair que la vitesse est un défi, il n'en reste pas moins que tout cela est une question de volonté, de choix et de décision. Au-delà, c'est peut-être même une question de conscience, conscience que nous sommes désormais liés à un destin commun quelles que soient les frontières de l'espace ou du temps.

Fernando Pessoa, en poète, la formule ainsi : «*Nous manufacturons nos réalités. La civilisation consiste à donner à quelque chose un nom qui ne lui convient pas et à rêver ensuite sur le résultat. Et le nom, qui est faux et le rêve qui est vrai, créent réellement une réalité nouvelle.*» Autrement dit, ce que nous appelons «réalité», ce que nous ressentons comme «quelque chose» d'extérieur est le fruit de notre imagination qui s'exprime dans les mots et catégories que nous nous créons. Par exemple, avec la catégorie «économie» apparaît une nouvelle réalité, une nouvelle contrainte, naissent de nouveaux débats. Selon cette perspective, un monde est un langage, un langage crée un monde. Notre monde est son langage qu'il projette sur les autres mondes.

Deux conceptions de la complexité s'opposent. Pour le point de vue réaliste, l'économie, la politique, la religion, la science, la technique, l'art, sont des réalités – des entités qui existent indépendamment de notre langage, des contraintes extérieures, que l'on retrouve dans toute société humaine. On postule que la complexité est, si l'on peut dire, dans le monde, que le monde est une réalité complexe qui s'impose à l'esprit, à l'observateur. À l'évidence, la complexité du monde est une réalité, à quelque chose d'extérieur (un fait, une donnée, une contrainte extérieure), nous opposons l'idée que la complexité est créée par nos catégories, qu'elle est l'effet de notre langage, que la complexité du monde est une invention, celle de notre monde. Cette distinction (esquissée ici) est nécessaire si l'on veut clarifier les débats.

Les tenants de la pensée de la complexité ne font pas référence aux deux points de vue que nous venons d'évoquer. Leur position épistémologique n'est jamais clairement exprimée et assumée. Cela dit, nombreux sont les indices dans leurs écrits qui autorisent l'hypothèse selon laquelle nous avons affaire à une pensée essentiellement réaliste. Pour la plupart de ces auteurs, penser la complexité n'est-ce pas tenter de rendre compte de la complexe réalité du monde? La pensée de la complexité ne se présente-t-elle pas comme volonté d'appréhender la richesse du réel?

Le point de vue réaliste de la complexité n'est ni vrai, ni faux. De même, pour le point de vue constructiviste. Ces deux thèses ne peuvent pas être départagées par les faits ou l'observation. Chacune est en mesure de faire valoir ses faits, ses observations. Ce sont deux positions épistémologiques, philosophiques, a priori. Que peut faire le chercheur après les avoir identifiées? Étudier leurs respectives implications.

Tous les choix sont à portée de main, à un clic de souris, à un code de carte bleue, mais qui aura accès aux ressources, à la santé, aux technologies ou à l'éducation? Dans une société où l'individu se définit par le «je consomme, donc je suis», une société où domine la loi de l'offre et de la demande, il est probable que l'écart entre ceux qui auront les moyens de l'accès, et ceux qui ne l'auront pas, va devenir prégnant. Cet écart croissant, dans un contexte de moyens de communication, de transport, d'information… aura inéluctablement des conséquences.

La capacité d'imaginer est fondamentale. À la devise des chercheurs de la société américaine Xerox, «La meilleure façon de prédire ce que sera demain, c'est encore de l'inventer», répond l'exhortation à chacun d'entre nous à devenir un visionnaire, capable d'imaginer des possibilités au-delà de ce dont on fait l'expérience dans le monde réel. Dans ce monde magique, c'est à nous de savoir si nous souhaitons imaginer un futur qui permettra à chacun des hommes qui nous suivra de vivre et de grandir. Ce monde magique appelle chacun à devenir magicien pour savoir le transformer, c'est un monde où il ne s'agit plus de rester à sa place, mais d'inventer sa place et d'imaginer celle de ceux qui nous suivront pour que l'homme continue de grandir.

L'innovation passe souvent par une stratégie de rupture et l'on rencontre souvent dans les entreprises, ou plus récemment dans la sphère politique, un discours sur ces approches qui reviennent à créer une cassure dans l'évolution, une déconstruction des règles du passé dans l'entreprise. Le risque de déconstruction de sens qui accompagne cette intention n'est pas nul. Par conséquent, déconstruire pour imaginer un nouveau futur, oui, mais surtout en y intégrant la question existentielle du sens, du pourquoi, pour quoi, pour qui? Sans cela, la reconstruction se fera sur les bases de la sphère de l'avoir. Et nous nous ferons alors tous avoir!

⊠METAMAILEUROSERVERP2PVIRTUALINK//PARIS(ØF)OUTBOUND//DATE=0509
2032-23:57(GMT+1)/WWREP /00066095570XQ21-VY037/////////////////

Paris, le 5 sept. 2032

Angie,

Alors ce séjour orbital ? Je suis content de savoir que tu as reçu mon message. J'étais anxieux, peu habitué comme tu sais à ne pas recevoir une réponse instantanée à ma communication !
J'avoue que le boulot d'info-ouvrier du cerveau est dur. J'ai accepté des offres d'emploi ici et là, mais le statut d'intérimaire permanent est fatigant. En plus, certaines entreprises ne font aucun effort pour t'accueillir, leurs programmes *nouveaux entrants* sont nuls, ils te traitent comme des androïdes et même pire encore car les androïdes, eux, ne se mettent pas en grève.

L'autre jour j'ai eu très peur, y a eu un bogue en plein *download* de mon régulateur humoral, ça m'a donné des palpitations et j'ai passé une heure dans la technosphère virtuelle pour trouver un médecin capable de rebooter mon programme cardiaque à distance. Ma nano puce de régulation était déréglée et j'ai dû réinstaller le système 7.1.

Je suis chez Virgin galactic rental en ce moment et je suis assez bluffé : l'esprit de Branson flotte toujours et ces mecs ont une imagination incroyable. Ils viennent de lancer une biosphère sur la Lune : comme Center Parc, mais avec vue sur la Terre. Tu peux même louer ta maison à l'année. Ça ouvre dans cinq mois et je suis invité pour l'inauguration. Je vais prendre pour la première fois l'ascenseur de la NASA pour la Lune. Ça me kiffe grave.

C'est l'une des rares boîtes où je prends autant de plaisir. Ils ont vraiment des tronches, des fêlés qui ont peur de rien, et l'ambiance est « Tout est possible, vas-y ! ». Avec mes 36 ans je suis l'un des plus anciens, à part leur conseil des sages (des mecs de 80 ans en moyenne) qui portent bien leur nom. Ça marche d'enfer. Ici, on se forme tous en permanence, t'es obligé de faire au moins un tiers de ton temps en ce qu'ils appellent l'« entraînement ». Ce soir, je vais à une rencontre où on se challenge sur nos actions de la semaine, j'adore ! J'apprends tellement !

Je t'embrasse,
Laosa

ENDMSG'VERISIGN//00066095570XQ21-VY037 ▐█▌║▌█║▌║█▌║║▌█║▌║█▌║█▌║█▌

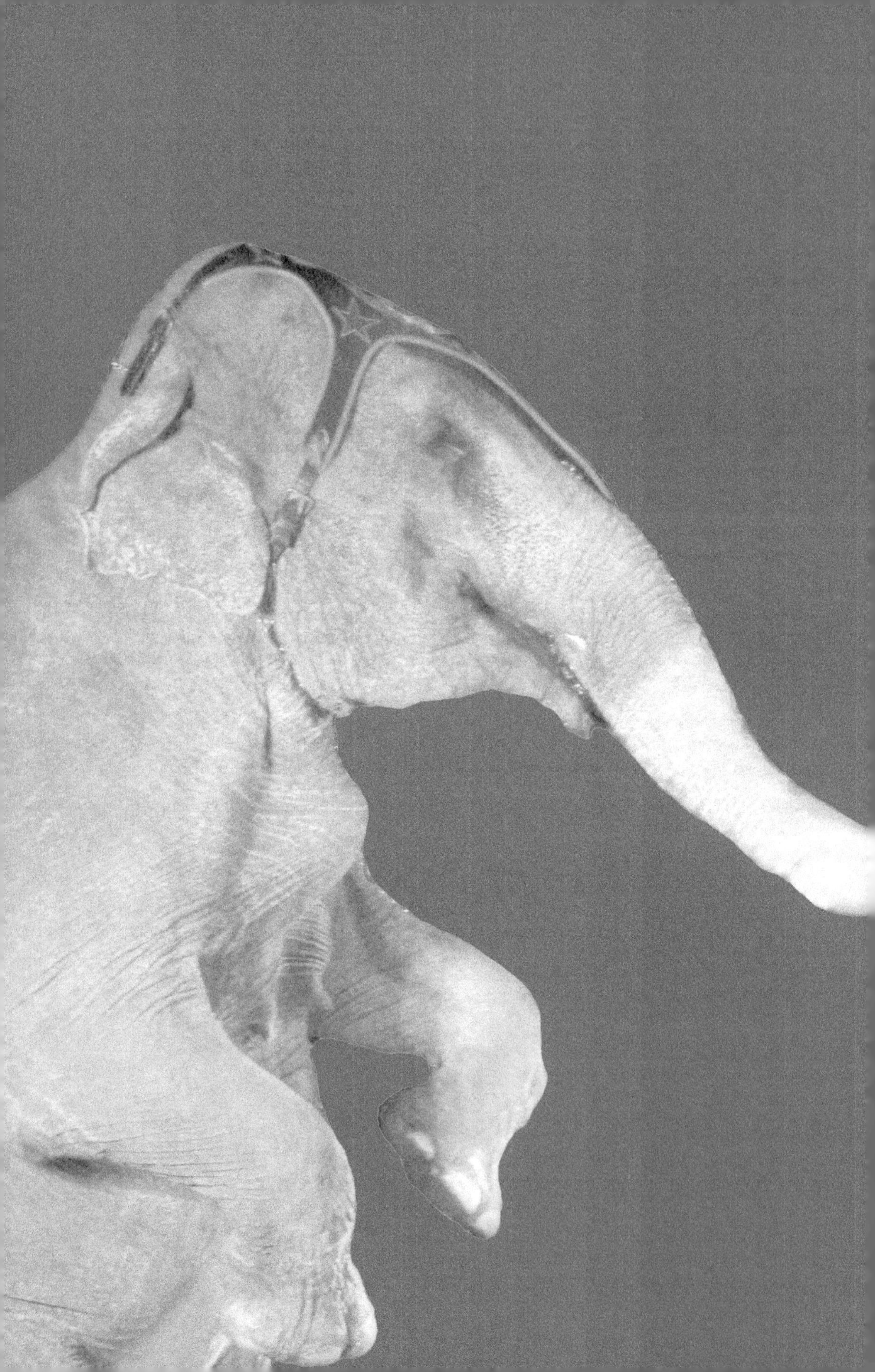

Elephants dancing

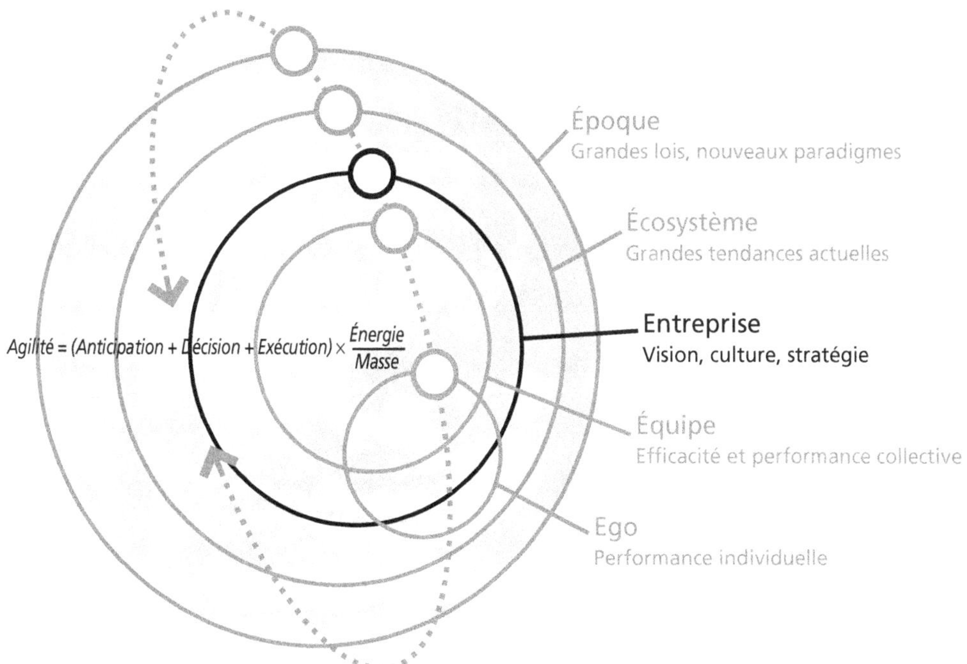

$$\text{Agilité} = (\text{Anticipation} + \text{Décision} + \text{Exécution}) \times \frac{\text{Énergie}}{\text{Masse}}$$

L'entreprise n'a pas toujours existé et elle n'existera peut-être plus dans le futur. En revanche il est certain que sa forme va évoluer. Les grandes entreprises du XXIe siècle auront peu de points communs avec celles du XXe. Face à la vitesse de transformation de leur environnement (chapitre précédent), elles vont devoir développer de nouveaux modèles d'organisation pour survivre et, si possible, prospérer.

Ephémères et de plus en plus intangibles, ces grandes entreprises deviennent des lieux de vie et d'expérience forts, devant constamment s'adapter pour plaire à des parties prenantes toujours plus... exigeantes, infidèles et versatiles.

Les conditions de réussite pour survivre dans l'hypercompétition suppose des ingrédients de base que toutes n'ont pas.

L'organisation va désormais être composée d'intermittents experts et peut-être iconoclastes, de stars et d'une équipe de permanents qui assure la cohésion et la continuité du groupe. Le casting, c'est la compagnie.

Des éléphants aux pieds d'argile

L'entreprise est un système, c'est une évidence, mais c'est un système dynami-
que, qui a son propre mouvement, engendré par des forces internes et animé par
des pressions et des mouvements externes. Mastodontes, dinosaures, mam-
mouths, la palette des archétypes animaliers décrivant ces systèmes d'un temps
préhistorique est large. Nous retenons davantage celle du pachyderme, de l'élé-
phant encore actuel et à qui il faudra peut-être «simplement» apprendre à
danser!

ATTENTION VIRUS!

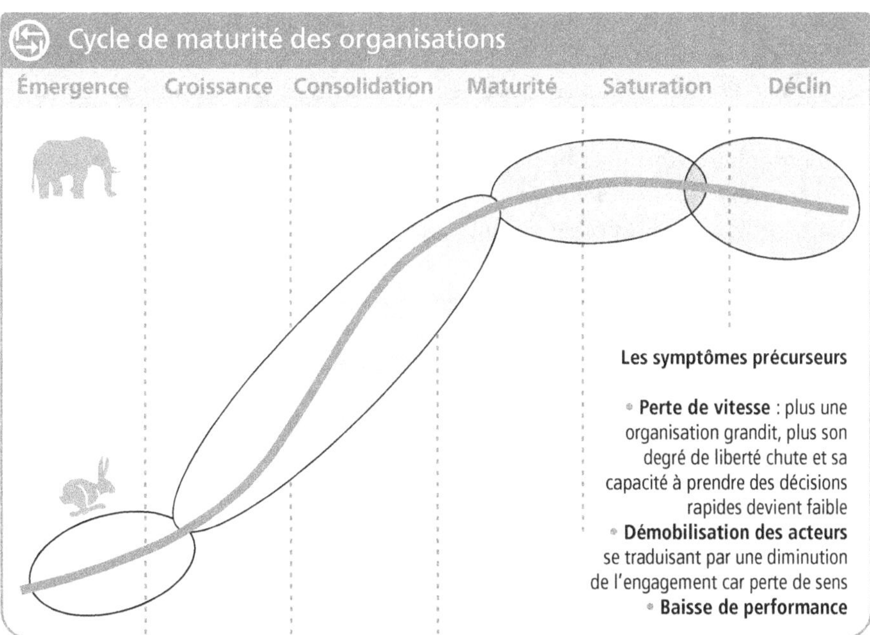

À un certain stade de développement, l'entreprise n'a plus vraiment le
choix, elle y est contrainte : grandir ou mourir! Cela fait partie du cycle nor-
mal de vie des entreprises. Grandir pour ne pas mourir, certes, mais la croissance et la maturité laissent apparaître – comme pour un corps vivant – des

symptômes de dégénérescence potentielle inhérents à ce que l'on pourrait qualifier de «virus», qui attaquent la faculté d'agilité. Ces «virus» empêchent l'entreprise de s'adapter aux changements.

L'entreprise est un système dynamique! C'est sans doute une évidence de l'énoncer, mais ce constat a deux incidences majeures : sur la structure et l'énergie. Cette distinction est importante pour comprendre comment opèrent ces fameux «virus» sur l'entreprise, selon quatre impacts :

- Structure : le complexe de la hiérarchie et la cécité.
- Énergie : apathie et dispersement.
- Culture et identité : l'inconscient du collectif.
- Nature humaine : le poids du passé et les effets de l'expérience.

LE COMPLEXE DE LA HIÉRARCHIE

Au fil du temps, en croissant, l'entreprise se complexifie et évolue, elle devient de plus en plus «bureaucratique», avec la mise en place d'une organisation destinée à maintenir – ou au moins en avoir le sentiment – le niveau de contrôle des détenteurs du pouvoir de décision. Nous voyons dans de si nombreuses entreprises des comités de pilotage, de décision, d'arbitrage... tous ces comités réunissant souvent des armées de collaborateurs plus ou moins impliqués. Et lorsque vient le moment de décider fleurit une prairie de parapluies tous plus beaux les uns que les autres, chacun se protégeant et préconisant de limiter l'initiative et le caractère osé de la proposition et surtout de la mettre dans le circuit bureaucratique de la décision qui ne sera finalement prise qu'au plus haut niveau. Ces structures abritent des armées «d'enfants», de personnes qui ont peur de prendre la responsabilité des décisions et ont toujours besoin d'un paternel hiérarchique qui tranchera. Ce sont des systèmes infantilisants et qui, par définition, n'attirent que ces profils.

Dans ce mouvement de «solidification» des structures informationnelles et décisionnelles de l'entreprise, celle-ci a tendance à devenir de plus en plus figée et à éprouver de grandes difficultés à s'adapter rapidement à un changement extérieur. Sa taille, qui était un atout, devient un réel handicap. Ces éléphants malades sont en fait victimes de deux logiques internes qui s'affrontent, comme deux sous-systèmes qui se combattent :

- celui de la logique «bureaucratique», de contrôle;
- celui de la logique de marché.

Chacun avec des composantes fondamentales très différentes, comme, par exemple :

	Logique bureaucratique	**Logique de marché**
Type de dirigeant	Modérateur/diplomate	Preneur de risque
Valeur	Contrôle et qualité	Performance
Loi	Entreprise protectrice	Individu responsable
Action	Centralisation Protection	Décentralisation Sélection naturelle
Levier du progrès/changement	Normalisation/standardisation des processus	Créativité, innovation
Acteurs clés	Contrôleurs (financier, qualité...)	Partie prenante
Priorité stratégique	À l'organisation et aux processus	Aux ressources
Rapport au temps	Logique de cycles longs	Court terme, réactivité

Ces logiques antinomiques sont exacerbées dans le secteur public, où l'on constate une difficulté majeure à changer, à sortir de la logique «colbertiste» où la structure est un rempart de protection des collaborateurs, une source d'emploi à vie, une garantie d'emploi plus qu'une «plate-forme» de transformation de richesses ou ressources au service d'une demande, dans un contexte de compétition.

 Comme pour les châteaux-forts du Moyen Âge, la structure est souvent un rempart contre les agressions externes. Elle devient de plus en plus dense, les hiérarchies se développent avec des postes et des fonctions nouvelles qui permettent de justifier une activité supplémentaire de soutien, de contrôle... C'est ainsi que l'entreprise va, au fur et à mesure, générer des excroissances souvent inutiles, comme des métastases cancéreuses. L'éléphant souffre alors d'un cancer des os qui l'empêche de danser.

COLIN-MAILLARD OU LA CÉCITÉ

L'une des autres grandes maladies des entreprises est la pauvre anticipation des besoins en ressources, en termes de profils de talents, de savoirs, de marques, etc.

Plus la pression croît, plus l'éléphant perd de la hauteur et devient un nain qui ne voit pas plus loin que le bout de sa trompe. Le court terme l'emporte.

Dans les années à venir, compte tenu de l'évolution démographique, ce qu'on appelle communément «les anciens» vont partir en masse et, avec eux, savoir et expertise. Comment préparer dès maintenant la relève et les transferts de connaissance ? Il est courant que nous rencontrions dans nos activités de conseil des entreprises, qui non seulement ne regardent pas le futur, mais surtout ne veulent pas, et d'autres, qui – même si elles le regardent –, ne changent rien, se comportant comme un conducteur qui irait dans le mur en klaxonnant !

Le cas Dell

Le cas qui suit offre un bel exemple des dangers de «cécité» des entreprises devenues «bureaucratiques» : la percée de Dell sur le marché des PC dans les années 1980. Comment des entreprises leaders sur leur marché ont-elles pu si vite perdre leur place au profit d'un nouvel entrant «insignifiant»?

En 1984, Michael Dell fonde une entreprise qui, treize ans plus tard, deviendra leader de la vente de PC dans le monde devant les géants IBM, Compaq, HP, Fujitsu... La recette de Dell était en fait assez simple : des bas prix, une proximité client jamais vue, de la vente à distance, un *business model* nouveau. Alors pourquoi les ténors du marché n'ont-ils pas essayé d'imiter les recettes de Dell pour le prendre de vitesse? Ils en avaient les moyens financiers et les ressources, mais l'organisation en était le frein. Il est possible de changer une variable de l'organisation, mais, dans le cas présent, changer d'aussi nombreuses variables entraînait des conflits internes et se heurtait à des systèmes quasi inchangeables : fonctionner comme Dell supposait de repenser les réseaux de distribution, mais aussi la chaîne de production, la logistique, jusqu'au positionnement de la marque. Il a été beaucoup plus facile pour Dell, qui n'avait aucune contrainte existante, d'inventer un nouveau modèle d'affaires, que pour ses concurrents pris dans leur système bureaucratique. Les concurrents de Dell se sont trouvé pris entre une volonté de changer, de conquête et les résistances d'un système figé long, lourd et presque inchangeable.

Plusieurs questions se posent peut-être à vous : en toute honnêteté, votre entreprise est-elle potentiellement aveugle à ce qui peut venir? Si ce n'est pas le cas, êtes-vous bien sûr que les obstacles potentiels sont à la fois clairs pour tous et que chacun connaît son rôle pour y faire face? De façon plus large, si demain vous deviez, pour une question de survie, changer soudainement de *business model*, de réseaux de distribution... serait-ce possible? Si oui, en combien de temps?

Ne vous leurrez pas, il y aura tôt ou tard des Dell qui vont apparaître dans votre paysage, et sûrement plus tôt que tard. Être leader ne suffit plus et ne signifie plus grand-chose, ce n'est en tout cas plus une garantie de pérennité et parfois ce peut être même un handicap. Tout est possible, là est la magie!

L'APATHIE ET LE DISPERSEMENT ÉNERGÉTIQUE

L'entreprise est soumise à une entropie croissante, qui ne peut être endiguée qu'en produisant sa propre énergie de maintenance.

On peut distinguer deux usages distincts de l'énergie : celle tournée vers l'externe et celle orientée vers l'interne. En se complexifiant, l'utilisation de l'énergie change, et avec elle, la dynamique globale de l'entreprise :

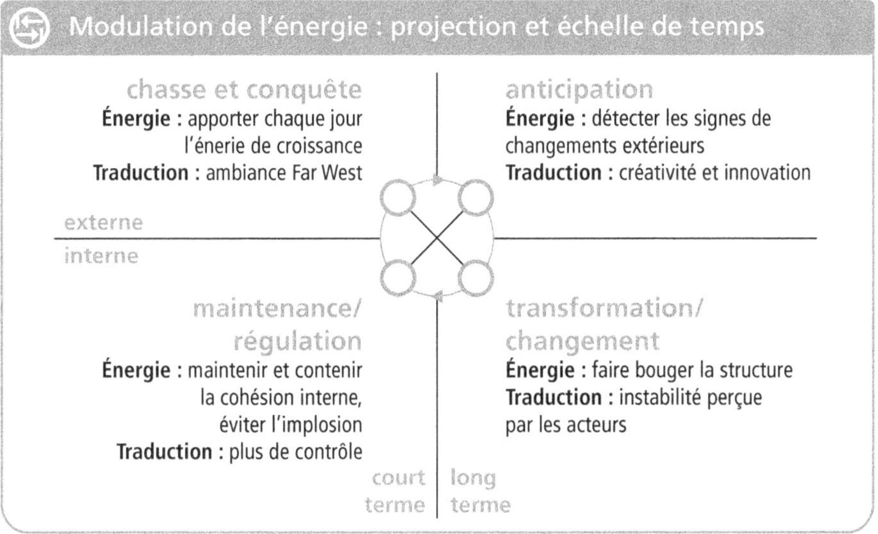

À son origine, celle-ci est portée par la dynamique de création, l'énergie de conquête ; en grandissant, elle se complexifie et une nouvelle énergie devient alors nécessaire : l'énergie de régulation, de maintenance. Se produit alors un phénomène classique : l'énergie de conquête et l'énergie de régulation se côtoient et souvent créent une sorte de champ magnétique où les deux peuvent même se neutraliser, engendrant une inertie dangereuse, c'est l'apathie.

Les énergies interne et externe ont en réalité chacune des champs d'application et des conséquences bien différents liés aux logiques de temps dans lesquelles elles s'inscrivent : court ou long terme. L'un des casse-tête des managers est de trouver le juste dosage entre ces différentes formes d'énergies, arbitrer à la fois entre interne et externe, mais aussi entre long et court terme. Lorsque la pression augmente, la peur croît et le réflexe naturel est d'abord au repli pour se protéger (interne) et ensuite au court terme (survivre). Très vite, les entreprises se retrouvent naturellement dans l'énergie de maintenance, une forme de confort illusoire qui devient rapidement dommageable.

Le cas Altran Technologies

Fondé dans les années 1980, Altran Technologies illustre bien la difficulté à trouver l'équilibre des logiques. La culture du groupe est celle de conquérants précurseurs qui ont connu une formidable réussite, grâce à une alchimie très fine de chasseurs de têtes, de portage financier et de logique entrepreneuriale exacerbée. L'essentiel de la croissance du groupe, en France puis à l'international, s'est faite par acquisition de PME parfois concurrentes entre elles.

Au moment du départ des deux fondateurs, le groupe représentait 14 000 collaborateurs dans le monde avec 250 filiales au faible sentiment d'appartenance à un même groupe et travaillant principalement de façon autonome sous leur marque d'origine et parfois en concurrence interne. La performance du groupe s'essoufflait et les limites du système apparaissaient plus fortement encore avec une concurrence qui s'affirmait sur son marché. La donne avait changé : plus de complexité, une taille internationale, plus de concurrence.

Altran a alors engagé un P-DG au profil «stabilisateur», dont la mission fut de réorganiser le groupe. Cette mesure vitale eut une conséquence directe : l'énergie de conquête s'est transférée sur une énergie de régulation. Les conquérants du groupe le quittèrent. Le dilemme pour le groupe a été de trouver l'équilibre entre conquête et maintenance. Il est probable que, dans le futur, le recrutement des collaborateurs évolue vers des profils hybrides d'intrapreneurs de grandes structures. Le défi d'Altran sera de trouver le bon dosage afin de conserver son énergie de conquête, tout en préservant sa cohésion interne.

 Quelles sont les énergies à l'œuvre dans votre entreprise? À quoi sont-elles consacrées : vers l'extérieur ou bien en interne? Quelles sont les sources de dispersion ou de destruction d'énergie? Sauriez-vous dessiner l'évolution du type d'énegie dans votre entreprise au cours des dix dernières années? Au fur et à mesure, l'énergie de conquête se transforme souvent en énergie de maintien/régulation. Quelles idées auriez-vous pour transformer les énergies, pour détruire les énergétivores internes?

UN ÉLÉPHANT SUR LE DIVAN : L'INCONSCIENT DU COLLECTIF

L'un des pièges qui peut rendre l'entreprise difficile à bouger est son passé, en particulier les «ombres» de son inconscient qui se manifestent au travers de la culture. L'inconscient du collectif est la partie immergée de l'iceberg, la dimension intangible et pourtant agissante. Les études et les recherches les plus récentes menées sur les comportements des acteurs économiques, internes ou non à l'entreprise, sont davantage d'ordre irrationnel que rationnel (Charles Roxburgh, *Hidden Flaws in Strategy,* McKinsey Quarterly).

Combien de fois avons-nous entendu dans les entreprises «nous ne faisons jamais comme ça», «ça ne passera pas auprès de la direction», «vous n'y pensez pas». En fait, les initiatives, les efforts, les tentatives se heurtent à des murs invisibles et pourtant bien présents. Ces murs se sont construits au cours du temps, au travers des expériences passées, qui se sont cristallisées en croyances le plus souvent limitantes.

Ces croyances font partie de la culture, au même titre que les valeurs. En revanche les croyances, en situation de stress, sont beaucoup plus agissantes que les valeurs. Elles priment toujours sur les valeurs quand la peur fait pression. On voit alors la limite des discours, souvent incantatoires, des valeurs dans les entreprises.

Nous avons eu l'occasion d'expérimenter dans plusieurs groupes cette puissance des blocages inconscients en menant des interviews auprès de cadres afin de découvrir les raisons de dysfonctionnements managériaux. Nous avons par exemple découvert dans l'une de ces entreprises plusieurs croyances telles que «les bons n'ont pas besoin d'aide», «seuls les résultats comptent», «on ne change pas une équipe qui gagne» ou encore «le marketing est la seule voie pour progresser dans le groupe».

Les croyances ne sont ni bonnes, ni mauvaises. En revanche, elles génèrent des comportements. Par exemple, si la croyance est «on ne change pas une équipe qui gagne», la conséquence est une réelle difficulté à obtenir de la mobilité. Or, le groupe en question dépense des millions d'euros chaque année pour favoriser la mobilité, enjeu stratégique majeur! Voilà comment une simple croyance a les mêmes effets qu'un vrai virus qui est transmis de l'un à l'autre dès son arrivée.

Ces croyances peuvent aussi entrer en conflit avec les valeurs : dans ce même groupe, l'une des valeurs est la proximité, qui inclut l'écoute et l'échange. La croyance est «les bons n'ont pas besoin d'aide». On imagine facilement le dilemme du patron d'une filiale en Asie, aux prises avec une difficulté cruciale : la valeur lui indiquerait de parler, mais la croyance qui est plus forte l'en empêche, car il reconnaîtrait implicitement sa faiblesse.

Ces règles implicites conditionnent les relations dans les entreprises, elles imprègnent les modèles mentaux de l'ensemble des collaborateurs et ont un poids d'autant plus lourd qu'elles sont portées et incarnées par ceux qui ont l'expérience. Connaissez-vous dans votre entreprise toutes ces règles implicites, leur rôle positif ou négatif? Avez-vous pensé qu'elles peuvent être des freins aux politiques que vous déployez avec tant d'efforts?

AU CIMETIÈRE DES ÉLÉPHANTS : LE POIDS LOURD DU PASSÉ

Les entreprises ont tendance à avoir une organisation assez hiérarchique avec, à leur tête, souvent les personnages les plus expérimentés ou ceux qui ont gagné le plus de guerres, eu le plus de succès. La combinaison des expériences et du succès génère des certitudes (à ne pas confondre avec les convictions). Ces leaders ayant à leur actif une large expérience et développé des réponses réflexes éprouvent alors une certaine difficulté à percevoir les signes de changements et lorsqu'ils les détectent, font souvent appel à leurs recettes testées dans le passé. C'est ainsi que, souvent, les blocages, les freins ou le manque d'innovation viennent du plus haut niveau.

Les raisons de l'inertie tiennent aux effets de l'expérience des plus anciens, mais les plus jeunes ont également des points de dysfonctionnement face au changement : quand nous sommes jeunes et avec peu d'expérience, notre système de croyances, nos règles intérieures sont assez souples et notre vision du monde assez large, ce qui offre à la fois avantages et désavantages. L'avantage est qu'il est aisé de faire évoluer notre modèle avec de nouvelles expériences; le désavantage est que nous sommes moins en mesure de répondre de façon juste à des situations inhabituelles et donc au changement. Par conséquent, qu'il s'agisse des plus anciens ou des jeunes, le changement est une difficulté dont la cause réside pour partie dans le rapport à l'expérience.

L'expérience construit des modèles sur lesquels nous fondons nos relations, nos décisions. Dans le cas d'une grande expérience, ces modèles deviennent souvent rigides et engendrent des modèles de pensées qui vont chercher des réponses aux problèmes présents dans les situations passées. Ils constituent des résistances à l'adaptation. Dans le cas d'un manque d'expérience, la réponse au changement risque souvent d'être inadaptée. Dans les deux cas, le niveau d'expérience est un enjeu à l'adaptation.

Waouh!

Monde d'odeurs et de bruits insolites où le sublime côtoie le grotesque, la perfection, l'anomalie, où les bêtes pactisent avec l'humanité, où le rire se confond avec les larmes, le cirque répond à ce désir humain de vibrer aux émotions inhabituelles, aux sensations étranges. Ici, la surprise et l'angoisse, le rire et l'étonnement sont les sensations maîtresses. Les spectateurs aiment voir un troupeau d'éléphants faire son entrée en piste, le saut du tigre à travers un cerceau en feu, le chimpanzé acrobate ou l'otarie jongleuse. Parfois, la tension monte, l'angoisse étreint jusqu'à ce que le clown, personnage incontournable du cirque moderne, fasse son entrée, désamorce le suspense, évacue le danger. Entièrement dédié au client, le cirque est une organisation qui n'existe qu'au travers des yeux de son public et les applaudissements sont la mesure de la satisfaction. Le cirque est une organisation dont la fidélisation des clients est impossible car éphémère. Il change constamment de lieu et doit être capable de tirer des «Waouh!» chaque jour à ses clients d'un soir. C'est une organisation mobile, de proximité, qui est en conquête permanente.

Le cirque Barnum et Bailey

LA DÉPÊCHE **Toulouse, le 15 mai 1902.** Quant au spectacle lui-même, il est réellement étourdissant. Ce n'est pas un spectacle c'est deux, c'est quatre, c'est six spectacles qui s'exécutent en même temps sur les trois scènes et les trois pistes du cirque sans compter par surcroît les agaceries, les farces, les jongleries de toutes sortes opérées par une armée de clowns habiles à divertir leur public... Il y a là une foule de choses intéressantes et rares, tous les produits avariés et bizarres de l'espèce humaine y fraternisent et s'y coudoient... Le programme des représentations, à deux heures l'après-midi et à huit heures le soir, comprend quinze numéros plus captivants les uns que les autres. [...]. Il serait beaucoup trop long de passer en revue dans ce rapide compte rendu chacun des numéros exécutés au cirque, mais nous nous faisons un plaisir de signaler tout particulièrement le travail des écuyers et des écuyères, les jeux des éléphants, les courses des chiens, des chèvres, des cochons, les exercices aériens, les remarquables créations sur trapèze volant [...] Que l'on s'imagine soixante-dix chevaux de toute taille, de toute race, de toute robe disposés en cercles concentriques, guidés par un cheval et par son cavalier, venant se regrouper avec une docilité parfaite, et se former en pyramide. C'est une vision féerique en vérité et c'est aussi le triomphe de l'art du dressage qui vaut à celui qui l'a obtenu, M. W. Ducrou, des salves ininterrompues d'applaudissements. Après un superbe travail de haute école et de haute voltige et le remarquable stade hippodrome de Mme Minnie Johnson, le spectacle se termine par une série de grandes courses d'hippodrome et de championnats qui reconstituent tous les genres de sports pratiqués depuis les Grecs et les Romains jusqu'à nos modernes jockeys de course.

LE PRIX DE L'EXPÉRIENCE

Une expérience est une série d'événements mis en scène, avec l'objectif d'impliquer un intervenant extérieur (client, spectateur...). Vécue positivement elle est source d'émotion et de plaisir. Par l'impact qu'elle a sur l'ensemble des sens, elle marque profondément la mémoire et crée un souvenir qui donne envie de revenir.

Au début du XXe siècle, plus de 80 % des travailleurs vivaient de la force musculaire. À la fin du XXe siècle, les services ont pris le pas sur les produits manufacturés et 80 % des travailleurs sont devenus des «livreurs de services». Nous assistons à l'émergence de ce que Peter Drucker appelle les «travailleurs du savoir». Les consommateurs font leur choix selon trois critères :

- le rapport qualité/prix (discounters) ;

- la facilité (proximité, choix..., hypermarchés) ;

- l'expérience vécue.

Nous assistons à l'émergence d'une nouvelle génération d'offres, destinée à supplanter les services : l'offre d'expériences. Face à la banalisation progressive des produits et services, les entreprises vont devoir se différencier, en proposant à leurs clients de vivre des expériences uniques et mémorables. Des moments sensoriels ancrant dans la mémoire un souvenir inoubliable pour répondre au client qui, de plus en plus, cherche de l'expérience et un bénéfice immédiat.

La tendance à créer des expériences se développe et l'on assiste à des tentatives de plus en plus nombreuses : Leclerc vient de développer, dans les environs de Naples, un hypermarché avec chutes d'eau, parfums d'ambiance, posters géants de forêt et poème pour accueillir les clients. Les produits sont mis en relation avec un élément naturel et les couleurs pastel permettent d'identifier les zones.

Chez Oxbow (groupe Lafuma), une boutique mêlant sons, odeurs océaniques et vidéo donne au client l'impression de plonger dans la vague : sensation forte et dynamique assurée. L'expérience vécue est d'autant plus forte et mémorable qu'elle touche les cinq sens. Une étude menée en 2005 par Millward Brown avec Martin Lindstrom (gourou du marketing) montre que la vue est sollicitée à 84 %, l'ouïe à 12 %, l'odorat à 2 %, le toucher à 1 % ainsi que le goût. Dans l'expérience idéale, la vue devrait l'être à 54 %, l'ouïe à 20 %, l'odorat à 17 %, le toucher à 6 % et le goût à 3 %. Dans son laboratoire de formation à Evry, au sein de son Université du service, Accor a développé le restaurant des cinq sens. Au Printemps Haussmann, des cabines de siestes enferment les curieux dans une bulle où un écran diffuse sons, odeurs et images. Même sur les produits, des manufacturiers tentent l'aventure : chez Peugeot, la nouvelle 207 a été peaufinée sur les plans tactile, olfactif et sonore : bruit du moteur sport, bruit de fermeture de portes, odeurs de l'habitacle, toucher des tissus, plastiques et métaux...

Certaines tentatives montrent que l'expérience, si elle a un coût, semble trouver sa rentabilité : près de 20 % d'augmentation de chiffre d'affaires!

Chaque expérience est personnelle, distinctive et mémorable. C'est un moyen puissant pour sortir de la banalisation des services, car elle rend aussi différents des services que les services le sont des produits. Il est probable que les expériences remplaceront les services comme offre à valeur ajoutée dans un avenir proche. À terme, les entreprises vendront des expériences dont le service sera un ingrédient. Elles réaliseront alors l'essentiel de leurs marges grâce aux expériences.

LES CHEMINS DE L'EXPÉRIENCE

L'expérience vécue tient à un principe simple : la cohérence. Pour l'expliquer, prenons la métaphore de l'ordinateur. Un ordinateur est fait de trois parties : au centre, l'OS *(Operating System)*, ensuite le hardware (structure tangible) et le software (applicatifs).

Hardware

Il s'agit là de la dimension tangible et visible de la structure ou de l'organisation. Dans l'ordinateur, il s'agit essentiellement de l'écran, du clavier et de l'unité centrale abritant le disque dur et les puces.

Dans le cas d'IBM, l'efficacité et la productivité dans le monde de l'entreprise se traduisent par des unités grises, carrées, sans effort esthétique. Chez Apple, la convivialité et la facilité se sont traduites par du *«plug & play»*, la souris (elle n'existait pas sur les PC d'IBM), puis des couleurs et un effort esthétique constant.

Operating system

Dans un ordinateur, le cœur de la machinerie est l'OS *(operating system)* qui va donner son âme à la machine; le *feel* de l'expérience vécue est dans l'OS. En comparaison avec une entreprise, l'OS est la culture de l'entreprise, son mythe fondateur, la vision initiale du fondateur. La déclaration de départ qui donne le ton.

Chez IBM, la vision était celle de l'amélioration des performances de l'entreprise grâce à l'informatique, aux calculs rapides, au stockage de données. Chez Apple, celle de Steve Job était la mise à la portée de tous de l'informatique. Chez IBM, les principes fondateurs étaient efficacité et productivité, alors que chez Apple ils étaient convivialité et facilité.

Software

Les applicatifs sont les «routines» qui permettent l'utilisation et la relation avec la structure. Dans le cas de l'ordinateur, ce sont les logiciels.

Chez IBM, les logiciels et les applicatifs ont été orientés vers la bureautique avec Lotus note ou Framework qui ont été graduellement remplacés par Excel et Word. En revanche, Apple a fait sa réputation avec le menu déroulant, la corbeille et des logiciels de dessin et de mise en forme.

Que l'on ait un IBM PC ou un Apple, nous vivons une expérience différente qui tient à la forte cohérence qu'il y a entre l'OS, le hardware et le software. Apple et les PC traditionnels n'attirent pas les mêmes clientèles : les PC traditionnels font le plus clair de leur chiffre sur le marché des entreprises alors qu'Apple visait les écoles et les foyers. Dans les entreprises, Apple était surtout implanté dans les sociétés créatives, telles que les agences de communication ou les bureaux de design. L'un s'adressait plutôt à un marché «cerveau gauche», l'autre à un marché «cerveau droit». Par extension, le principe d'expérience tient à cette cohérence entre les trois niveaux et se fonde avant tout sur son principe identitaire qui se décline au travers des deux autres plans. Prenons plusieurs exemples.

HISTOIRES D'EXPÉRIENCES

L'exemple Nature & Découvertes (www.natureetdecouvertes.com)

Lancé au début des années 1990 par François Lemarchand, Nature & Découvertes a connu une expansion considérable en France. Ses clients y vivent une expérience qui va bien plus loin que l'acte d'achat simple.

Hardware

Acheter utile, intelligent, donner du sens à l'acte de consommation. *«Nos produits répondent à ce besoin de nature que nous éprouvons tous dans un monde de plus en plus urbain, de plus en plus technique. Chez Nature & Découvertes, les produits vous invitent à découvrir, retrouver et aimer la nature.» «Nos produits sont proposés dans des magasins qui se veulent beaux et inspirants, situés au cœur même des villes et offrant des connaissances et des sensations que beaucoup de citadins ont aujourd'hui perdues.»* (Extraits du site) Dans sa structure (hard) les boutiques ont été imaginées comme un «musée», une exposition dans laquelle on a plaisir à déambuler, à la fois pour son ambiance et par les découvertes que l'on y fait.

Nature & Découvertes (chiffres 2005)
Création : 1990
Chiffre d'affaires : 138 m€
Croissance : + 9,5 % du CA en 2005
Résultat net : 8,5 m€
Effectif : 822 personnes
Distribution : 61 magasins en France, 2 en Belgique
Actionnariat : François et Françoise Lemarchand (80 %), personnel associé (10,5 %), instituts financiers (9,5 %)

Operating system

Nature & Découvertes incarne une vision (un rêve) : contribuer à la protection de la nature et à l'éducation écologique du public consommateur. *«Symbole de longévité et de stabilité, la tortue incarne nos engagements et nos valeurs : notre investissement dans la protection de la nature, notre volonté de sensibiliser le grand public à l'environnement et l'ancrage de nos engagements dans la durée.»* Les boutiques sont également évidemment à l'image de la nature et produisent un effet «ressourcement» (des oasis de nature au coeur des villes) dans un univers agité de centres commerciaux : musiques, odeurs, lumières sollicitent les sens pour le bien-être. Nature & Découvertes applique des règles de développement durable dans son organisation. À titre d'exemple, les magasins sont éco-conçus dans le but de diminuer l'impact sur l'environnement. «Nous nous efforçons également de recycler seize types de déchets ainsi que les anciens matériaux issus des travaux que nous effectuons dans nos magasins». L'entreprise vient également d'investir dans ses trois premiers camions à gaz pour les livraisons en Ile-de-France.

Software

Sur les dimensions plus intangibles (soft), les vendeurs sont recrutés pour leur passion. La notion de développement durable s'applique également au personnel, puisque le turnover chez Nature & Découvertes est inférieur à 20 %, soit beaucoup moins que dans le circuit de la distribution en général (30 à 40 %). Nature & Découvertes emmène ses clients à la découverte de la nature : *«Nous avons voulu aller encore plus loin dans notre démarche en vous emmenant à la rencontre de la nature et de ses merveilles : sorties sur le terrain, chantiers nature, conférences ou ateliers pour les enfants permettront aux petits et grands de mieux connaître la nature.»* Le groupe verse 10 % des bénéfices annuels depuis 1994 à la Fondation Nature & Découvertes, dont la vocation est de soutenir financièrement les associations de protection de la nature en France métropolitaine. Elle a récemment ouvert son champ d'action aux collectivités françaises d'outre-mer et à l'Afrique francophone. En 2005, son budget s'élève à 666 000 euros. Depuis onze ans, la Fondation a financé près de 600 projets pour un montant global d'environ 4 millions d'euros. Nature & Découvertes ne consacre à sa communication que 3,5 % de son chiffre d'affaires, dont à peine 0,5 % pour la publicité. Ses autres canaux de communication sont les catalogues de produits et les animations pédagogiques. En 2005 a été créée une Université de la Terre. De plus, les Nuits de l'été font de plus en plus d'émules.

L'exemple de la Fnac (www.fnac.com)

Créée en 1954 par André Essel et Max Théret, la Fédération nationale d'achat des cadres (Fnac) repose sur un concept novateur : le social appliqué au commerce, dans un secteur encore archaïque. Pragmatiques et efficaces, les deux hommes pensaient que l'action pour le consommateur complétait l'action politique, *via* des produits moins chers. À l'époque, la distribution se résume à des fabricants d'un côté et des détaillants jaloux de leurs marges de l'autre. La Fnac met les pieds dans le plat en promettant aux fabricants une clientèle nouvelle en échange de remises. Les adhérents, eux, se voient remettre des carnets avec les adresses où ils bénéficient de réductions; ou comment la pratique de la remise, les fameux –20 %, devient celle de la défense des consommateurs. Après la photographie, le disque (1961), le livre (1974) et la micro-informatique (1980) entrent dans les rayons. Le succès est au rendez-vous.

La Fnac a appliqué les achats centralisés, technique de la grande distribution, avant l'heure, ce qui lui a permis d'acquérir une certaine indépendance et même un poids dans l'industrie, notamment du disque, où les labels faisaient la loi, mais les rapports entre la Fnac et ses fournisseurs n'ont pas toujours été évidents. À sa création, la volonté d'afficher des prix très bas a conduit la Fnac à se battre contre les fournisseurs qui refusaient de lui vendre leurs produits, mais, en 1960, la circulaire Fontanet interdit ces refus de vente. La Fnac négocie aussi avec ses fournisseurs. Ainsi, si elle obtient 20 % de réduction sur le prix d'achat sur les disques, elle place ces produits en tête de gondole.

Hardware

Les magasins Fnac ont une priorité : plaire aux clients, dans ce cas, le moindre détail est important. L'emplacement des magasins n'est pas un hasard. Ils sont situés en centre-ville ou dans des centres commerciaux régionaux, pour être plus proches des adhérents et leurs établissements respectent l'esthétique et l'intégration architecturale de la ville. À l'intérieur des magasins, les surfaces de circulation (en raquette, pour faciliter l'accès aux rayons), de services (accueil) et de communication (forum et galeries Photos) sont construits en «fixe» pour donner l'image de la pérennité. Cependant, les espaces de ventes sont modulables, afin de s'adapter rapidement aux changements du marché : les produits sont plus ou moins mis en évidence (à l'entrée, sur les têtes de gondole pour les disques). Tout est fait pour valoriser l'acte d'achat en créant une relation privilégiée entre les clients et les produits. Chaque semaine, les nouveaux produits sont en démonstration dans les magasins. Pour se familiariser avec eux et apprendre à s'en servir, la Fnac propose également des stages aux clients.

Operating system

Les valeurs de la Fnac se résument en quatre mots : accueil, bienveillance, courtoisie et disponibilité, qui sont les qualités demandées à tous les vendeurs. Toutes ces valeurs sont en rapport avec le client, car, en 1954, André Essel et Max Theret définissaient leur société comme une alliance avec le client (action sur les prix, sélection des produits, indépendance vis-à-vis des fournisseurs, information des consommateurs...). Unique en son genre, son concept de vente sur une grande surface à la fois de livres, de disques et de matériel, n'existe nulle part ailleurs au monde. Elle invite les créateurs et cultive sa différence, avec un slogan qui évoque ses origines : «Agitateur d'idées depuis 1954». Ce slogan est toujours incarné dans les initiatives actuelles. Ainsi, la Fnac a mis en place, depuis fin octobre 1998, un baromètre qui mesure deux fois par an les attentes des clients. Par ailleurs, la Fnac énonce ses sept engagements envers ses clients : large choix de produits, vendeurs compétents et passionnés, conseils objectifs, échange ou remboursement des achats, garantie des prix, innovations en avant-première et prise en compte de l'avis du consommateur. Ces engagements contribuent et entretiennent une pérenne alliance avec le client. C'est à partir de là que sont arrivés les dossiers techniques : une explication simple et objective de tous les produits techniques issus du laboratoire Fnac, pour faciliter la compréhension des clients.

Software

Chaque salarié de la Fnac bénéficie d'une certaine liberté et d'une prise d'initiative importante. Certains produits placés en magasins dépendent du choix des vendeurs. De plus, les magasins jouissent d'une certaine liberté pour mettre en avant les produits. Nous avons noté l'ouverture et l'écoute des responsables vis-à-vis des salariés. Ces derniers peuvent proposer d'autres manières de travailler et les appliquer en toute liberté (ceci concerne surtout les employés travaillant aux stocks, n'ayant aucun contact avec les clients, il leur est plus facile de modifier leur rythme et leur mode de travail). Cette responsabilisation explique peut-être le dynamisme et la motivation des salariés. Les vendeurs se sentent plus impliqués dans la vente et la promotion des produits qu'ils ont eux-mêmes choisis. Aux stocks, les salariés sont encore plus motivés s'ils ont la possibilité de travailler selon leurs méthodes et leurs envies.

L'exemple du Club Med (www.clubmed.com)

Le Club Med est l'incarnation d'une certaine vision de l'homme, «un laboratoire d'essai de la douceur de vivre». À l'origine de l'entreprise, deux créateurs dont le rêve a engendré un mythe toujours vivant : Gilbert Trigano et Gérard Blitz, l'un au tempérament «industriel» et l'autre qui avait fait du sage et philosophe indien Krishnamurti son père spirituel. «*Gérard était un être d'une très grande spiritualité, qui se retirait souvent dans un ashram*», racontait Gilbert Trigano.

Le 27 avril 1950, le Club Méditerranée ouvre son premier site à Palma de Majorque, aux Baléares. Son objectif est de concilier le monde capitaliste et l'utopie : retrouver le paradis perdu que chacun porte en soi, «*recueillir les hommes que détruit la société moderne, en un lieu de paix et de douceur où ils peuvent récupérer leurs forces*».

Des études sur le Club Med ont montré que son succès de l'époque reposait sur ce désir de retour aux sources, à cette recherche inconsciente de la vie intra-utérine. Au Club Med, on devient tous des gentils membres égaux, une bande de copains, une communauté partageant tout. Clé de voûte du système, les GO (gentils organisateurs) entretiennent «la fiesta et l'illusion permanente», facilitent le chemin vers la régression.

La fin du rêve : 1990, le contexte change et le Club Med peine à s'adapter : sa philosophie ne pouvait pas survivre en l'état à sa mondialisation. Leur vision est devenue stratégique et non plus psychologique. La civilisation méditerranéenne n'est pas la civilisation américaine ou mondiale. Il a fallu s'adapter à d'autres cultures. Et puis, il est vrai que le paradis perdu ne peut se vivre qu'en petite communauté. Les concurrents se sont engouffrés dans le créneau avec, hélas, nettement moins de poésie! L'alchimie «sea, sex and sun» ne fait plus autant recette. En 1993, Serge Trigano succède à son père, mais ne réussit pas à redresser la barre. Quatre ans plus tard, les Trigano père et fils sont poussés vers la sortie par leurs actionnaires et Philippe Bourguignon devient président du directoire.

Hardware

Une plage, un bungalow, un restaurant et le soleil. Le hardware est assez basique au Club Med, et beaucoup ont cru qu'en copiant ces dimensions, ils pouvaient le concurrencer.

Club Med www.clubmed.fr

Operating system

Concilier le monde capitaliste et l'utopie, retrouver le paradis perdu que chacun porte en soi : *« recueillir les hommes que détruit la société moderne, en un lieu de paix et de douceur où ils peuvent récupérer leurs forces. Fabriquer un milieu artificiel destiné à réapprendre aux hommes à sourire. »* La tribu de copains, l'esprit d'appartenance à un même groupe font l'esprit Club : un pied de nez à la monétarisation de la société.

Software

Dans le monde clos des Club Med, chouchoutés par de beaux, jeunes et drôles gentils organisateurs (GO), les gentils membres (GM) tombent la chemise pour le paréo, bannissent le langage de leur profession et de leur milieu social, se tutoient, ne conservent que leur prénom, laissent libre cours à leurs fantasmes sexuels, échangent leurs billets de banque contre des colliers bar.

Certaines entreprises ont su mieux que d'autres créer ce principe d'expérience avec les parties prenantes. Elles ont été identifiées comme exceptionnelles dans leur secteur, mais certaines n'ont pas su évoluer avec la demande d'expérience nouvelle exigée par le marché. Le type d'expérience recherchée par le client évolue aussi et l'entreprise doit être en capacité de faire évoluer sa culture pour adapter la nature d'expérience qu'elle propose. Quelle expérience unique votre entreprise génère-t-elle ?

Les éléphants ont-ils une âme?

La culture est cet espace intangible construit de valeurs, de croyances à la fois issues du mythe fondateur initial, du big bang de la création et des différents événements marquants de l'histoire de l'entreprise. La culture est comme le sucre dans l'eau, elle est partout présente, on la sent, on peut en décrire son goût, mais elle échappe à la raison pure.

DE LA CULTURE CIRQUE

La culture du cirque est en définitive relativement simple à décrire. Parler de culture cirque reviendrait à prétendre que, quel que soit le cirque, celle-ci est unique, ce qui est faux. Néanmoins, au travers des entretiens que nous avons eus avec des gens du cirque, nous retrouvons des dénominateurs communs que nous pouvons illustrer comme suit :

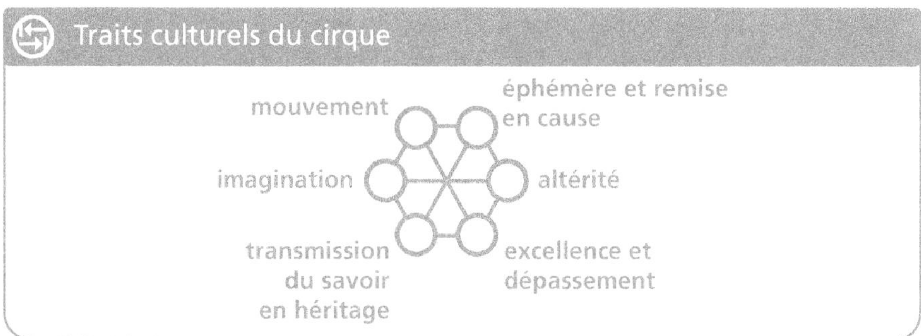

La culture du centre et du mouvement

Avez-vous remarqué la structure du cirque : elle est organisée autour d'un cercle de treize mètres de diamètre, dimension universelle et immuable. Cercle, circulaire, circulation, tout indique le mouvement dans ces termes, comme le cadran de l'horloge nous rappelle le mouvement et le rythme du temps qui passe.

Tout est symbole de mouvement, dans cette structure itinérante. Malgré les apparences, ce qui est peut-être le plus remarquable dans un cirque est l'organisation extrêmement complexe et rigoureuse capable de déplacer sur des distances parfois importantes toute la famille. Les gens du cirque, on le verra dans le chapitre suivant, sont programmés pour le mouvement, que ce soit dans leur discipline artistique ou dans leur vie. C'est une culture de liberté où le territoire n'a pas d'importance, les frontières physiques et intellectuelles n'existent pas. Mouvement des structures, mais aussi des idées : la créativité est l'expression du mouvement.

La culture de l'éphémère et de la remise en cause

Les gens du cirque savent plus que tout autre que demain sera différent, que rien n'est définitivement acquis et que la remise en cause est constante. La conscience de l'impermanence y est exacerbée. Aussi, se concentrent-ils sur l'essentiel, qu'il s'agisse de l'avoir (matériel) ou de l'être (idées, expériences, savoirs, relation...).

La culture de l'altérité et de la solidarité

Le cirque se nourrit de l'interaction et l'autre y est une composante vitale. L'autre, c'est tout d'abord le public et l'accueil fait partie du code génétique du cirque. L'accueil, c'est l'ouverture, la relation, l'hospitalité. Sans l'autre, le cirque est comme un punk dans un champ à la campagne, il perd son sens. L'autre, c'est aussi le partenaire pour les numéros des spectacles, qu'il s'agisse du partenaire de piste ou de celui qui est dans les coulisses et qui est garant de la sécurité et de la fiabilité du matériel. Dans le cirque, l'exclusion est fatale, dans cette famille la fraternité est le maître mot, et l'entraide et le partage, les seuls moyens pour faire face à l'imprévu inhérent à l'éphémère. La complémentarité est très forte et, par exemple, dans un couple de trapézistes ce sont comme des inséparables qui volent : le voltigeur et le porteur ne sont rien l'un sans l'autre! Cette culture de l'autre se fonde sur un grand respect, comme une partie de soi qu'on voit à l'extérieur.

La culture de l'excellence et du dépassement

Toujours plus haut, plus vite, plus périlleux, plus innovant, plus beau... Le cirque est le monde du superlatif et ne se contente pas de la médiocrité. Se dépasser, repousser les limites du possible, sont parmi les grandes composantes de l'esprit cirque. Parce que rien n'est acquis, tout est dépassement. On va au cirque pour chercher de l'extra-ordinaire, pour rencontrer un monde hors normes. Ce hors normes résulte de cette quête du dépassement. Au cirque, pas de triche possible, c'est le lieu du vrai et de l'authentique : chacun est face à soi dans son exercice devant le public.

La culture de l'imagination et de l'autrement

«Toujours plus» se heurte à un moment donné aux limites du possible. Pour pallier cette limite, la solution est alors : autrement! Faire autrement, imaginer une solution pour repousser la contrainte, innover. En 1968 Dick Fosbury, aux Jeux olympiques de Mexico, inventait le saut dorsal, repoussant du même coup les limites du saut. L'esprit cirque participe de la même démarche. Au Cirque du Soleil, toute la culture est fondée sur la recherche qui alimente l'imagination des concepteurs et des artistes et qui mène à l'innovation sociale et culturelle : *« Chez nous la recherche est quelque chose non pas de théorique, mais plutôt d'implicite dans tout ce que l'on réalise concernant le développement de nos spectacles. On fait constamment de la recherche, que ce soit sur le plan du multimédia, acrobatique. »* (Daniel Lamarre, P-DG du Cirque du Soleil). Alexis Gruss, dans une vision du cirque plus traditionnelle, a recours à la même démarche, fondée sur l'équilibre entre tradition et innovation.

La culture de la transmission du savoir et de l'héritage

Les gens de cirque transmettent leur savoir avec passion, de génération en génération, à l'intérieur du giron familial ou dans une école de cirque. La transmission du savoir est une condition de survie du cirque.

L'esprit cirque est un cocktail, une alchimie étonnante faite de rigueur extrême qui pourrait même s'apparenter à de la rigidité, associée à une mobilité et une souplesse tout aussi extrêmes qui peut donner une impression de légèreté, voire même de dilettantisme. Là est la grande force de cette culture. Sérieux sans se prendre au sérieux. On relate l'histoire d'un membre de la direction du Cirque du Soleil revenant d'un rendez-vous et entrant en comité de direction. Il s'est senti obligé de s'excuser de porter une cravate ; justement, car le gage de sérieux ne tient pas à l'apparence, mais avant tout à la posture. Le monde de l'apparence et du costume n'est pas toujours celui que l'on croit !

DES RACINES ET DES AILES

Un jour, Claude Nougaro qui rencontrait Alexis Gruss lors d'une première de spectacle dit à son interlocuteur avec l'accent méridional qu'on lui connaît « ton cirque, c'est comme un oiseau, mais ton oiseau lui ne se pose pas sur les branches, il se pose sur les racines ! »
Les sociétés les plus performantes considèrent la culture comme une composante stratégique majeure et de ce fait, elles la gèrent. John Young, P-DG de Hewlett-Packard, prétend qu'une de ses tâches principales consiste à préserver les valeurs de base de sa société, mais de tels exemples sont rares. La plupart des entreprises ne savent pas gérer l'évolution de leur culture.

La culture est ce qui fonde l'identité de l'entreprise, ses racines invisibles. La culture est aux entreprises ce que le tambour est aux armées. Elle coordonne les mouvements des individus qui constituent une société. Elle motive chaque employé en renforçant son sentiment d'appartenir à un groupe aux valeurs solides. Une culture est forte si elle est à la fois vécue en cohérence en interne, mais aussi si elle entre en résonance avec un contexte externe. L'histoire qui suit illustre ce propos :

L'histoire se passe dans un laboratoire aux États-Unis. Cinq singes affamés sont placés dans une pièce. À quelque distance d'eux est suspendu un régime de bananes. Évidemment, les singes vont chercher les bananes. Malheureusement, à chaque tentative d'approche, l'ensemble des singes subit une douche froide, les en dissuadant. Les singes stoppent leurs tentatives. Alors un singe sort et un nouveau entre. Le nouveau ne connaît pas la douche. Il tente alors d'aller vers les bananes, mais se trouve immédiatement frappé et stoppé par les autres sans même l'action de la douche. Un deuxième sort et un nouveau le remplace. La scène se reproduit. Tous les singes sont remplacés jusqu'au cinquième. Un nouveau entre alors et le manège recommence. Voilà comment se construit une culture! Elle s'est construite à un moment donné, en réponse à des circonstances réelles, elle était en résonance avec son contexte. Le problème est que, même lorsque le contexte change (il n'y a plus de douche), la culture reste opérante et ce, sans raison autre que la mémoire collective qui persiste.

Dans combien d'entreprises avons-nous entendu : «chez nous ce n'est pas possible», «culturellement on ne peut pas»... combien ont envie d'aller sur de nouveaux terrains (chercher de nouvelles bananes), mais se font exclure ou «taper sur les doigts» lorsqu'ils le font?

> La culture est constituée d'un groupe d'hypothèses fondamentales ou solutions communes apprises, relatif à des problèmes universels d'adaptation externe (comment survivre) et d'intégration interne (comment rester unis) qui ont évolué au fil du temps et se transmettent d'une génération à l'autre.
>
> Edgar Schein
> *Organizationnal Culture and Leadership*

Nous l'avons vu précédemment, la capacité de faire vivre une expérience aux parties prenantes est une condition de performance et la nature de cette expérience est directement liée à la culture. Une culture promeut certaines valeurs plutôt que d'autres. Son effet est bénéfique si ces valeurs concordent avec celles que l'environnement exige de maîtriser. En revanche, s'il y a opposition, l'entreprise a du mal à exceller sur ses marchés, mais si la culture n'évolue pas, alors l'expérience risque fortement de ne plus être en phase avec les valeurs de son époque et les attentes du marché. Les résultats ne sont pas nécessairement négatifs, mais ils sont généralement modestes. Faire évoluer la culture en fonction de l'environnement est vital.

C'est ce qui fut à l'origine du déclin du Club Med dont les valeurs et la culture correspondaient parfaitement aux valeurs des clients dans les années 1970. Mais celles-ci ont évolué, des concurrents sont entrés et le Club Med est resté campé sur ses recettes. Dans une certaine mesure, la Fnac a fait cette erreur, mais a su redresser la barre.

Dans les années 1970, Northwest Airlines possédait une culture très forte et privilégiait la maîtrise des coûts, la parcimonie dans les dépenses, le respect des engagements (départ à l'heure des vols, fiabilité des appareils, etc.). Par contre, aucun souci du client. Aucune attention à son confort et peu de souplesse pour satisfaire ses besoins. Cette culture collait aux exigences du contexte des années 1970 avec un marché aérien très réglementé. Northwest avait un quasi-monopole sur un grand nombre de ses lignes et le marché n'avait d'autres attentes qu'un transport dans de bonnes conditions. Sa culture était parfaitement adaptée et les résultats financiers excellents. En 1979, l'environnement change. Les autorités américaines décident de déréglementer le marché en supprimant les niches protégées, les situations de quasi-monopole. Désormais une seule chose compte : répondre aux moindres exigences du client, ce que Northwest ne maîtrise absolument pas. Empêtrée dans ses procédures rigides, elle ne sait pas répondre aux humeurs du client devenu roi. Elle a été habituée à n'effectuer un changement qu'après de longs calculs financiers. Elle n'arrive pas à réagir suffisamment vite dans la guerre des prix engagée par les concurrents. Résultat : les profits baissent immédiatement. Sa performance est médiocre comparée à celle de ses concurrents. Des compagnies comme American Airlines qui a une culture qui privilégie la satisfaction du client s'en sortent beaucoup mieux.

Dans un ouvrage *Corporate Culture and Performance,* John Kotter et James Heskett, professeurs à la Harvard Business School, montrent les résultats d'une étude effectuée sur 207 entreprises afin d'évaluer la corrélation entre culture et performance. Parmi celles-ci, certaines ont toujours obtenu d'excellents résultats. Hormis sur un ou deux exercices de temps à autre. Or ces sociétés ont eu aussi à affronter des évolutions fortes de leur marché.

Comment expliquer que certaines sociétés arrivent à s'adapter aux changements et d'autres pas ? Pour répondre à cette question, 11 secteurs ont été étudiés de près : 11 secteurs qui ont subi des perturbations importantes à la fin des années 1970 et au début des années 1980. L'étude dresse le portrait de grands groupes tels Bankers Trust, British Airways, General Electric, ICI, Nissan, SAS, American Express, Xerox : tous ont connu des changements culturels profonds au cours des années 1980, suivis d'une amélioration sensible de leur performance. Ces sociétés ont été des entreprises à forte culture et à performance médiocre, et certaines ont même connu des difficultés sérieuses comme British Airways qui a perdu plus de 5 milliards de francs entre 1977 et 1982. Elles ont traversé une phase «bureaucratique», où l'initiative était proscrite. Toutes ont réussi à sortir du marasme.

L'une des conclusions de l'étude de John Kotter et Heskett est que, pour être source de performance, une forte culture doit remplir trois conditions fondamentales :

- elle doit promouvoir des valeurs adaptées aux exigences de l'environnement. Le marché exige d'adopter un certain comportement. L'entreprise promeut au travers de sa culture certaines attitudes. L'adéquation entre les deux garantit au management d'avoir une entreprise qui saura réagir quand aucune règle n'a été prévue ;

- elle doit veiller à porter autant d'attention aux actionnaires, aux clients et aux employés. Ainsi, l'entreprise a la garantie que tous les acteurs joueront le jeu si une crise vient à se produire ;

- elle doit valoriser le leadership. Des managers plus gestionnaires que leaders génèrent une bureaucratie, source de lourdeurs et de dysfonctionnements.

À la base d'un changement de culture réussi, on trouve toujours un leader. C'est la principale différence avec les entreprises qui n'ont pu être redressées. Un changement de culture est forcément une opération initiée et menée par la direction. Il y a trop d'habitudes à bouleverser pour envisager de faire autrement. Cela exige d'avoir beaucoup de pouvoir. Seul le sommet de la hiérarchie en possède suffisamment.

Certains de ces hommes sont des *outsiders*, recrutés à l'extérieur de l'entreprise pour occuper le poste de président comme c'est le cas de Lou Gerstner chez American Express, de Sir Marshall chez British Airways. Les outsiders ont l'avantage d'apporter un regard vierge et souvent dérangeant qui favorise la transformation. D'autres sont des *insiders* et ont été détectés lors de leur parcours interne, souvent atypique et complet, au sein de leur groupe avant d'en prendre la direction. Jan Carlson, Sir Harvey Jones, Welch : aucun de ces présidents n'a travaillé pour les activités principales de son groupe (SAS, ICI, GE).

Sur quoi repose la culture de votre entreprise, quel état d'esprit anime ce qui y est fait ?

Dans toute démarche de transformation, de changement de cap, d'accélération, la première étape est de bien identifier ses propres fondements culturels qui font la force de l'entreprise. À titre d'exemple, le Parc Astérix, à ses débuts dans les années 1990 a connu des difficultés importantes : confronté à la concurrence du géant Disney à quelques dizaines de kilomètres, la partie s'avérait difficile. Les équipes du Parc Astérix ont alors fait appel à une équipe de sémiologues pour travailler sur les fondements identitaires. La conclusion est assez évidente a posteriori, mais le travail réalisé fut remarquable : Astérix représente les irréductibles Gaulois face à l'envahisseur romain (Disney) qui veut imposer sa culture. Malins et plus rapides ils préservent leur caractère gaulois. Toutes les équipes en interne ont été mobilisées comme le village gaulois, dernier bastion défenseur d'une culture. L'offre a été repositionné, plus proche, plus française. Le résultat a été immédiat.

NULLE PART AILLEURS

En quoi votre entreprise est-elle unique? Si elle ne l'est pas, pourquoi vos clients, vos candidats devraient-ils vous choisir? Par nécessité? Peut-être est-ce encore le cas aujourd'hui, mais ce sera de moins en moins vrai. Si votre entreprise est cotée en bourse et opéable à tout moment, quelles sont vos armes pour vous préserver?

Être unique! C'est l'une des seules chances pour gagner demain. Non pas essayer d'être différent pour être différent, mais être UNIQUE! Car ce qui est unique est rare, a de la valeur parce que digne d'intérêt.

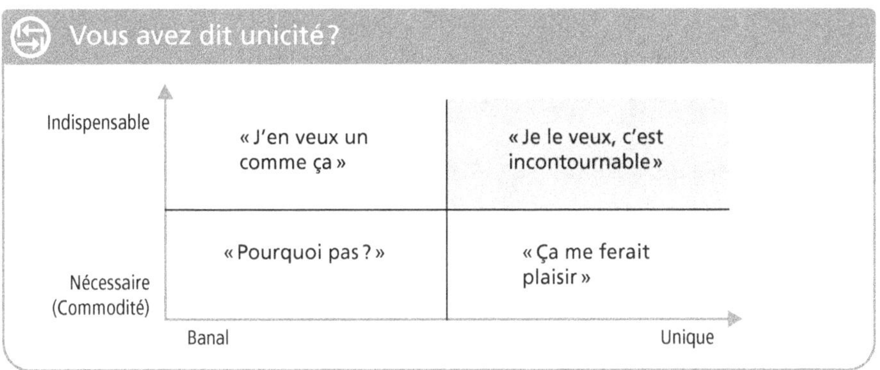

En janvier 2004, une interview que Franck Riboud accordait au journal *Le Monde*, titrait : «Danone l'entreprise la plus sexy au monde!». Dans cet entretien, le P-DG du groupe alimentaire expliquait comment la culture du groupe était le meilleur rempart contre une OPA : avoir une culture si forte qu'une fusion avec une entreprise d'une autre culture serait impossible sans avoir le départ des meilleurs, et donc de l'essentiel de son capital humain. Cette conviction est tellement forte qu'une équipe est dédiée à Danone Uniqueness, pour renforcer ce caractère.

L'unicité participe d'un centrage identitaire fort, et donc de la reconnaissance des valeurs, de l'histoire, du mythe fondateur et de tout l'inconscient collectif qui la constitue, et de son affirmation au travers des plans hard et soft décrits précédemment.

De façon plus large, cette approche réduit sensiblement la place donnée au benchmarking qui a fait les choux gras des consultants pendant ces dernières décennies. Certes, l'ouverture extérieure permet l'enrichissement, la remise en cause, et à ce titre, a une utilité indéniable. En revanche, son utilisation intensive a finalement eu pour effet de créer une sorte de banalisation, d'uniformisation des entreprises dans leur process, leur organisation... Le benchmarking a eu tendance à sortir les entreprises de leur centre et de les faire se copier les unes les autres, sans prendre le temps de cultiver leur vraie différence.

Il est donc probable que les entreprises qui – dans le futur – seront les plus performantes, seront celles qui auront su se ré-inventer sur les bases de leur identité profonde, certes en étant attentives et vigilantes aux avancées extérieures, mais toujours avec une traduction des apports sur leur mode identitaire.

 Pourquoi les clients viennent-ils chez vous? Par commodité (prix/proximité), ou parce que vous êtes incontournable? Pourquoi vos collaborateurs travaillent-ils dans votre entreprise et pour quel raison des talents exceptionnels devraient être attirés chez vous? L'unicité est clairement un facteur de succès et il le sera sans doute de plus en plus. Qu'est-ce qui vous permet de dire que votre entreprise est unique?

Un éléphant
dans un magasin de porcelaine

Aujourd'hui tout est stratégique, donc plus rien ne l'est! Après des décennies de popularité, les approches conventionnelles de planification stratégique deviennent de plus en plus obsolètes. Comment planifier, comment naviguer? Comment établir le cap? Comment mobiliser les troupes? Pour y arriver, les sociétés doivent repenser leur approche de la pensée créative, de l'anticipation et de la gestion du changement.

TRACER SA ROUTE DANS LE MAGASIN : CIRCUS STRATÉGIE

Au cours des dernières décennies, les entreprises ont développé des pratiques très formalisées afin d'établir leurs plans dits «stratégiques». Ces processus studieux, longs et coûteux se déroulent sur plusieurs mois et finissent souvent dans des tiroirs et sur des étagères. Pourquoi? Cinq raisons clés à cela :

La vitesse et l'obsolescence de l'information

Les longs cycles de réflexion/décision ne sont plus adaptés ni à la vitesse des changements, ni à la complexité grandissante des écosystèmes d'affaires. Ces approches sont axées sur la préparation au changement pendant qu'inévitablement le changement arrive. Par conséquent, elles manquent de pertinence dans leur finalité, car elles induisent essentiellement dans l'esprit du management l'impression d'être «prêt» à certains points dans le temps, donc une attitude statique face aux imprévus qui surviennent quotidiennement. L'adoption d'une attitude dynamique face au changement (*readiness*) est probablement plus en phase avec l'environnement actuel que le fait de se donner l'impression d'être préparé ponctuellement. Cette nuance est fondamentale, car elle concerne le comportement humain et non des plans détaillés et complexes.

> Beaucoup croient que gouverner, c'est mettre en œuvre une stratégie soigneusement mûrie, alors que cela se résume en général à persuader l'opinion que l'on est pour quelque chose dans une succession d'événements de hasard.
>
> Jacques Attali

Le retour à l'opportunisme et au pragmatisme

À l'instar de l'explosion de la bulle Internet et des scandales tels qu'Enron, Worldcom et Parmalat, nous observons chez les managers un retour marqué vers le gros bon sens, la lucidité, la sagesse et vers des valeurs telles que le pragmatisme, l'ouverture, la transparence et l'agilité. Les dogmes et les concepts idéalistes sont maintenant constamment remis en question, et ce n'est plus un «péché» pour la direction de promouvoir l'initiative et l'opportunisme. La rigidité des approches conventionnelles n'est clairement pas adaptée à ces paradigmes. Une piste d'évolution prometteuse et adaptative passe par l'élaboration de cadres de réflexion simples, «organiques», qui redonnent de l'importance aux principes et aux valeurs partagés et qu'il faut plutôt faire émerger des comportements d'opportunisme discipliné, plutôt que de tenter de prévoir l'imprévisible.

Attitudes et coût d'opportunité

C'est bien connu, les approches conventionnelles de planification consomment un temps considérable des équipes de direction et notamment dans les équipes de managers opérationnels, qui en retour n'en voient généralement pas la valeur ajoutée. Ce sont ces managers qui ont à la fois le savoir-faire et un besoin considérable de support pragmatique et opérationnel dans la mise en œuvre. Leur attitude face aux exercices de planification conventionnels est de désintérêt. Parallèlement, les conseillers en stratégie en interne et en externe entretiennent un certain degré de snobisme à l'égard de ces troupes, ignorant souvent que ce sont elles qui implantent le changement. Une voie possible est la mobilisation de celles qui font arriver le changement, ces opérationnels qui vivent quotidiennement sur le terrain, de les amener à adopter une posture stratégique.

L'exercice du pouvoir et la nature humaine

Les plans conventionnels «semblent» refléter un consensus stratégique, mais favorisent rarement une véritable cohésion d'équipe et l'adhésion de tous. La plupart des processus sont structurés par toutes sortes de logiques «top-down bottom-up» et résultent le plus souvent en une vue «consolidée» d'un groupe de plans d'unités d'affaires. Ces approches ne prennent pas en considération les enjeux personnels au sein de l'entreprise, c'est-à-dire qu'en réalité, un groupe d'unités d'affaires se concurrence mutuellement pour leur part de capital et la reconnaissance, donnant lieu à une logique de «nous contre nous» et diluant par le fait même la cohésion corporative. Une voie de progrès est d'utiliser le prétexte stratégique pour construire une logique d'équipe «nous contre eux».

L'éloignement des fondamentaux humains

Le changement est acté par des individus motivés, non par des plans et des bonnes idées. Il est impulsé par la dynamique du pouvoir, de la hiérarchie et du contrat moral. Malheureusement, les approches conventionnelles ignorent systématiquement la prise en compte de ces aspects fondamentalement humains, se soldant, soit par un manque d'appropriation ou d'adhésion, soit par du désintérêt voire même de la frustration.

 Rassurées pendant des décennies par des plans complexes et savamment étudiés, les entreprises d'aujourd'hui sont confrontées à un retour aux fondamentaux qui ne relève pas uniquement de la pensée cartésienne : un recentrage sur l'humain (l'individu et le collectif), un retour au pragmatisme, une revalorisation de l'artisan, mais aussi à des zones d'angoisse à vaincre : la prise de risque, l'ouverture, la remise en question en continu.

DANSER DANS LE MAGASIN : LA CIRCUS ATTITUDE !

Les projets de changement d'une certaine envergure se heurtent toujours à des problèmes ancrés dans les modes de management en vigueur, voire passés. La vraie difficulté pour nos esprits cartésiens est d'aborder la complexité des changements de manière systémique, et d'affronter la fragmentation des intérêts, le poids des habitudes, le désir de maintien des privilèges, la sectorisation des entités, la séparation des fonctions, les réflexes d'autodéfense, les préjugés, etc.

À l'instar du cirque, les entreprises performantes et leur P-DG démontrent une aisance remarquable à assembler et diriger des équipes de managers à la fois pragmatiques, disciplinées, et opportunistes. Ces équipes s'adaptent constamment aux multiples défis qui surgissent quotidiennement, sans formalisme, sans rigidité.

Ces équipes ont généralement une vision holistique et partagée d'un ensemble de conditions requises pour faire émerger le changement créateur de valeur. Ces conditions sont de deux types : d'une part une lecture dynamique et partagée de l'environnement dans sa globalité et d'autre part, des principes de management simples, des attitudes de leadership, de prise de risque et de confiance mutuelle, des comportements calés sur une éthique partagée. Ces éléments sont modulés et sollicités en fonction d'un cycle de changement qui varie dans le temps.

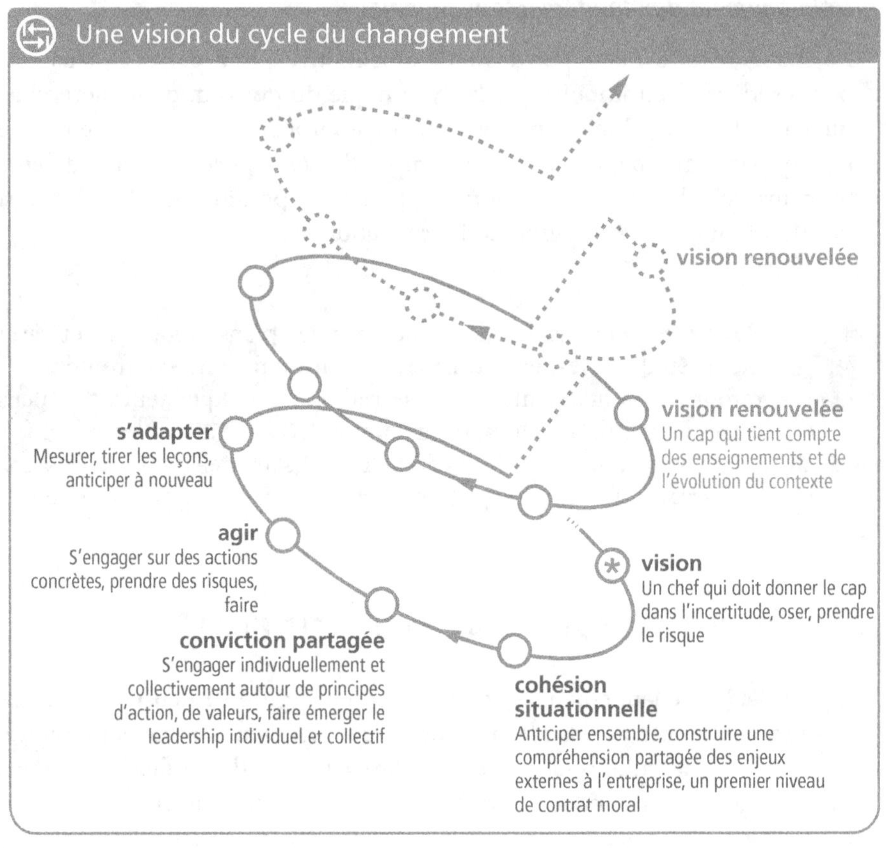

Tel qu'illustré ci-dessus, chaque phase du changement ne peut s'opérer sans que les conditions préalables ne soient mises en place. Par exemple, il est illusoire de déployer une stratégie avec une équipe non-cohésive, de même qu'il est illusoire de travailler sur les valeurs et le leadership sans que le chef n'ait montré un cap clair et compréhensible. Il est également illusoire de tenter de déployer une vision et une stratégie sans ancrer ces éléments dans l'action.

Comment naviguer au XXIe siècle? Comment prévoir et anticiper quand le flou s'accroît? Faut-il entrer dans une logique purement opportuniste sans autre calcul que celui pour la survie?

Nous croyons que le sens va être fondateur et protecteur, qu'il va permettre cette possibilité d'aller contre vents et marées, comme le dit M. Buckingham. Le sens est comme le mât du cirque, il est central, ancré dans le sol et s'élève pour porter le drapeau, le signe identitaire et de ralliement. Dans le cirque tout est tendu autour du mât, tels les muscles sur la colonne vertébrale. Quel est ce mât de votre entreprise qui sait mettre en tension les forces parfois antagonistes, quel est ce sens porteur de toute action qui permet da garder le cap sous n'importe quel temps ou n'importe quelle latitude?

SENS, DESSUS ET DESSOUS : ANTICIPER POUR NE RIEN CASSER

Si la déstructuration des repères, comme nous le montrons dans le chapitre Magic World, a entraîné une déconstruction du sens dans notre civilisation, il semble que l'entreprise n'y a finalement pas échappé. L'entreprise fut, jusqu'aux années 1990, un lieu de production de sens : le travail qu'elle donnait conférait un statut social, une place dans la société, une possibilité d'accès à la consommation et à une vie meilleure. Le bonheur était garanti par un emploi souvent à vie, une protection dans un monde difficile. L'entreprise était pleine de promesses de bonheur et de liberté et endossait les attributs de la transcendance en relais des autres repères disparus. Les années «Tapie» fin 1980 furent sans doute l'apogée de ce sens porté par l'entreprise providence.

La déconstruction du sens dans l'entreprise s'est, semble-t-il, cristallisé dans les années 1990, avec les vagues successives de re-engineering, de rationalisation des coûts, de délocalisation et de licenciements massifs, où les salariés ont compris que le contrat de confiance était révolu, que l'entreprise protectrice était morte. À cela se sont ajoutés les effets Enron, Parmalat, et autres scandales financiers entachant profondément l'image du capitalisme triomphant. Les logiques exclusivement mercantiles associées à des stratégies de ruptures prônées dans bon nombre d'entre elles depuis une quinzaine d'années renforcent souvent cette perte de sens ou du moins sa perception.

C'est une évidence que l'on a peut être trop tendance à oublier : une entreprise sans sens est une entreprise perdue !

Perdue car le sens est le seul vrai rempart contre les forces centrifuges et la complexité de la société moderne. Pour cette raison chaque entreprise a besoin de construire une boussole donnant un sens à la fois interne et externe, une raison d'être. Son homéostasie et son évolution harmonieuse en dépendent.

Le sens émergent est fait de symboles et fait appel à des interactions et à des données à la fois objectives, récoltées dans notre environnement, et subjectives, c'est-à-dire venant de nous-mêmes. C'est ce que le scientifique Francesco Varela appelle «l'énaction», cette relation dynamique continue entre un système et ses composants.

> Énaction
>
> L'organisme donne forme à son environnement en même temps qu'il est façonné par lui […] Le comportement est la cause première de toutes les stimulations […] Les propriétés des objets perçus et les intentions du sujet, non seulement se mélangent mais constituent un tout nouveau. […] L'organisme, selon la nature propre de ses récepteurs, les seuils de ses centres nerveux et les mouvements de ses organes, choisit dans le monde physique, les stimuli auxquels il sera sensible.
>
> Francisco Varela

Le sens à deux significations : la direction d'une part, le chemin fait de repères et de balises et le signifiant d'autre part, monde de symboles, d'archétypes qui fondent l'identité et la culture. On comprend alors que la direction à elle seule ne suffit pas à donner du sens. Encore moins lorsque cette direction est exprimée en termes d'objectifs purement quantitatifs comme c'est le plus souvent le cas avec, par exemple : «Être n° 1 mondial», «Réduire de 1 % les coûts marginaux sur 3 ans»... C'est le lot de nombre d'entreprises convaincues que ces objectifs font sens. Ces objectifs louables peuvent être nécessaires à la construction de sens mais sont le plus souvent insuffisants sur la durée et peuvent même produire l'effet contraire à terme : du non-sens.

Naviguer impose le sens, c'est mettre en œuvre une stratégie dans un sens décrété (direction), c'est parfois ajuster, voire changer des paramètres internes (signifiant/identité) pour optimiser ou minimiser l'influence des facteurs externes et pour tenir au plus près la direction souhaitée, et c'est alors une transformation de culture. Mais ce peut être aussi de conserver sa culture, en tentant d'adapter et de transformer les facteurs externes, en décidant de construire le futur.

Dans cette conception systémique de la stratégie, l'externe et l'interne sont liés et le sens en est le pilier, il porte simultanément l'identité et la direction.

> **Stratégie ?**
>
> Faire de la stratégie c'est prendre des engagements conformes avec la manière dont on a délimité et construit ses propres représentations de l'environnement.
>
> Karl Weick

Cette approche inspirée du courant constructiviste, qui s'impose depuis quelques années aux États-Unis avec son chef de file Karl Weick, offre une lecture qui ouvre des pistes nouvelles pour réfléchir aux liens organisation/stratégie. Dans cette approche, l'organisation n'est pas une structure donnée de l'extérieur. Elle est le fruit des représentations, des schémas mentaux, des choix et décisions des individus qui la composent, en particulier de ceux qui la dirigent. En ce sens, il n'existe ni bonne ou mauvaise organisation, ni bonne ou mauvaise stratégie. Il n'existe que des modes de pensées ou des schémas mentaux adaptés ou non à un contexte donné.

Dans cette perception des choses, la stratégie est essentiellement affaire de sens, elle est une tentative de mise en cohérence du sens interne avec le sens externe (et vice versa). Faire de la stratégie, c'est aussi s'adapter aux mutations et tendances externes ou plus précisément à la lecture que nous en faisons pour guider au mieux l'organisation en cohérence avec le sens, c'est-à-dire à la dimension symbolique interne (valeurs, croyances, langage...).

La stratégie implique l'anticipation, une lecture et une interprétation des tendances en vue d'imaginer des futurs possibles. Comment naviguer sans se soucier des changements météorologiques et interpréter ces mouvements pour en tirer le meilleur parti ?

Anticiper, c'est prévoir à l'avance, que ce soit par une démarche intuitive ou délibérée. Dans les deux cas, l'anticipation est une question de lecture des signes extérieurs, qu'ils soient forts (objectifs), faibles ou analogiques. Mettre en place une lecture en continu de ces signes externes et des moyens pour les interpréter est un point crucial de la stratégie. La prospective et les approches par scénarios sont des pistes sérieuses. Peu d'entreprises ont des démarches vraiment structurées pour lire les tendances et détecter les opportunités. L'anticipation pratiquée est la plupart du temps intuitive, peu délibérée et souvent «artisanale».

Anticiper, c'est mettre en place les outils de détection des signaux externes, ces capteurs, sondes du futur, mais également les outils d'interprétation et de sens de ces signaux, outils reliés à la dimension interne et culturelle de l'entreprise. Au-delà des outils, l'anticipation est une attitude et, aujourd'hui, très peu d'entreprises ont intégré dans leur démarche un entraînement structuré de leurs équipes à la démarche prospective. Cette question reboucle avec la notion d'entreprise apprenante (page 124) : l'anticipation est le meilleur moyen pour mettre en tension une organisation, pour l'obliger à progresser en réponse à des points d'enjeux ou d'opportunité détectés.

Une entreprise sans sens est perdue! L'identité, la culture en tant qu'univers symbolique joue un rôle repère et donne du sens aux acteurs qui composent l'entreprise.
Quels sont les signes d'une transcendance dans votre entreprise, pourquoi pensez-vous que les collaborateurs seraient prêts à se dépasser, pour quel but collectif qui justifierait une forme de «sacrifice»?
La stratégie est un exercice d'alignement de sens interne et externe dont l'ensemble donne la direction.
Votre approche de la stratégie est-elle fondée sur la planification ou bien sur une vision plus systémique, où interne et externe interagissent, où vous avez le sentiment profond de construire le futur tout en en étant le fruit? Comment se pratique l'anticipation, la détection des signaux, comment entraînez-vous vos équipes à cette pratique ?

Quand les éléphants dansent

Un système fermé est, à terme, condamné car dans un contexte de mouvements forts, rares sont les systèmes capables de générer leur propre énergie de maintenance et de développement.

TÊTE DE NŒUDS ET NEURONALE

Les organisations hiérarchiques ont été perfectionnées au XIXe siècle sur le modèle militaire des armées de l'époque. L'allégorie était celle d'une machine où les lignes de décisions étaient prévisibles et encadrées pour produire le même résultat à chaque acte de production. C'était le fondement même de l'industrialisation : la rationalisation méthodique du travail humain afin d'accroître son efficacité (taylorisme), la réplication à l'infini des mêmes processus de façon prévisible, le travail à la chaîne (fordisme), afin de réduire les coûts au maximum et d'offrir ainsi des produits abordables. La faiblesse majeure de ces organisations : la rigidité face aux changements de l'environnement.

Vers la fin du XXe siècle, avec la mondialisation et la complexification de conglomérats industriels et la spécialisation des offres, les organisations hiérarchiques devenaient coûteuses en termes de structures. En réponse, plusieurs de ces entreprises ont restructuré leurs organisations en dissociant les expertises fonctionnelles et métiers des équipes projets : le concept d'une matrice à deux dimensions, dans laquelle un projet «emprunte» les ressources nécessaires à chaque étape de développement pour un temps donné. Longtemps plébiscité pour son apparence d'adaptabilité, ce modèle montre de plus en plus ses carences : des équipes «transverses» composés d'individus qui relèvent de plusieurs chefs qui ont des objectifs souvent divergents : chez les employés, perte de repères, perte d'identité, diminution de l'engagement et de la mobilisation, dilution du sens, et donc turnover élevé. À une époque où le centrage identitaire devient l'unique avantage concurrentiel, on peut imaginer aisément les difficultés que ce modèle engendre.

Les échecs de ces deux modèles posent la question de l'agilité : quelle est la meilleure configuration des organisations pour la complexité et la vitesse du XXIe siècle ? Difficile d'imaginer un modèle qui ne soit pas flexible, qui réagisse rapidement à son environnement, tout en gardant une certaine notion de pouvoir pour éviter le chaos. Dans ce contexte, le cerveau humain offre un cadre de réflexion porteur. Les recherches issues de la convergence entre la neurologie, la psychiatrie, la psychologie, la sociologie et l'ethnologie démontrent que les neurones se créent, se connectent et interagissent dans un mode interactif et dynamique, en fonction des stimuli de l'environnement. Plus un système neuronal est sollicité par son environnement, plus ce système multiplie les connections neuronales et sa densité. À l'inverse, les systèmes de connections qui ne sont plus utilisées meurent. De par cette mécanique, le cerveau humain apprend par ses expériences et s'adapte constamment à l'environnement à chaque seconde, en se construisant un réseau qui n'a rien de prédéterminé. De la même façon, peu importe la structure générique d'une organisation, seules les organisations qui sauront mettre en place les processus et les mécanismes de gouvernance pour assembler et missionner leurs équipes de talents pour réagir en direct à un projet, à une opportunité, à une situation de changement, tireront leur épingle du jeu. Ceci suggère de développer la capacité de construire de façon dynamique des micro-structures de gouverne par objet pour une durée limitée à la pertinence de leur action dans un environnement donné.

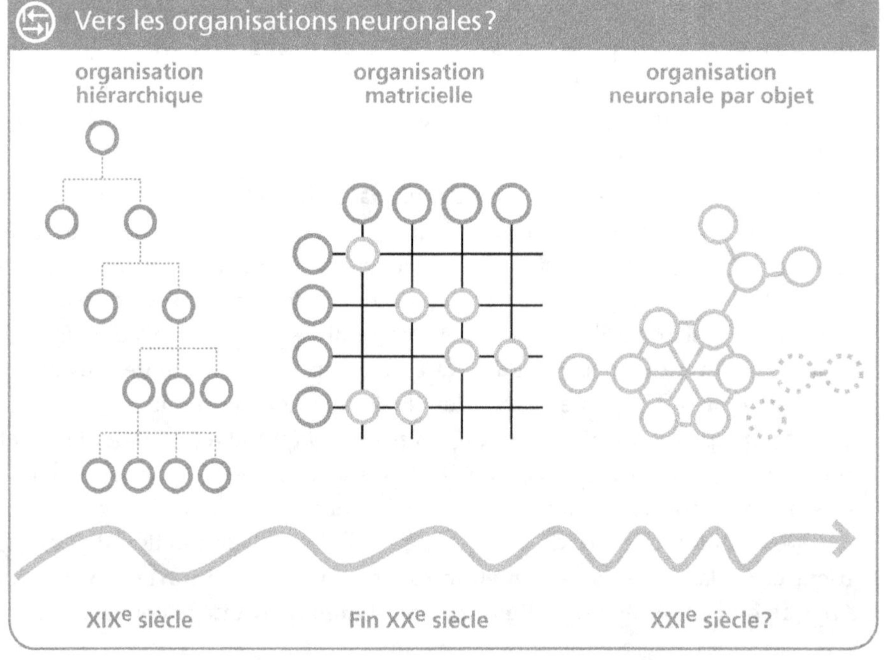

S'OUVRIR OU LA FERMER...

Une organisation pour évoluer et s'adapter doit être – de préférence – dans une logique de système ouvert. Il faut aujourd'hui être extrêmement puissant, ou en situation de monopole, pour s'imposer seul sur un marché. L'innovation avec la création d'un marché peut aussi être une voie, comme l'ont fait Dell, Yahoo! ou Google, mais il faut très vite savoir équilibrer les énergies de conquête et de régulation. L'ouverture est une fenêtre sur les énergies nouvelles, un moyen très puissant pour accroître le potentiel interne de développement.

Les signes de l'ouverture sont identifiables et certains comme Nohria, Joyce et Roberson, tous trois professeurs à Harvard, ont démontré la corrélation entre le degré d'ouverture d'une organisation et sa performance. Connaître ces signes et ces critères peut aider à mesurer le niveau d'ouverture de votre organisation, mais aussi votre propre niveau de résistance à l'ouverture.

Le niveau des alliances ou des partenariats

Parce qu'il vaut mieux partager un gâteau plus grand qu'avoir une petite tarte à soi, certains groupes sont devenus experts en la matière comme Cisco par exemple, Circus Company par excellence et dont le fonctionnement en réseau est devenu une référence. Certains s'associent à des concurrents pour développer des produits en commun, comme Fiat et PSA à Sevelnor pour produire des monospaces. C'est le fameux principe de coopétition ou coopération paradoxale.

Une forte propension à travailler en réseaux

Ce premier niveau de critère d'ouverture en induit un second, celui des réseaux internes et externes. La plupart des collaborateurs doivent désormais faire partie de réseaux, qu'ils soient experts, métiers, écoles, géographiques... L'Oréal a une très forte culture de réseau et ce groupe fonctionne comme un système neuronal où chaque collaborateur est en lien avec un autre dans une communauté d'intérêts. La politique de mobilité interne très forte contribue à mailler ces réseaux informels extrêmement puissants et qui donnent au groupe une vitesse d'action tout à fait étonnante. Ces réseaux pourraient être d'ailleurs encore optimisés pour accélérer les déploiements stratégiques du groupe.

Une culture du «welcome to not invented here»

Accepter les idées des autres ou les idées d'ailleurs n'est pas toujours facile car ce sont nos représentations qui se trouvent bousculées, nos territoires qui peuvent être redéfinis. Tout ce qui n'est pas de notre terre est extraterrestre et a tendance à attirer la suspicion. Ouvrir, c'est accepter d'être remis en question sur ses fondements profonds.

La diversité

Diversité culturelle, ethnique, géographique, générationnelle, pour être à l'image du monde extérieur. Ce dernier point est majeur et présente une vraie difficulté pour les entreprises actuelles, gérer à la fois la diversité des personnes, et celle des idées, parfois discordantes. Richard Florida a très bien montré la corrélation directe entre la richesse d'une société ou d'une entreprise, et sa diversité qui peut être mesurée sur des critères quantitatifs comme le nombre de brevets inventés *per capita*, la multiethnicité, etc.

Cette diversité interne est nécessaire pour faire face à la diversité externe. Sans ceci, la direction générale sera forcée régulièrement de donner des électrochocs à ses employés dans l'espoir d'inciter au changement, ce qui crée inéluctablement ce que les systémiciens appellent l'entropie ou le désordre. Tout changement profond forcé par une direction sur ses cadres, surtout sans préparation, appauvrira l'entreprise. Il y aura une dépense d'énergie trop grande, c'est-à-dire du temps et de l'argent, pour garantir la survie de l'entreprise à terme. L'agilité est impossible entre des personnes qui ne partagent pas une culture commune.

La fluidité et la vitesse de transmission de l'information

Les entreprises construites sur les anciens modèles centralisés sont particulièrement vulnérables. Certains réflexes de la culture franco-française sont encore aujourd'hui trop présents. Sans une distribution de l'information, l'identité, le code génétique auquel adhérerait le *middle management*, n'est d'aucune utilité, car il ne sait pas le mettre en rapport avec les systèmes qui l'entourent. Toutes les tentatives d'inculquer des «valeurs d'entreprise» seront alors vaines, voire contreproductives, car vécues comme du «y'a qu'à, faut qu'on».

Malgré la banalité de ce message sur le partage de l'information, nous constatons qu'encore beaucoup d'entreprises résistent à mettre en place les conditions nécessaires au partage et nient la nécessité d'une identité et de valeurs fortes. En revanche la direction générale demande à ses employés de travailler toujours plus fort, en mettant en place une pression, une énergie agressive dans leur entreprise. Comme nous l'avons expliqué dans la section «La centrifugeuse du progrès» du chapitre 2 (p. 36), les employés sont réduits à s'accrocher le plus possible, à brûler leur énergie et leur volonté dans ce rapport agressif avec leur environnement qui se transforme à toute vitesse. Et tôt ou tard, ils s'en vont, ou s'éteignent au sein même de l'entreprise.

Pire encore, il existe un seuil plus pernicieux qui résulterait de cette centrifugeuse, que nous appelons, comme le font les systémiciens, le dysfonctionnement cognitif. Cet état très grave et trop fréquent arrive lorsque la perception qu'ont les individus de leur environnement interne et externe à l'entreprise, conduit à des modifications de comportement qui, au lieu de s'adapter à un changement clairement identifié, crée de nouvelles habitudes contraires et nocives pour l'entreprise. Il peut s'agir ici de guéguerres internes ou de déresponsabilisation à des moments critiques qui conduisent à des résultats préjudiciables pour l'organisation. Dans ces cas, le manque de direction et d'identité mène directement à la destruction pure et simple de l'entreprise.

Le cas Apple

Sur la question de l'ouverture, Apple est un exemple qui vaut quelques commentaires. Apple a été beaucoup critiqué pour ses architectures fermées et pour son refus des standards et il est sans doute vrai que cette philosophie a failli lui coûter la vie dans la lutte contre Microsoft dans les années 1980. La marque à la pomme a fini par ouvrir son système depuis quelques années et a lancé début avril 2006 Boot Camp (version Béta), qui révèle un peu plus les possibilités offertes par la transition d'Apple : les utilisateurs des derniers Mac à processeur Intel ont désormais la possibilité de choisir au démarrage entre le lancement de Mac OS X ou Windows XP. Alors que le choix entre plusieurs systèmes d'exploitation était déjà offert depuis plusieurs années aux utilisateurs de Mac, l'insertion de Windows XP dans ce choix est inédite. Elle est rendue possible par l'architecture désormais pratiquement commune entre les Mac et les PC.

Il est aussi vrai que l'innovation et la puissance de la marque ont été des fers de lance d'Apple, et Jobs réitère aujourd'hui l'approche de système fermé avec le iPod, avec lequel il a réussi à capter 80 % du marché de la musique payante aux États-Unis. L'iPod fonctionne sur un système fermé construit sur le principe qu'un fichier téléchargé sur iTunes ne peut être lu que dans ce même environnement ou sur un baladeur numérique iPod, pour pouvoir lire les fichiers vendus par la boutique musicale en ligne d'Apple, l'iTunes Music Store. Apple, qui a un fort succès aux États-Unis avec son système «tout en un» iPod + iTunes + iTunes Music Store (le baladeur numérique, le logiciel de lecture et le magasin virtuel) veut garder ce système fermé. L'iPod ne joue pas la musique achetée sur Fnac Music.com ou sur VirginMega, uniquement celle achetée sur le magasin iTunes. Inversement, cette musique vendue sur iTunes ne pourra pas être lue sur un baladeur Samsung, ou Rio, ou... enfin sur tous les autres baladeurs numériques.

L'histoire ne fait que commencer sur ce marché où, à la fois la législation avec la loi DADVSI qui oblige l'accès aux fichiers sources, et la concurrence ayant une force de frappe financière et une couverture de marché potentielle supérieure, vont changer assez rapidement le paysage et la donne.

L'ouverture est la porte ouverte à… tous les courants d'air !
Et justement n'est-ce pas de souffle nouveau dont a besoin votre entreprise, de «décoiffer» les collaborateurs pour les sortir des routines de pensée ou d'action anesthésiantes, pour enfin arrêter de faire un peu plus de la même chose chaque jour ? Casser les modèles et le confort d'une sécurité illusoire. Quel risque y a-t-il à ouvrir plus encore ? Et comment cela se traduirait-il opérationnellement ?

POUR FAIRE SAVANT : ENTROPIE, NÉGUENTROPIE, ANTHROPIE ET NÉGUANTHROPIE…

Le monde est en mouvement constant, nous sommes comme emmenés dans un voyage dont le sens parfois échappe. Où vont nos entreprises, à quoi ressembleront-elles ? Où va le monde, à quoi ressemblera la terre qu'habiteront nos enfants ?

La notion d'entropie recèle peut-être la réponse à ces questions, parmi les plus centrales et qui interpellent sur le sens même de la vie et sur le legs que nous laisserons à nos enfants.

Lorsqu'on demandait à Einstein quelle était à ses yeux la loi la plus importante de la physique, il répondait : «le second principe de la thermodynamique.» C'est à ce principe qu'est associée l'entropie, terme apparu en 1865, et inventé par le physicien allemand Clausius pour décrire la perte d'énergie d'un système, le processus par lequel l'énergie disponible se transforme, se dégrade en énergie non disponible. L'entropie est aussi décrite comme le passage de l'ordre au désordre.

Le vivant constitue un bon exemple pour illustrer ce passage de l'ordre au désordre : il existe un très haut degré d'ordre dans un être vivant, mais à sa mort, soit ses cendres sont dispersées, soit «tout va sous terre et entre dans le jeu» comme disait Paul Valéry. La mort est la fois perte d'ordre, perte de concentration et transformation d'énergie disponible en énergie non disponible. La mort est une conséquence de l'entropie.

En allant du désordre vers l'ordre, les êtres vivants constituent donc une exception au second principe thermodynamique : il y a de nombreux éléments constitutifs dans une cellule, il faut que chacun soit à sa place et qu'ils soient liés entre eux, ce qui suppose une forte concentration d'énergie pour que la cellule vive et se reproduise. La vie est donc caractérisée par la néguentropie ou entropie négative comme la nommait Schrödinger.

L'entropie est l'une des manifestations des systèmes fermés alors que la néguentropie est une caractéristique de la vie, des êtres vivants qui sont des systèmes ouverts dans lesquels s'exerce un échange de matière et d'énergie entre eux et leur environnement. C'est cet échange qui rend la vie possible.

Si l'on pousse la métaphore à l'entreprise en la considérant comme un système vivant dont les cellules en seraient les individus qui la composent, alors plus l'entreprise serait ouverte, plus elle serait vivante, plus elle saurait s'adapter et se réinventer en changeant son niveau d'organisation, passant de l'ordre au désordre puis à un nouveau plan d'ordre.

L'entreprise est d'autant plus vivante que les individus qui la composent le sont, qu'ils sont en relation les uns avec les autres, qu'ils échangent entre eux et se nourrissent de l'environnement. Plus les collaborateurs sont libérés dans les modalités d'échange et d'expression d'eux-mêmes, plus l'intelligence collective est importante et permet vitesse et adaptation.

Une entreprise qui met au cœur de son fonctionnement les hommes est un système anthropique, système où l'énergie finit toujours par se recentrer sur l'humain comme point source fondamental. Le système inverse pourrait alors, lui, être qualifié de «néganthropique». Il s'agirait d'un système «froid», négation des dimensions humaines élémentaires, dans un rapport utilitariste aux relations humaines.

Dans ces types d'entreprises, l'humain est une ressource renouvelable, interchangeable comme des pièces banales et standards d'une mécanique destinée à produire ou à livrer des biens ou des services.

Apparaît alors une «loi» étonnante : plus l'entreprise est anthropique, plus elle est néguentropique, plus elle est néguanthropique, plus elle est entropique!

TRIBUS ET COMMUNAUTÉS : COHÉRENCE ET COHÉSION

Quelle différence entre la baleine et le banc de sardines? À proximité des côtes, la baleine est en danger et lorsqu'elle approche d'un obstacle, elle doit le contourner, perdant temps et énergie. Le banc de sardines en s'approchant de la côte, bénéficie de plus de potentiel de «marché» et en ayant seulement une adaptation à la marge pour éviter l'obstacle, économise temps et énergie. La plupart des grandes entreprises actuelles ressemblent davantage à une baleine qu'à un banc de sardines. Comment transformer votre entreprise en une somme de

petites entités, laquelle somme, au global, formera une entité puissante? Comment sont conduits les bancs de sardines, où se passe la décision et comment se produisent ces changements compacts aussi rapides?

L'agilité d'une organisation peut être évaluée et estimée avec les critères et outils de l'analyse systémique, qui permettent d'appréhender la complexité. La systémique, qui s'applique à toute forme d'organisation de la vie et tout spécialement aux communautés humaines, est particulièrement utile pour donner une lecture des entreprises et de l'environnement dans lequel elles évoluent : un organisme vivant, quel qu'il soit, fonde son évolution sur un principe identitaire inscrit dans ses «gènes». Par ailleurs, il suit une «direction» qui guide son action et lui confère le cadre nécessaire à toute volonté d'émancipation et qui agit comme un mécanisme de contrôle et de régulation formulé à partir d'un modèle de son environnement. Sans cette identité, l'entreprise serait décentrée et écrasée par les forces entropiques des systèmes qui l'entourent : évolutions du marché, des comportements des consommateurs, délocalisations, évolutions technologiques, etc. ce serait l'implosion. Grâce à la cohérence entre identité et direction, les entités qui composent l'entreprise peuvent se spécialiser et se différencier pour faire face aux différents besoins de son environnement.

C'est le principe même de ce que certains appellent l'«organisation chaotique», une organisation où chaque partie de l'entreprise interagit avec les autres entités proches, sans qu'un commandement central ne soit toujours nécessaire. À l'instar du banc de sardines où le commandement est diffus. Dans ce système, lorsqu'une fonction n'est plus nécessaire (un projet est terminé, ou un produit est en fin de cycle) ou qu'une nouvelle apparaît (concurrent menaçant, percée technologique), l'entreprise crée alors spontanément les structures nécessaires pour répondre au besoin, afin d'assurer sa survie en éliminant naturellement la partie superflue.

La condition indispensable pour une évolution pérenne et harmonieuse de l'ensemble du système est une communication fluide et sans faille entre toutes les entités de l'organisme, afin qu'il puisse réagir de façon adaptée à la nouvelle situation.

Traditionnellement, les entreprises dites de l'ère industrielle fonctionnaient différemment : un cerveau centralisateur contrôlait l'ensemble des entités qui les composaient, les ouvriers n'étaient peu ou pas différenciés, qu'ils soient satisfaits ou non affectait peu ou pas la productivité.

Dans l'entreprise «postmoderne», vendant des services et devant constamment s'adapter à son environnement, cela devient difficilement envisageable. Le collaborateur doit avoir une autonomie d'action, dans l'interdépendance et la cohérence, à la fois avec ses collègues et avec son environnement, et c'est dans cette dimension que le «code génétique» et la direction prennent tout leur sens et assurent la force du système. Le rôle de la direction dans une entreprise systémique, agile, est d'aiguiller, de soutenir, de fluidifier la communication entre les différentes entités et de s'assurer qu'aucune corruption de la raison d'être de l'entreprise ne s'insinue. Elle doit manager les transitions, mais qui, idéalement, prennent naissance dans des entités diverses du groupe. Si une entreprise se transforme trop vite, il y a toujours le risque d'échec. Et pour chaque Nokia de ce monde qui a réussi une conversion spectaculaire, il y a des dizaines d'entreprises qui ont échoué dans des transformations bien plus modestes.

Dans le futur, les entreprises les plus performantes et qui auront survécu au raz de marée des changements seront des organisations «projets» structurées ponctuellement en tribus de talents complémentaires, regroupées autour d'une cause, d'un objectif. L'entreprise deviendra de plus en plus un lieu où l'on se rencontre pour faire une œuvre commune.

Ce qui donnera son caractère à l'œuvre commune, son unicité, sera la façon dont elle a été faite, l'esprit et l'âme qu'elle incarne, comme on dit aujourd'hui «The Way». Cette façon de faire sera portée dans la marque et plus largement dans la culture qui sera le liant entre toutes ces entités interdépendantes (ce qui ne signifie pas autonomes). Ce qui donne sa forme de poisson géant au banc de sardines est ce liant intangible qui – le temps d'un projet – réunit des talents pour donner le meilleur d'eux-mêmes. Le rôle de l'entreprise va donc être d'attirer, de fédérer des talents en phase avec sa culture et sa façon de faire, et de les développer pour qu'ils donnent leur essence, restent fidélisés sur la durée. Les métiers du cinéma, du théâtre et du cirque fonctionnent ainsi.

Certaines entreprises sont assez en avance sur certains points dans cette manière de faire comme Danone par exemple, chez qui le *Danone Way* est extrêmement fort et fédérateur et crée un ciment entre des unités d'affaires décentralisées, avec un principe de subsidiarité qui fonctionne de mieux en mieux. Le Danone Way aujourd'hui démultiplié dans le monde entier permet d'ancrer le Danone Uniqueness : c'est un outil puissant d'intégration de nouvelles entreprises qui entrent dans le giron du groupe. Le Way est une véritable façon de faire, alignée sur des valeurs, avec ses dimensions symboliques (code et langage commun spécifiques), C'est l'une des très grandes forces de Danone et c'est ce qui lui confère son fameux «Jeu de jambes», expression «danoniene» typique pour désigner la capacité à s'adapter très vite.

Bouygues est un bel exemple aussi de ce fonctionnement «banc de poissons». Quel lien entre TF1, Bouygues Construction, Bouygues Télécom, Colas…? Des univers si différents, des logiques de temps qui n'ont rien à voir ou des clients divers.

La culture est le ciment, une culture de projets, comme une culture cirque. La culture BTP est à l'origine très proche de celle des troupes de cirque : des talents qui se regroupent pour une œuvre. Une culture de l'ouvrage et du chef-d'œuvre provenant du compagnonnage, avec des valeurs extrêmement profondes d'humilité, de famille, de respect. Là est la force du groupe

Bouygues, mené par un leader Magicien (voir partie 5) qui incarne avec congruence toutes ces valeurs. Comment un groupe aussi éloigné des médias aurait-il pu reprendre et redresser avec succès la première chaîne de télévision française TF1, ou devenir un opérateur de la téléphonie mobile de premier plan? Que ce soit chez TF1 ou chez Bouygues Télécom, les équipes viennent principalement toutes du BTP, avec par exemple Patrick Lelay, diplômé de l'ESTP (École Spéciale des Travaux Publics) et qui fit jusqu'en 1987 toute sa carrière dans la construction, tout comme Philippe Montagner, PDG de Bouygues Télécom entré dans le groupe Bouygues en 1968.

Virgin enfin est un groupe qui présente des caractéristiques comparables. Ce groupe est dans des activités aussi variées que l'aéronautique, les sodas, la distribution, les assurances. Virgin fonctionne aussi sur les mêmes bases que les troupes de cirque, ou plus précisément sur celles des groupes de rock. C'est le premier métier de Branson, il vient du spectacle et en connaît les recettes. Il sait la puissance des talents complémentaires. Sous une apparence de dilettante, sa force est la discipline dans le travail, le goût du risque et le plaisir dans l'action (voir partie 5). Le liant entre les compagnies de Virgin est la marque, une marque extrêmement puissante, qui fédère ou au contraire écarte, mais qui ne laisse pas indifférente.

Alors, plutôt baleine ou banc de sardines? En règle générale dans les entreprises manquant de ce «way», la logique de centralisation est très forte, le liant se fait par le contrôle et par la hiérarchie, c'est un système «crispé». Alors si votre entreprise fonctionne davantage sur ce modèle, il est fort à parier que si un concurrent «sardine» rôde, il risque bien de devenir un challenger sérieux. Et attention, les bancs de sardines se forment très vite de nos jours! En revenant sur l'identité profonde de l'entreprise, en faisant une force du passé, alors la structure pourra changer graduellement, se décontracter, pour libérer les énergies et passer à la vitesse supérieure.

UN CŒUR QUI PULSE : VITESSE ET DYNAMIQUE

La vitesse est souvent donnée comme un enjeu central pour s'adapter, qui plus est dans un contexte de mouvements rapides. L'entreprise est un lieu de production (de biens ou de services) de décision et d'anticipation. Si l'on tente de déterminer la vitesse, sa mesure peut s'appliquer à ces trois notions :

* En combien de temps produisez-vous ?
* En combien de temps prenez-vous les décisions ?
* Quelle est votre capacité d'anticipation en termes de temps ?

Il en va de même sur la piste avec les artistes :

* La vitesse d'exécution donne le caractère souvent extraordinaire au spectacle.

* La décision rapide est nécessaire car hors décision, c'est le vide !

* L'anticipation rapide permet de garder la «synchronicité» entre les partenaires.

La vitesse est une question d'énergie et l'énergie ne peut donner sa pleine puissance que lorsque la transmission est fluide. Une transmission fluide dans l'entreprise est synonyme de moins de hiérarchie ou, plus précisément, de hiérarchie à valeur ajoutée. La question n'est donc pas de prôner absolument l'absence de hiérarchie, mais l'optimisation de celle-ci car, souvent, la hiérarchie génère du frottement, qui consomme de l'énergie plutôt que d'en créer. La hiérarchie joue souvent un rôle de frein qui peut littéralement faire chauffer le système et peut mettre le feu (conflits) à certaines zones de l'entreprise.

Il en est de même sur la question centralisation/décentralisation dans la prise de décision. La décision doit être prise là où elle est le plus efficace pour le groupe, c'est la subsidiarité.

Pour libérer les énergies et les fluidifier, l'autonomie est bien sûr une condition première. En même temps, comme nous l'indiquons dans la partie précédente, l'alignement nécessaire au fonctionnement en banc de sardines implique de privilégier l'interdépendance à l'autonomie, ce qui inévitablement produit un effet frustrant auprès des acteurs internes qui – du moins au début – le vivent comme une perte de liberté.

Enfin, la dynamique peut être accrue par la diversité. Comme dit Robert Swan, explorateur polaire, une équipe où tous pensent pareil est une équipe qui ne pense plus ! La diversité engendre du frottement générateur d'énergie, car il produit de la pensée latérale et ouvre de nouveaux possibles. La diversité est un facteur d'innovation et surtout de mouvement.

UN ÉLÉPHANT LOIN D'ÊTRE BÊTE... UNE ORGANISATION APPRENANTE

Comment une entreprise peut-elle en permanence évoluer, s'adapter, changer ?

L'organisation apprenante est sans doute aujourd'hui la piste de réponse la plus élaborée. La dimension «apprenante» induit dans ses termes, une dynamique constante d'apprentissage nouveau et non la maîtrise de savoirs immuables. Mais un processus d'apprentissage peut-il être réellement permanent ? Il existe aujourd'hui très peu d'entreprises réellement apprenantes. En effet, il est très difficile de travailler dans un environnement qui change car le changement est énergétivore et tend à éloigner de l'objectif initial : l'énergie destinée à s'adapter au changement n'est plus centrée sur la mission initiale du travail.

> On peut considérer qu'une organisation apprend lorsqu'elle parvient à détecter et à corriger une erreur, étant entendu qu'il y a erreur quand un écart apparaît entre une intention et ses conséquences effectives.
>
> Chris Argyris

Le changement est aujourd'hui encore vécu dans l'entreprise comme un «ennemi», un facteur à combattre, tout comme le déséquilibre. Il en résulte une consommation d'énergie souvent déraisonnable et nous avons largement traité cet aspect dans les questions d'énergie de maintenance ou de régulation.

Et si le changement était perçu et vécu comme un facteur d'apprentissage, une opportunité de progrès plus qu'un danger? En réalité le problème vient peut-être du regard que nous portons sur le changement et sur l'entreprise dans son rôle et sa mission. Si le changement et le déséquilibre qu'il induit étaient simplement perçus comme des paramètres naturels (comme dans le cirque), il est alors probable que nous ne lutterions pas contre, mais qu'au contraire, on tenterait de l'apprendre, de l'apprivoiser pour l'intégrer.

Tant que l'entreprise et le travail ne seront perçus qu'en termes de production de biens et services, il est clair que tout le temps passé dans l'entreprise sera exclusivement (ou presque) consacré à la production et aucunement à la pratique du changement et de son apprentissage.

Au cirque, le déséquilibre étant permanent, l'éphémère étant la règle, le changement est un «ami», et apprendre et travailler sont au même niveau. L'entraînement est une condition incontournable pour progresser :

- l'organisation apprenante est aujourd'hui à notre connaissance la seule structure qui puisse être adaptative ;
- nous sommes souvent piégés par nos représentations du changement et de l'entreprise qui nous empêchent de mettre en place ce type de structure.

Le cirque est un vrai modèle d'organisation apprenante. La transmission du savoir et l'apprentissage permanent y sont déterminants pour évoluer, s'adapter et changer. Les modalités d'échanges, de développement des talents, souvent très élaborées, y sont omniprésentes.

Dans son ouvrage fondateur de l'organisation apprenante, *La cinquième discipline,* Peter Senge montre que les organisations apprennent uniquement au travers d'individus qui apprennent. Pour rappel, les cinq disciplines évoquées par Senge sont :

- la pensée systémique (voir l'ensemble plutôt que les éléments) ;
- le projet partagé ;
- l'apprentissage en équipe (dialogue et discussion) ;
- la modification des modèles mentaux traditionnels ;
- la maîtrise personnelle (maîtrise de sa vie, de ses talents, etc.).

La cinquième de ces disciplines donna le nom à son célèbre ouvrage.

Le concept d'organisation apprenante – *learning organization* – se distingue des approches traditionnelles de formation, à la fois par sa dimension théorique et par son intérêt stratégique. Fondée sur le principe de l'apprentissage continu, individuel et collectif, des salariés, l'organisation apprenante se caractérise par la mise en œuvre d'une réflexion intellectuelle accompagnant l'acte de production et permettant le développement des capacités des individus qui la composent.

Dans la logique de l'organisation apprenante, les conditions d'apprentissage sont réunies si :

* le travail a du sens ;

* les objectifs de performance sont précis ;

* la situation de travail appelle et active les processus cognitifs (situations de travail stimulantes et qui suscitent des connexions mentales) ;

* le travail est un lieu d'échanges et de confrontation des savoir-faire et des pratiques professionnelles ;

* le travail permet la prise de responsabilités, et l'exercice de la responsabilité implique de mener une réflexion pour se donner des objectifs, les moyens de les atteindre et de s'auto-évaluer ensuite.

Conscients de l'importance de l'homme dans le processus d'apprentissage, Chris Argyris et Donald Schön, ont – à partir des théories de l'apprentissage de Palo Alto – transposé les quatre niveaux à l'entreprise.

Niveau 0	Niveau 1	Niveau 2	Niveau 3
Correspond à l'acquisition inconsciente d'automatismes.	Correspond à l'apprentissage conscient routinier sans remise en cause des normes d'actions. Apprentissage en simple boucle, apprendre par adaptation. Les acteurs adaptent leurs actions aux impulsions de l'environnement, sans remettre en cause les normes, les principes et les objectifs.	Correspond à l'apprentissage critique et reconstructif passant par une remise en cause pour améliorer l'efficacité. Apprentissage en double boucle (apprentissage par reconstruction). Les actions des acteurs remettent en cause les objectifs, les principes et les normes de l'entreprise.	Correspond au « deutero-apprentissage » qui permet d'apprendre à apprendre. Transforme la culture en l'adaptant à l'environnement. La dynamique humaine dans l'entreprise devient une variable à la construction des stratégies de l'entreprise en considérant à la fois les talents humains et les besoins en anticipation de la structure

Une organisation adaptative, agile, est nécessairement une organisation qui apprend de son environnement et transforme sa culture, ses process pour répondre à de nouvelles exigences des parties prenantes.

Les organisations apprenantes privilégient les apprentissages collectifs pour une progression collective et cohérente des compétences. On ne se place donc pas dans la perspective de l'individu, mais dans celle de l'organisation, ou de l'équipe, car le développement isolé de l'expertise individuelle de chacun des salariés ne permet pas nécessairement d'assurer un développement global pour l'organisation.

L'entreprise apprenante ne remplace ni l'entreprise formatrice, ni l'entreprise qualifiante : elle est d'un autre ordre. Son projet est l'organisation d'un système permettant le développement des compétences collectives et le manager y joue un rôle prépondérant en participant à toutes les étapes clés des processus de professionnalisation.

> Le terme apprentissage représente en soi un concept d'action. Apprendre n'est pas seulement avoir une nouvelle intuition ou une idée neuve. Nous apprenons quand nous détectons et corrigeons une erreur. Comment savons-nous que nous savons quelque chose ? C'est lorsque nous sommes capables de réaliser ce que nous affirmons savoir.
>
> Chris Argyris

Le modèle des start-up, correspond à l'entreprise apprenante. Auto-organisés autour d'un réseau facilitant la communication, les hommes se rassemblent naturellement en fonction des problèmes à résoudre pour finalement former une organisation cinétique. Cependant, avec la croissance, la plupart des start-up rigidifient leurs structures (voir passage sur les systèmes ouverts).

Les grandes structures ayant pris conscience du besoin «d'apprenance», se dotent de plus en plus «d'outils» tels que les universités d'entreprise. Ces universités d'entreprise prennent des formes différentes et ont des impacts en termes de changements qui sont rarement de niveau 3, car souvent inspirés de modèles anciens, de méthodes connues et animées par des «produits maison» ayant une réelle difficulté à engendrer d'autres formes de pensée.

L'entreprise apprenante place l'homme au cœur de la dynamique de l'entreprise et remet en cause le rôle traditionnel des ressources humaines au profit de source de valeur pour l'entreprise. Elle met aussi l'accent sur l'aspect durable du développement des hommes.

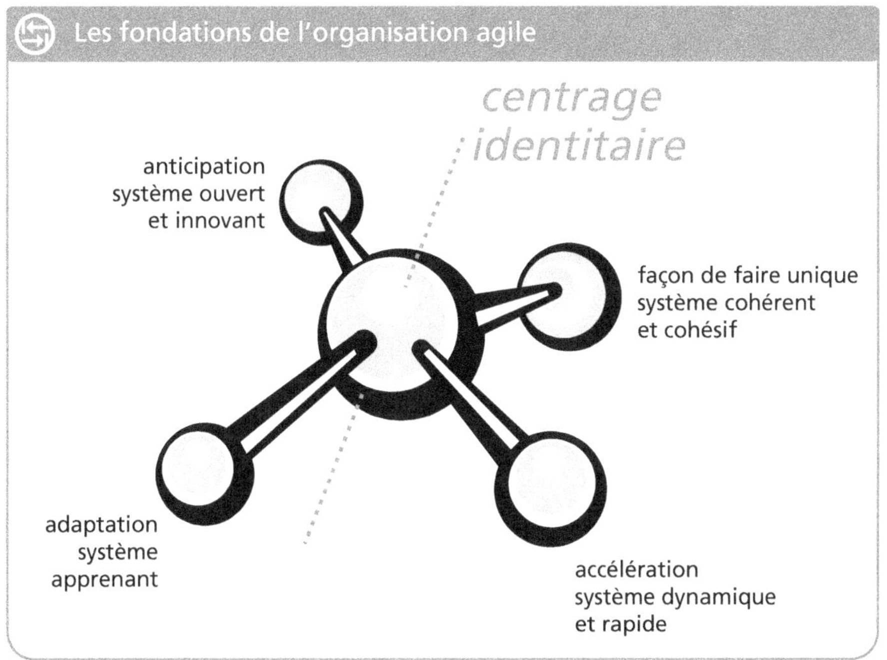

Les DRH sont encore rarement intégrés dans l'élaboration des stratégies de développement. Pourtant, la corrélation entre politique RH et performance de l'entreprise est clairement établie et les entreprises ayant compris qu'aujourd'hui le marché des talents était un facteur de compétitivité ont un sérieux avantage. Jack Welch dédiait plus de 50 % de son temps à l'université General Electric. Malheureusement, on enferme encore souvent les DRH dans des profils de postes immuables, on les intègre surtout dans des stratégies de restructuration.

Transformer nos entreprises en entreprises apprenantes, en plaçant l'homme au cœur de l'organisation. Quel beau défi! Mais ne perdons pas de vue que l'entreprise reste, pour le plus grand nombre, avant tout, un lieu de création de valeur et qu'elle doit par conséquent atteindre des résultats en priorité financiers. Mais en restant figée sur cette conception, l'entreprise ne pourra être vraiment apprenante et risque fort d'avoir un avenir difficile.

Par quels signes avant-coureurs pouvons-nous réellement voir que les entreprises commencent à considérer l'homme comme une «source» et non comme une ressource? Pouvons-nous imaginer un équilibre entre théorie de l'apprenance et théorie économique et financière?

Une entreprise apprenante est une organisation en tension sur son futur : on ne peut pas vraiment apprendre sans une certaine idée de l'avenir, du futur. L'anticipation, soutien, supporte l'apprentissage organisationnel. Sans la compréhension de changements qui vont se produire, il n'y pas de réelle nécessité de se mettre dans une posture d'apprentissage. L'apprentissage est aussi une manière de s'entraîner à anticiper, de percevoir son avenir autrement. En apprenant, on modifie ses représentations de ce qui va se passer, on développe un autre rapport au changement et au futur. On ne peut donc imaginer une organisation apprenante qui n'ait pas le souci permanent de sonder les tendances. Votre organisation sait-elle créer cette tension avec des futurs possibles dans une logique d'apprentissage? Vos équipes s'entraînent-elles à imaginer le futur pour apprendre?

✉INDISATGLOBALNETP2PVIRTUALINK//BENGALORE(IA)OUTBOUND//DATE=1510
2032-09:22(GMT+5)/WWREP/000777O5537QW1b-XD945///////////////

Bengalore, 15 octobre 2032

Laosa,

Oui, le séjour orbital m'a vraiment ressourcé. J'y ai retrouvé les mêmes bienfaits que sous la mer. L'absence de pesanteur avec les soins en plus ça allège tellement. C'est vraiment bien pour toi ce job, c'est si difficile de trouver sa route, d'être sur son chemin.

As-tu lu sur les infos sur les écoles de vocation qui se mettent en place en Inde du Nord ?

Si tu vas dans la blogosphère, regarde sur uuu.my-voccare.galax, c'est très intéressant : ils ont monté tout un cursus qui commence à la maternelle pour conduire nos enfants dans leur vocation. Ça reprend de vieux préceptes du siècle passé, genre Steiner et Montessori, mais ça va beaucoup loin : ils ont intégré les techniques d'investigation sensorielles et de détection des potentiels énergétiques de l'ADN. Il y a aussi toutes les approches de reprogrammation intuitive. Ils assurent que ces enfants seront pleinement dans leur vocation. À suivre...

Bon je ne vais pas te faire les violons sur l'air « c'était mieux hier ! », en plus je ne le crois pas.

Ah si on avait eu ça ! Il y a tant de gens qui ne sont pas à leur place et qui en crèvent ! Tant de gens qui ont de l'or en eux et qui passent à côté. Ça me rend triste de penser à ça, mais c'est pour ça que notre humanité est si éteinte, mais tout ça n'est pas nouveau. La bonne nouvelle est que le travail change, dans les dernières statistiques mondiales, ils disent que 25 % de la population en âge de travailler est freelance. On va vers la liberté !

Je dis ça, mais quand je vois tout ce à quoi on est encore accro !

Pour moi, ça va, mais je n'en peux plus de mon boulot. Passionnant, mais si épuisant, tu sais auditer des CV électroniques toute la journée pour orienter chaque personne sur les meilleurs profils entreprise/projet, c'est parfois fatiguant. Encore hier, j'avais un candidat, profil classique (SMBA de Dehli, 10 ans de responsabilités en Chine, Argentine, Canada, un e.PHD de la e.World Business School) eh bien je viens de le placer pour 3 ans sur le projet NET CYBER de Microsoft Vision, qui va permettre de télécharger tout contenu en quelques jours en direct dans notre cerveau. Je te raconte pas comment ça change la donne sur tout ce qu'on peut savoir, mais quand tu y penses, si on avait tous le même niveau de connaissances théoriques, seules les connaissances pratiques et donc les expériences et notre analyse feraient la différence. En fait, si ça se fait, ce sera ce qu'on est profondément qui fera la différence, tu me suis ? On sera égaux en connaissance et unique en tant qu'individus. Que des gens vraiment uniques, différents et égaux en connaissance. Ça fait réfléchir.

Bon j'arrête là, je ne vais pas m'arrêter sinon.

Yin Xing est passée me voir hier : so

Angie.

ENDMSG'VERISIGN//000777O5537QW1b-XD945

La piste aux étoiles

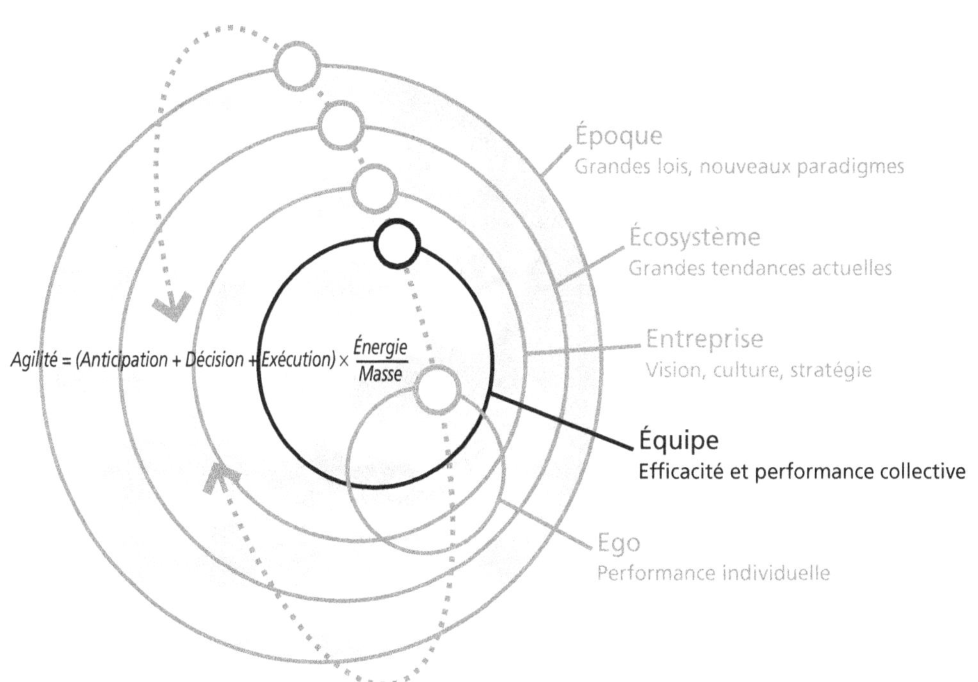

$$Agilité = (Anticipation + Décision + Exécution) \times \frac{Énergie}{Masse}$$

Lieu de liberté et d'expression des talents conjugués, le cirque est une alchimie étonnante des énergies, tendues vers un objectif partagé : une création commune au nom du spectacle et pour les spectateurs, ébahis de voir sous leurs yeux des personnages capables de risquer leur vie pour quelques euros.

C'est justement parce que les leviers sont bien au-delà du profit que le cirque est ce qu'il est : le lieu d'une aventure humaine régi par les codes de la famille, les symboles tribaux d'un clan uni et solidaire où le défi est quotidien. Avec la «Circus Company» émergent des classes nouvelles de travailleurs, redéfinissant les enjeux de la dynamique des équipes et les fondamentaux des approches classiques du management.

Changement de classe

Avec l'ère de l'information, le grand changement fut l'émergence des travailleurs du savoir et le déclin des travailleurs tirant leurs revenus de leur force physique. Il y avait la distinction entre cadres et non cadres, distinction d'ailleurs spécifique à la France. La donne change et les Circus companies vont probablement marquer l'avènement d'un changement spectaculaire (c'est le cas de le dire) au sein des typologies de travailleurs. Les entreprises vont de plus en plus devenir des entités mouvantes qui regroupent pour un temps une équipe de talents autour d'un projet, des équipes éphémères qui se font et se défont au gré des évolutions, des changements et des nouveaux besoins de clients. En conséquence, nous allons assister probablement à l'émergence de deux classes de travailleurs : d'une part une élite d'intermittents, d'autre part une base de permanents à mobilité restreinte.

CLASSE AFFAIRES !

L'élite intermittente est faite de gens fortement diplômés, ayant des champs d'expertise clairement identifiés, mais également une suffisante transdisciplinarité leur permettant une adaptation à la nouveauté. Au moins bilingues avec l'anglais, ils ont conscience de leurs potentiels et leur capital est leur expérience. Ils ont le souci de le faire fructifier et de le valoriser : résultat, ils choisissent leurs employeurs, leurs missions en adéquation avec leurs objectifs de développement personnel et ils consacrent souvent également beaucoup de temps à leur formation continue. Ils sont extrêmement mobiles, opportunistes et on pourrait les qualifier de mercenaires, mais leurs valeurs ne sont pas l'argent ou le profit, qui ne représentent qu'un moyen pour eux de vivre l'équilibre et l'épanouissement. L'argent n'est pas ce qu'ils comptent, mais le temps est leur critère d'investissement : où mettre son temps ? Leur temps se répartit entre travail, loisirs, famille, œuvre humanitaire et développement personnel, avec une quête globale : le plaisir. L'élite intermittente gère sa vie comme une entreprise, car elle a conscience d'être son meilleur capital.

CLASSE ÉCO, À CHACUN SON STRAPONTIN

La base sédentaire sera composée de travailleurs à «mobilité restreinte» et se caractérisera par différentes spécificités :

* une insuffisante interdisciplinarité, qui empêchera une diversité de tâches et qui conduira à une relative expertise;

* une difficulté à vivre sans structure externe, inhérente à un manque de structure interne, de confiance en soi, engendrant une peur de la précarité;

* l'absence d'une deuxième langue qui inéluctablement limite la mobilité géographique;

* un niveau d'abondance sur le marché du travail, empêchant de prétendre à un salaire qui permettrait de gérer la précarité.

Ces permanents de l'entreprise seront le plus souvent assignés à des fonctions de maintenance et de régulation pour accomplir des tâches répétitives et indispensables. Les garder engagés et mobilisés ne sera pas évident, leur raison de ne pas changer sera la peur de la précarisation.

Ces deux classes vont probablement se structurer, avec leurs propres modes de consommation, leurs centres d'intérêt et de préoccupations. Les premiers plus mobiles et internationaux, les seconds sédentaires et locaux.

La grande famille du cirque

Dans l'entreprise, chacun de nous peut s'inspirer à un moment ou un autre de ces différents artistes qui font le cirque, chacun de ces profils peut être une source d'inspiration pour son métier, son activité...

TOUS AGILES...

La famille du cirque n'est pas une légende, c'est une réalité profonde. Plus encore que de famille, on pourrait même parler de clan ou de tribu, tant les liens sont forts, les symboles primaires et l'itinérance du métier exigent de tout partager : vie professionnelle et personnelle. Chacun de ses membres y est uni par une forme de pacte implicite, un code génétique commun, un ADN directement lié aux fondamentaux de la culture Cirque (page 97).

Ce qui lie chacun des membres de la famille est cette adhésion à la culture que chacun porte en lui, qui lui confère cet esprit de famille. On comprend alors combien cet état d'esprit joue un rôle fondamental dans la capacité d'agilité des gens du cirque avec :

- un amour inconditionnel du changement et de la liberté;
- un engagement sans faille dans l'action;
- un souci constant du développement des talents;
- une solidarité et une entraide.

Ces différents points sont – somme toute – des valeurs communément affichées, sous une forme ou une autre, de façon souvent incantatoire dans les chartes de valeurs de nombreuses entreprises. Dans le cirque, si elles sont en réalité assez peu déclarées, elles sont en revanche bien vivantes et constituent l'essence même de l'identité du cirque.

... CES GENS DU CIRQUE

« Nous étions de tous les pays et ne formions qu'un seul peuple, nous étions de toutes les religions et n'avions qu'une seule foi. Puissent les jeunes apprendre à

connaître le cirque et à lui redonner la place qu'il mérite. C'est l'un des plus beaux métiers du monde...» Jérôme Medrano, 1907-1998.

Les acrobates

Acrobate vient du mot grec «qui marche sur les extrémités». Il désignait autrefois les funambules. Un acrobate est un artiste qui exécute des exercices d'agilité, d'adresse ou de force. Entre les trapézistes, les contorsionnistes et autres gymnastes, les acrobates sont des sportifs de haut niveau qui doivent non seulement accomplir des prouesses de souplesse, mais aussi allier une certaine grâce et lenteur dans le geste à une puissance et force musculaires. Parmi les acrobates on trouve des trapézistes, des équilibristes, des funambules...

Les clowns

Figure incontournable du cirque traditionnel, chacun de nous a en mémoire un clown de son enfance.

La tradition clownesque offre trois personnages clés :

- Le clown, l'instigateur, celui qui réfléchit à la stratégie à adopter, celui qui fait les plans.

- L'Auguste : celui qui exécute, qui agit et met en œuvre les plans du clown.

- Monsieur Loyal : celui qui impose le respect de la règle, qui rappelle les valeurs.

Ces trois personnages indissociables et complémentaires interagissent en permanence.

Dans un cirque, le clown est l'artiste comique qui fait des acrobaties grotesques ou lance des reparties bouffonnes pour amuser les spectateurs. Fou du roi autrefois, le clown a un vrai rôle depuis toujours : il est là pour dédramatiser, amplifier, aider à la prise de recul pour se rendre compte du ridicule d'une situation. *«Le rire est le propre de l'homme»* (Rabelais) et par le rire le clown permet de dire des choses impossibles à entendre autrement. Historiquement, il est difficile de trouver des traces des comportements clownesques des premières civilisations. Le théâtre grec ancien a d'abord mis en scène les épopées, jusqu'alors récitées par l'aède. Le personnage unique était un chœur de douze acteurs environ. On trouve des traces lointaines de cette mise en scène dans le clown moderne en groupe. À l'âge d'or du théâtre grec est apparu le personnage tragique. Ce n'est qu'en contrepoint de ce personnage tragique qu'a pu naître le personnage comique. Du fait du phénomène de désenchantement du monde, le rôle transgressif du clown s'est progressivement effacé au profit d'une mise en scène des interrogations de l'individu face à l'hypermodernité comme dans le film de Charlie Chaplin, *Les Temps modernes.*

Les jongleurs

La jonglerie (souvent appelée jonglage dans le langage courant, le terme jongle peut également apparaître) est une activité qui peut être considérée comme un sport, un art, ou un jeu.

Les bases sont connues depuis au moins 4 000 ans. La première représentation connue de jongleurs est une fresque égyptienne du XVIIIe siècle av. J-C. Dans le monde entier, les hommes jonglent depuis des temps reculés : dans la Rome antique, en Chine, chez les Esquimaux, les Aztèques et même dans les îles d'Océanie. On possède cependant peu d'informations sur eux car ils faisaient souvent partie d'une couche défavorisée de la population et étaient parfois mis à l'écart, comme en Europe au Moyen Âge. L'entrée dans la période moderne de la jonglerie est caractérisée par les avancées technologiques et techniques de Enrico Rastelli, à la fin du XIXe siècle. Rastelli, jongleur dans un cirque italien fut le premier à élever sa maîtrise technique à un niveau tel que des engins spécifiques devaient être créés.

La jonglerie est un exercice d'adresse et de virtuosité. Dans son sens le plus strict, il consiste à lancer, rattraper et relancer des objets en continu. En général, plus le nombre d'objets est grand, plus il faut d'adresse et d'entraînement pour réussir.

Les dompteurs et dresseurs

Le cirque a démarré avec des spectacles de chevaux menés par des écuyers et, par conséquent, les animaux du cirque étaient autrefois limités aux chevaux. Il s'est étendu ensuite au cours du XIXe siècle à d'autres animaux plus exotiques et souvent plus difficiles. L'attraction la plus spectaculaire a longtemps été celle du dressage de fauves,

mais on peut aussi trouver des ours, des serpents, des éléphants, sans oublier les numéros de chiens savants ou de chèvres grimpantes, ou encore de chimpanzés. Le dressage est un art et les dresseurs établissent le plus souvent une relation très particulière avec leurs animaux. Alexis Gruss ne parle pas de dressage, mais davantage de relation, d'écoute, de développement de talents de ses chevaux. C'est un véritable lien d'amour qui existe entre lui et ses chevaux. L'écouter est une vraie leçon de management!

Faites entrer les artistes

Beaucoup d'entreprises souffrent aujourd'hui d'un niveau d'engagement insuffisant de leurs collaborateurs et en particuliers de leurs cadres. Le travail autrefois central dans la vie des personnes semble peu à peu être relayé à un second plan derrière la vie de famille, les loisirs, les hobbies...

DÉFIS ET FRUITS DE LA PASSION : LE GOÛT DE L'AVENTURE

Nombreux sont les cabinets de conseil qui tentent de définir les leviers de l'engagement des collaborateurs et on sait depuis longtemps que le seul salaire est de loin insuffisant, à l'instar du cabinet américain de conseil en RH Hewitt & Associates qui distingue huit leviers comme, par exemple, le salaire, l'employabilité, les valeurs, le management.

Cette tentative de rationalisation est louable et a le grand mérite de cadrer une démarche possible pour améliorer le niveau d'engagement des collaborateurs. En revanche, on parle encore assez peu d'un levier qui est sans doute le plus puissant de tous, celui qui est partagé entre tous les membres de la famille du cirque : la passion.

La passion a toujours habité le cirque, même dans ses lointaines origines. Le cirque moderne serait né à la fin du XVIIIe siècle. Qu'ils soient jongleurs, trapézistes, écuyers, danseurs de corde, funambules, acrobates, dresseurs d'animaux ou clowns, ces artistes du voyage, ces grandes légendes de la piste manifestent leur passion dans leur discipline et leur mode de vie. Ils se consacrent corps et âme au perfectionnement de leur art, au dépassement de leurs limites, en mettant même, parfois, la mort au défi. Ils sont pleinement engagés dans ce qu'ils font, ils ont ce qu'on appelle aussi le feu sacré.

Rien de grand ne s'est fait dans un monde sans passion

Dans l'entreprise, combien de collaborateurs ont ce feu sacré ? Qu'ils soient impliqués, sans doute, engagés est une autre histoire !

Pour expliquer ce qu'est l'engagement comparé à l'implication, reprenons la métaphore du célèbre petit déjeuner britannique, les œufs au bacon ou la poule. Dans les œufs au bacon, la poule est seulement impliquée, alors que le cochon, lui est engagé !

Les gens du cirque font ce qu'ils font par vocation, leur activité donne du sens à leur vie, elle en est le sens et aucun d'eux ne s'imagine pouvoir faire autre chose! En interrogeant les gens du cirque, vous constaterez que, dès le plus jeune âge, ils ont commencé à en rêver, à jouer les acrobates, à jongler... c'est un rêve de gosse qu'ils accomplissent chaque jour. La différence avec beaucoup est que ces gens ne vont pas au travail, ils vont jouer! Utopie diront certains! À ceux-là nous répondrons simplement : liberté!

L'engagement est donc la conséquence de leviers, certes rationnels, tels que le décrivent les cabinets de conseil mentionnés plus avant, mais aussi des leviers davantage d'ordre émotionnel. Le psychologue américain Mihaly Csikszentmihályi qui s'inscrit dans le courant de l'école américaine de psychologie positive, a fait de nombreuses recherches sur les facteurs de mobilisation des individus au travail. Il s'est inspiré d'un conte médiéval où le prince, avant de trouver sa princesse (la passion) devait combattre et vaincre le dragon qui la détenait. Le défi était mobilisateur et élevait le niveau d'énergie indispensable pour combattre.

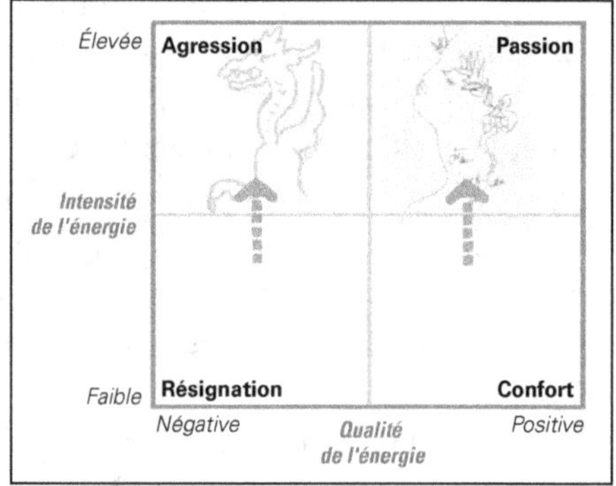

L'engagement dans une activité, une action, quelle qu'elle soit, requiert de l'énergie. À partir de ce postulat incontestable, on peut définir deux variables pour qualifier l'énergie :

* le niveau d'énergie ou l'intensité, qui peut être comparé au débit ou à la puissance;

* la qualité de l'énergie, qui précise l'état d'esprit dans lequel est l'individu.

Comme le montre le schéma ci-dessus, on peut ainsi élaborer une matrice avec quatre états. L'enjeu de l'engagement est donc de monter le niveau d'énergie. En règle générale, cette libération d'énergie se fait séquentiellement suivant deux étapes :

* faire face à un défi, un challenge à relever qui peut générer une forme de peur, ou mettre au moins en tension vers un but nouveau à atteindre, un gain potentiel à obtenir (vaincre le dragon);

* rencontrer sa vocation, son talent profond, ce qui va générer du plaisir et donner du sens (la passion).

Les gens du cirque connaissent bien cette articulation défis/passions, ils le vivent comme une réelle aventure; une aventure humaine dont ils sont les héros, tendus vers un dépassement de soi, pour atteindre l'excellence dans leur art. Ils éprouvent en même temps un plaisir additif en vivant leur passion. C'est ce que Csikszentmihályi appelle «the flow», cette énergie qui circule avec puissance et qui fait oublier le temps qui passe. Nous avons tous, enfant, expérimenté cette sensation, ce phénomène du dépassement dans le plaisir, le temps s'arrête, un sentiment de bien-être profond s'installe. Ce monde est celui du cœur, de l'émotion, un monde où le mental rationnel n'a plus de prise comme dans un rêve.

MAIN DANS LA MAIN : CONFIANCE ET DISCIPLINE COLLECTIVE

Le cirque est un rassemblement d'individualités venues pour un projet commun, une aventure commune. Cette aventure ne peut être entière et réussie que si elle est partagée, ce qui suppose à la fois confiance et discipline collective.

L'école du cirque est une école du risque et de la confiance comme nulle autre. Sur la piste, impossible de se cacher ou de faire semblant : la performance est là ou n'est pas là, la sanction est au rendez-vous!

Parce qu'il va jusqu'au bout de lui-même et qu'il n'est pas infaillible, l'artiste joue gros, jusqu'à sa vie parfois. Le risque est son quotidien et pour le limiter, il doit faire preuve de concentration.

Combien de personnes dans les entreprises savent prendre à ce point des risques et vont savoir prendre des paris sur leur vie professionnelle? Nous avons plutôt l'habitude de voir des parapluies ouverts et des protections de toutes parts. La peur du risque est bien plus répandue que le goût du risque. Les artistes du cirque prennent – dans la plupart des spectacles – ces risques à plusieurs et doivent avoir une confiance absolue à la fois en eux et en leurs partenaires, qu'ils soient sur la piste ou dans les coulisses.

Le collectif ne peut fonctionner que si la confiance est là, elle est une condition de l'engagement. Avoir confiance, c'est être fidèle l'un à l'autre, mais c'est aussi, dans le cadre d'un collectif élargie, décider ensemble d'un but commun à atteindre. Oser la confiance comme le dit Vincent Lenhardt dans le livre portant ce titre, est un acte volontaire, avec une certaine prise de risque puisque c'est se confier à l'autre.

Prenons l'exemple des trapézistes, où l'un se lâche dans le vide et doit être rattrapé par son partenaire quelques secondes plus tard. La confiance doit être optimale, à la fois en soi sur la maîtrise du geste pour être dans le parfait tempo, mais en son partenaire pour qu'il le soit aussi.

Le cirque nous offre une multitude d'exemples de ce type dont il pourrait être bon de s'inspirer pour bâtir la confiance dans les entreprises où règne plus souvent la méfiance. Celle-ci y est plus répandue car y domine la peur. Or, la peur est extrêmement énergétivore. Nous sommes toujours surpris de voir dans les entreprises la quantité d'énergie dépensée par les collaborateurs pour se protéger, pour assurer leurs arrières, pour se défendre, se justifier... Tant d'énergie vitale est utilisée pour d'autres fins que l'objectif de l'entreprise. La peur, on le sait, engendre la méfiance, la résistance, elle génère de la rigidité et nuit à l'agilité. La confiance se diffuse en cascade et commence par le haut, elle nourrit chacun pour le laisser s'exprimer librement. La confiance peut être assimilée à une forme de perte de contrôle et c'est une des raisons pour lesquelles elle n'est pas évidente à développer.

Dans l'entreprise-cirque, la discipline va être le deuxième facteur de cohésion des équipes et va jouer un rôle également prépondérant. Avant toute chose, il est important de différencier l'obéissance de la discipline.

L'obéissance implique une relation de pouvoir avec une partie prenante donnant des ordres et l'autre les recevant. Pour reprendre le schéma connu de l'analyse transactionnelle, l'obéissance est une relation Parent/Enfant et la discipline est au contraire un contexte Adulte/Adulte, où des règles définies et acceptées a priori sont suivies volontairement sans exercice ou pression d'un pouvoir extérieur. La discipline est une affaire de disciple vis-à-vis d'une loi reconnue et acceptée. La sanction d'un manquement à l'obéissance est une punition, la sanction d'un manquement à la discipline est une annulation du contrat tacite ou explicite initial.

La discipline joue à deux niveaux :

* Un niveau individuel, où l'artiste s'astreint à un entraînement quotidien et extrêmement sérieux, à la fois pour continuer à savoir faire face à l'imprévu, mais aussi pour continuer à progresser. Cet entraînement est sa garantie de survie. L'entraînement peut parfois s'avérer difficile, douloureux et en regardant tel ou tel artiste dans cette «souffrance», on peut s'interroger sur la véracité des propos précédents parlant de plaisir. Sont-ils masochistes ?
Non, la souffrance dans cette logique n'en est pas une, car elle a du sens. La seule souffrance qui soit est celle qui est accompagnée d'absence de sens. L'artiste sait que son entraînement – même si son corps parfois hurle – est vital, à la fois parce que le progrès est son plaisir et qu'en s'entraînant il entretient son capital.

* Sur le plan collectif, la discipline est le respect de la loi, la loi du cirque et de ses valeurs, de ses codes, l'art et la manière de faire les choses pour

que chaque enchaînement de numéros compose au final un spectacle cohérent, fort et magique.

 La confiance est un facteur important de cohésion. La discipline oblige un suivi de codes communs, c'est une garantie de cohérence.
Comment se traduisent dans votre organisation, dans votre mode de management ces deux dimensions ?

LIBRES ENSEMBLE

Les gens du cirque sont souvent des «SDF», marqués par la bougeotte et les changements de lieux constants. Ils aiment le cirque pour ça, pour les changements permanents que cette vie leur procure, rompant sans cesse la monotonie du train-train de la vie sédentaire. Ce sont des nomades qui parcourent le monde de ville en ville pour l'amour du spectacle à produire chaque jour pour un nouveau public. Ils ont une forte culture du changement qui les affranchit de repères fixes et leur permet de ne pas s'attacher au passé : chaque jour est un jour nouveau et hormis leur art et leur famille, ils ont peu d'attaches ; la liberté est leur moteur, ils sont libres et les hommes libres ont toujours fasciné en même temps que dérangé ceux qui ne le sont pas ! Ils attirent l'intérêt autant que la peur, et c'est sans doute pourquoi les gens du cirque ont été taxés de marginaux.

Cette liberté s'exprime dans leur art, qui cherche à s'affranchir des contraintes, repousser les limites et transgresser les lois, qu'il s'agisse des acrobates défiant les lois de la pesanteur, du clown transgressant les règles de «bonne conduite», des dresseurs défiant l'instinct animal... La liberté est une condition de l'agilité et un article publié dans le journal *Mc Kinsey Quaterly*[1], montre avec plusieurs exemples la corrélation entre le degré de liberté existant dans une entreprise et sa capacité à s'adapter

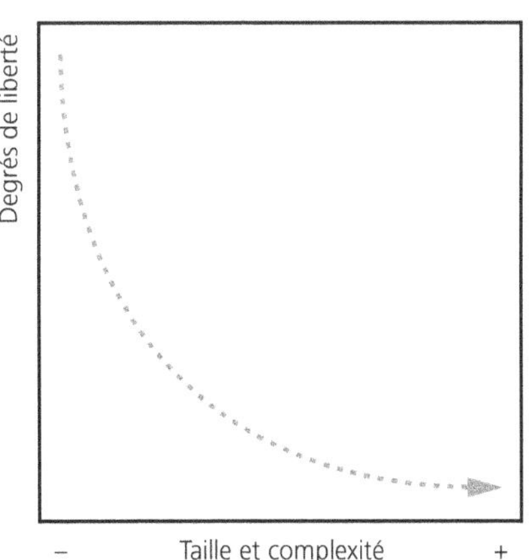

---

1. «The adaptative corporation», *The McKinsey Quarterly*, n° 2, 2006.

à des changements. Malheureusement, la capacité d'adaptation, l'agilité, est pratiquement toujours – et on le comprend aisément – inversement proportionnelle à la taille et donc au niveau de complexité de l'organisation. Dans une organisation, le niveau de contrainte croît presque inévitablement avec la complexité. Une entreprise agile est une entreprise capable de cultiver la liberté d'expression des individus, qui favorise l'expression individuelle des talents. L'idée de diversité va en ce sens et elle suppose une grande tolérance à la différence, une résistance à la tendance à l'uniformisation. Il est clair que la perfection n'est pas de ce monde et que, dans un système complexe, la liberté individuelle est un leurre et doit être intégrée dans une logique d'interdépendance. L'enjeu est avant tout d'arriver à libérer le maximum d'énergie dans un univers – quoi que l'on fasse – contraignant.

DU FROTTEMENT À L'ÉTINCELLE

> Une équipe où tous pensent la même chose est une équipe qui ne pense plus. Elle est morte !
> Robert Swan,
> explorateur polaire

L'énergie est au cœur de la dynamique d'engagement. Dans un système entropique tel que l'entreprise, savoir créer en permanence cette énergie vitale devient une question centrale. Chez Danone, l'agilité est une «religion», le fameux jeu de jambes prôné par la direction générale est une vraie discipline d'action. Franck Riboud encourage également tous ses collaborateurs aux frottements. Le frottement c'est la rencontre, l'échange, qui peut parfois être confrontant. Le frottement est plus fort quand il y a des rugosités, c'est-à-dire de la diversité. C'est du frottement que jaillit l'étincelle.

La question du sens est au cœur de l'engagement et pour revenir brièvement sur cette idée, dans le fond, pourquoi finalement vient-on dans l'entreprise ? Pourquoi se rendre sur un lieu précis alors que dans de nombreux cas nous pouvons travailler à distance ? Pour produire une voiture de plus, un meuble, vendre du service… ?

Pour être ensemble, pour agir et œuvrer ensemble !

Agir ensemble pour un projet commun produit du sens !

L'homme est un être sociable, chacun de nous a besoin de la rencontre et là réside peut-être le vrai sens du rôle de l'entreprise.

La rencontre est ce frottement que chacun vient chercher dans le travail.

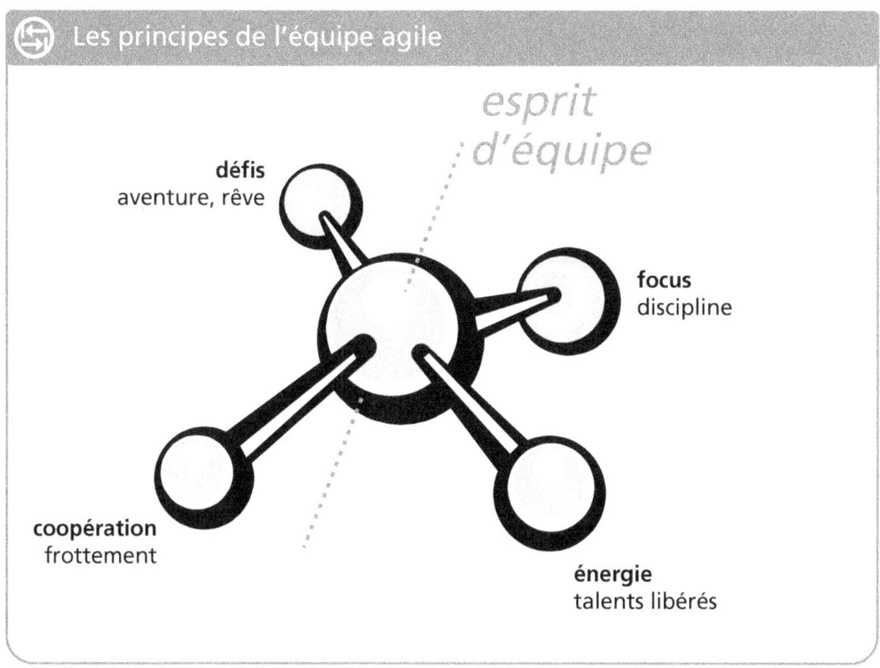

Le cirque est le lieu de frottement par excellence. La vie en famille y impose une promiscuité 24 heures/24 heures, le frottement y est permanent. Frottement dans les spectacles, frottement avec le public. La confrontation y est constante, la remise en cause immédiate. Les artistes sont sans filet !

 Combien d'entreprises favorisent ces frottements, ces lieux de rencontres, de débats, d'échanges, de dialogues vrais ? Dans combien d'entreprises peut-on remettre en cause ou challenger une décision ou certains points de la stratégie ?
Notre expérience nous montre que c'est encore assez rare. La peur de la remise en question règne souvent, la peur de voir des collaborateurs aux positions hiérarchiques moins importantes avoir de vraies idées est assez déstabilisante pour des directions, dont la légitimité du pouvoir repose sur le statut. Souvent, nous avons constaté des blocages et des rigidités de la part de directions qui souhaitent imposer des décisions dans une logique de contrôle *top down*. La rigidité du haut entraîne inéluctablement les mêmes effets en cascade et devient source de résistance dans l'ensemble de la structure. Les managers pensent encore souvent que leur rôle est de contrôler, de maîtriser et la peur de perdre la maîtrise se traduit le plus souvent par une directivité accrue et par conséquent une perte du dialogue et de l'échange : le frottement n'existe plus.

Circus management

LIBÉRATEUR D'ÉNERGIES

Dans les Circus Companies, le manager a un rôle particulier, qui n'est plus celui de commander et de contrôler, mais de libérer les énergies, les conduire et rassembler les conditions pour les développer. Son rôle est d'élever le niveau d'énergie de l'équipe.

Mobiliser et piloter par les enjeux

Notre expérience en animation de séminaires de cadres, cadres dirigeants et même membres de comité de direction de grands groupes, nous a montré un phénomène assez intéressant : individuellement, les personnes interrogées ont le sentiment d'être en haut niveau d'énergie, avec une répartition pouvant être différente entre combat ou passion. À vrai dire, le sentiment de passion est assez peu répandu. En revanche, la perception que les individus ont de l'énergie du collectif est une intensité très faible (résignation ou confort), avec souvent des différences générationnelles, les jeunes percevant les anciens dans le confort et les anciens voyant les jeunes dans la résignation.

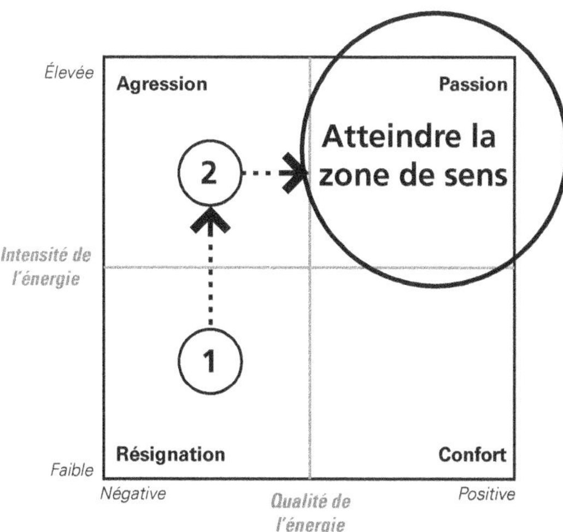

La leçon que nous tirons de cela est que, dans la plupart des entreprises, la grande majorité des collaborateurs a le sentiment de donner beaucoup d'énergie, d'être sans cesse sur la brèche à éteindre des incendies. Ce sentiment correspond sans doute à une réalité.

Entrer dans la zone de sens et de passion

Mobiliser par les enjeux ne peut durer qu'un temps, car le risque d'épuisement est fort. L'enjeu engendre une peur qui va se traduire par trois réactions possibles, les 3 «F» :

* le combat (fight);
* la fuite (flight);
* l'inhibition (freeze);

Dans le premier cas, à force de combat permanent, les individus se brûlent, ils puisent l'énergie au-delà de leurs ressources, et en perdent leur équilibre vital. On note – de nombreux ouvrages ont traité du sujet – globalement une croissance dans les entreprises du phénomène de *burnout* lié à la pression croissante des enjeux, combiné à des diminutions d'effectifs.

Dans le deuxième cas, ils quittent le plus souvent l'entreprise en démissionnant.

Dans la troisième situation, certains vont se sentir inhibés par la peur du combat et vont tomber dans la dépression en retournant l'énergie vitale contre eux-mêmes. Ces mécanismes de «dépression» sont en fait des moyens de protection contre des effets qui pourraient être beaucoup plus graves.

Par conséquent, une démarche plus individuelle d'accompagnement des collaborateurs dans la découverte de leurs talents, de leur zone de sens et de plaisir permettra d'accroître très sensiblement la durabilité de leur engagement. Cette approche, encore assez rare, tend à se développer dans de grands groupes, notamment au travers de structures d'accompagnement personnalisé avec, par exemple, des bilans individuels, du coaching, du soutien personnalisé, mais aussi une préparation plus adaptée à l'exercice du management pour mieux développer les talents.

CONDUCTEUR D'ÉNERGIES

Les équipes cirques sont constituées en fonction des projets, elles peuvent être éphémères et les artistes qui les composent ont besoin à la fois de renforcer les liens entre eux et d'adopter l'art et la manière d'être et de travailler ensemble. Autrefois sous la lumière des projecteurs, le manager est aujourd'hui davantage dans les coulisses, l'âme du système, le garant de l'esprit.

Le manager est un peu comme un chef d'orchestre pour des groupes de jazz, une formule inédite où la partition est écrite avec une liberté d'interprétation. Les travaux de Mihaly Csikszentmihályi, puis de Chris Bartlett et Sumantra Goshal par la suite (*Unleashing the organizationnal energy*), démontrent que trois composantes permettent d'atteindre collectivement ce qu'il appelle «the Flow» :

* une utilisation optimale des talents;

* des défis motivants;

* un focus simple et partagé : la discipline.

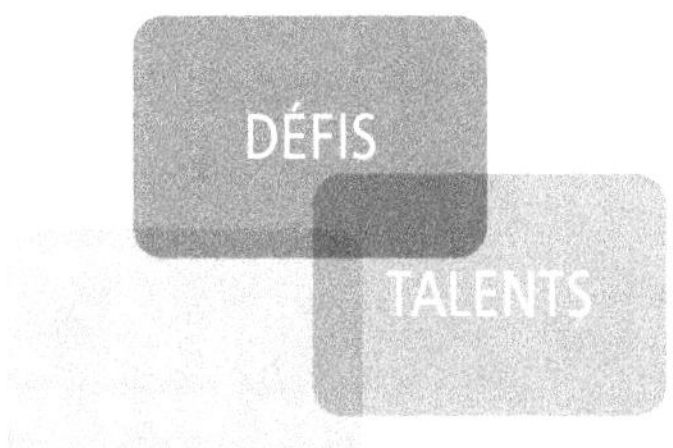

Cette troisième composante correspond à la capacité de concentration sur un objectif unique et commun. Csikszentmihályi s'est aperçu que les individus qui étaient dans cet état de plaisir profond dans l'action étaient très concentrés sur ce qu'ils faisaient et bannissaient toute forme de distraction superflue, toute forme de dispersion. En regardant les étoiles du cirque et la facilité déconcertante avec laquelle elles opèrent, on constate en réalité une concentration extrêmement forte. Comme dans toutes les disciplines de haut niveau, qu'elles soient sportives ou artistiques, le chemin de la performance passe par un centrage indispensable. Sur un plan collectif, l'artiste se concentre sur la vision partagée, à la fois du numéro à accomplir, mais aussi de sa contribution à l'ensemble du spectacle.

UN PROF DE STRETCHING : AIDER LES GENS ORDINAIRES À FAIRE ENSEMBLE DES CHOSES EXTRA-ORDINAIRES...

Les meilleures équipes ne sont pas nécessairement constituées des meilleurs éléments. Ginola ou Cantona n'étaient pas dans l'équipe qui gagna la Coupe du Monde de football en 1998. Le succès d'une équipe est le résultat d'une alchimie paradoxale où se combinent les talents qui – additionnés – se multiplient.

Dans les sociétés de service plus encore que dans les autres secteurs, l'actif principal est les collaborateurs et leurs talents. Dans notre réflexion, nous différencions la notion de talent de celle de compétence. Les talents étant dans notre conception de l'ordre de l'inné, de l'unicité de la personne, alors que la compétence relève davantage de l'ordre de l'acquis. Bon nombre de politiques RH dans l'entreprise se consacrent à la gestion et au développement des compétences en utilisant des outils dédiés tels que 360° ou référentiels de compétences. Ces approches sont souvent la négation des talents individuels et ont parfois des effets secondaires contre-productifs. L'institut de sondage américain Gallup a d'ailleurs démontré que le 360°, en focalisant le plus souvent sur les carences plus que sur les capacités, avait clairement des effets démotivants. Les référentiels de compétences, quant à eux, en visant une harmonisation des compétences clés ont tendance à renier les aspirations individuelles profondes et à créer un nivellement uniforme, privant l'entreprise du «génie» et de la passion de ses collaborateurs.

> Il faut beaucoup d'énergie pour accoucher d'une étoile.
> Einstein

L'agilité et la compétitivité des entreprises passent par l'expression optimale de tous les talents qui – souvent inexploités – s'expriment en dehors. On est souvent très surpris d'apprendre que tel ou tel collaborateur est champion d'échecs, un dessinateur hors du commun, un passionné d'écriture... et qu'il possède de vraies dispositions qui pourraient être utiles et restent ignorées.

La question se pose alors de savoir comment passer d'une logique centrée sur les compétences – avec le risque de banalisation évoqué plus haut – à une vraie démarche de développement des talents permettant d'accroître le caractère différenciant de l'entreprise.

La logique du cirque s'inscrit exactement dans cette démarche. La notion de compétences existe bien sûr, mais on y parle surtout de talents, d'étoiles. Chaque étoile est unique et brille, éclairant la piste de ses exploits. Le Cirque du Soleil, par exemple, chasse les meilleurs artistes dans le monde entier et encourage chacun à cultiver et à développer ses talents avec son «incubateur de talents» basé dans le quartier Saint Michel au nord de Montréal.

Dans ses travaux, Mihaly Csikszentmihályi a montré, à partir des logiques de défis et de talents comment on peut développer les talents, les étendre (*stretching skills*). Lorsque le niveau de défi est trop important, l'individu entre dans l'angoisse : imaginez que, du jour au lendemain, on vous inscrive au marathon de New York alors que vous ne vous entraînez qu'une fois par mois sur 10 km. Au contraire, si vous êtes un coureur de fond averti et que des amis vous proposent un jogging dominical de 7 km, vous allez vous ennuyer.

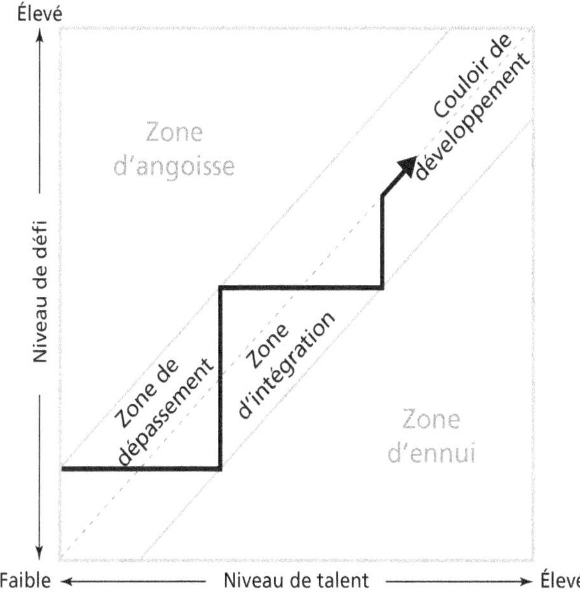

Il existe une zone de développement des talents qui consiste à répondre à des défis qui, certes, vont nécessiter un dépassement de soi et par conséquent une certaine «douleur», mais acceptables. Cette zone est la zone de dépassement. Toujours dans ce couloir, il y a une zone qui est celle de l'intégration : après le dépassement de soi vient le temps du repos pour l'intégration physique, émotionnelle et mentale de l'expérience. Prendre du recul pour intégrer l'expérience permet de consolider le talent et de l'accroître. Ainsi, un manager qui voudra développer les talents de son équipe devra veiller à proposer des défis atteignables et des plages de récupération active (faire le point sur l'acquis pour le conscientiser), pour ensuite fixer et repartir sur de nouveaux défis. L'art du manager tient donc à l'écoute profonde qu'il aura à la fois des talents et des potentiels de chacun pour le conduire dans ce couloir de développement et ainsi éviter le départ du collaborateur pour cause soit d'angoisse (dépression, *burnout*...) ou d'ennui.

FÉDÉRATEUR D'ÉNERGIES : AGILES... ENSEMBLE

Dans le cirque, au-delà des individus, c'est l'ensemble de la famille qui est agile. La raison en est simple : chaque individu est focalisé sur le même objectif. Transposé en termes d'entreprise, cela signifie que la vision est claire et partagée.

Ce n'est pas le cas de toutes les entreprises, loin s'en faut : d'après une étude menée par deux professeurs de la Harvard Business School (Nohria et

Joyce), dans 80 % des entreprises les collaborateurs ne comprennent pas la stratégie !

Le sentiment d'isolement et de solitude face aux défis quotidiens, l'absence de sens collectif, peuvent souvent donner aux individus une impression d'être isolés dans l'effort et générer un jugement de passivité sur l'ensemble du collectif. C'est à ce moment-là que la démobilisation guette et il est courant de voir les individus passer de périodes d'intense mobilisation (haute pression et zone d'angoisse), à des périodes de déconnexion ou de lassitude. La question se pose donc de savoir comment mobiliser le collectif autour d'un enjeu, d'un combat commun, à mener ensemble.

Le concept stratégique doit être porteur d'un projet qui passionne le plus grand nombre. Cet enthousiasme ne se décrète pas et le dirigeant, pour y parvenir, doit identifier ce qui peut passionner les employés et leur proposer un projet en conséquence, et non les prier de partager une passion issue de sa seule vision. L'envie des collaborateurs d'Apple de contribuer à un monde différent, de ceux de Gillette de transformer de simples rasoirs en outil de haute technologie ou de Nature & Découvertes de participer à la protection de la nature sont pour beaucoup dans la réussite incontestable des stratégies mises en place par ces sociétés.

En revanche, être n° 1 ou bien atteindre un certain niveau de rentabilité… (comme on le voit souvent dans de nombreuses entreprises) n'est pas un enjeu suffisamment mobilisateur en soi sur la durée, car la dimension vitale ou utile est absente. Un projet capitalistique est vide de sens pour les collaborateurs, à moins d'être fortement impliqués dans le capital. Or, de nombreux projets sont plus capitalistiques qu'industriels et font primer les intérêts des actionnaires avant le reste. Cela se traduit par un désengagement de la base sédentaire et un départ des talents rares qui ne trouvent pas d'accroche identitaire.

Il existe aujourd'hui des techniques d'animation très efficaces permettant de mobiliser un grand nombre de collaborateurs en même temps autour des enjeux clés et de les aider à choisir eux-mêmes leurs défis à relever. Nous sommes toujours très surpris de voir alors le niveau d'énergie monter durablement. Ces approches simples sont essentiellement inspirées des travaux de Peter Senge (auteur de *La cinquième discipline*) inventeur de l'organisation apprenante.

Le Cirque du Soleil est un exemple assez significatif de cette convergence du collectif autour d'un objectif simple : la création dirige de fait toute la production, le budget, les délais, et non l'inverse. Plus de 70 % des profits y sont réinvestis chaque année. Et les artistes, matière première des créations, y sont particulièrement choyés. Tous sont au service de la création et toute liberté est possible si c'est au service de cet objectif.

On retrouve certains de ces aspects dans *Good to great* de James Collins, avec ce qu'il appelle le «concept hérisson» ou *hedgehog concept* qui regroupe trois composantes : la passion (proposer un projet mobilisateur), l'unicité (refléter ce que l'entreprise peut faire mieux que tous ses concurrents) et le moteur économique (mettre en évidence les éléments critiques de la rentabilité).

Dans l'entreprise, l'un des défis du management d'équipe est d'arriver à créer les conditions d'expression de liberté dans un univers de contraintes, d'aider à trouver les espaces où chaque membre de l'équipe va pouvoir optimiser son degré de liberté et accepter la contrainte comme un moyen de dépassement de soi. Le dosage liberté/contrainte n'est pas évident et se trouve facilité par plusieurs facteurs qui caractérisent une forme de management encore assez peu pratiquée, un management où le responsable n'est pas nécessairement hiérarchique au sens traditionnel du terme, mais exerce plutôt un rôle de régulateur, de facilitateur et de soutien, il est le représentant de l'esprit, du code génétique ou de la culture : il incarne *the way*. Il est le garant des valeurs, de l'art et la manière, du style et les équipes sont, elles, sélectionnées pour donner la meilleure performance dans ce cadre.

Ce dernier point est crucial : le management est souvent perçu comme une fonction de contrôle. Or, manager des individus libres passe par d'autres leviers que le contrôle, qui les bride dans le meilleur des cas, ou les fait partir dans le pire des cas. Les leviers des individus libres sont essentiellement la passion et le plaisir et nous y reviendrons. Malgré tout, le management d'un collectif dans un esprit de liberté obéit à des règles précises et suppose des conditions particulières.

La culture, dans son ADN, doit porter à la fois cette liberté, mais également des valeurs extrêmement fortes guidant l'action collective. Les questions du sens, de la vision et de la stratégie sont parfaitement intégrées et portées par les collaborateurs. Enfin, l'organisation souvent décentralisée permet des prises d'initiatives rapides et fortes. Dans ces circonstances, ce n'est pas tant le dessin de l'organisation qui compte (au sens de l'organigramme et de la structure), mais bien plus le dessein, c'est-à-dire le sens.

> J'avais peur d'être obligé d'entrer dans un moule. En fait nous avons une très grande liberté. Au Cirque du Soleil, règne un grand respect pour les méthodes de travail propres à chacun et une capacité étonnante pour opérer des changements.
>
> Jean Rabasse, chef du spectacle Cortéo du Cirque du Soleil

À titre d'exemple, pour prendre l'une des entreprises les plus performantes au monde, la dynamique d'adaptation de L'Oréal et sa croissance sont sans doute liées à ces facteurs. La mobilité y est extrêmement forte, la diversité des cultures, des générations et des métiers y est une réalité et les collaborateurs y sont extrêmement responsabilisés, malgré une culture assez directive et très normée.

Le cas Sony

Sony offre un bel exemple décrit par Shu Shin Luh dans un ouvrage intitulé *The Sony Way*, qui décrit les ingrédients du succès de la firme japonaise mondialement connue : Sony sait gérer à la fois le court terme et le long terme, convaincue de l'actif que représentent ses collaborateurs, n'a de cesse de les développer. Sony est une famille et la marque a une relation durable avec ses employés. La tolérance à l'erreur y est si forte qu'en 1957, Kazuo Iwana, responsable de la conception des postes radio à transistors a failli causer la faillite de l'entreprise en allant trop vite dans la production de produits dont les tests n'étaient pas finalisés. Ce n'est qu'après avoir produit plusieurs milliers de produits que Sony s'est rendu compte que pas un ne marchait. Iwana n'a pas été licencié et il a même succédé à Morita en 1997 à la présidence de Sony. La liberté se manifeste au travers de la confiance donnée à l'intuition : pratiquement pas d'études de marché chez Sony, qui affirme que les clients ne connaissent pas leurs besoins nouveaux et ont du mal à imaginer des produits différents de ceux qu'ils utilisent habituellement. Sony encourage donc ses collaborateurs à inventer en sortant des sentiers balisés. Cette approche a permis depuis longtemps à Sony de créer des marchés nouveaux dont le plus bel exemple est sans doute le Walkman lancé contre l'avis même du responsable marketing.

La fonction «hiérarchie» requiert de nouveaux profils de managers éthiques humainement, ne restant plus adossés sur le confort de leur pouvoir pour s'orienter vers le développement d'un contexte favorable aux processus d'apprenance individuels et collectifs et ceci, en symbiose avec les stratégies de l'entreprise. Ce qui n'est pas simple car les dirigeants d'entreprise sortent tous du même moule, mais, reconnaître que la connaissance est véhiculée et enrichie par l'homme est un excellent début.

Le management va continuer à évoluer profondément dans les années à venir. Le rôle du manager se transforme : pour la base à «mobilité restreinte», il va devoir trouver les leviers permettant de tenir engagées des personnes qui ne restent en définitive le plus souvent que pour la sécurité et le salaire et, pour l'élite intermittente, des projets toujours mobilisateurs.

Mobile et parfois à distance, il va aussi devoir composer avec des paradoxes accrus, comme la responsabilité de l'équipe sans pouvoir en avoir vraiment le contrôle. Le manager va-t-il devoir devenir une forme de sage, dans une forme de lâcher prise, va-t-il donner à chacun sa chance de grandir dans l'expérience ?

✉METAMAILEUROSERVERP2PVIRTUALINK//PARIS(ØF)OUTBOUND//DATE=1510
2033-20:11(GMT+1)/WWREP /00024007970HW36 KZ024////////////////

PARIS, LE 15 OCTOBRE 2032

ANGIE,

JE VOIS QUE TU GAMBERGES TOUJOURS AUTANT, TOI! TU DEVRAIS STOPPER LA MACHINE À PENSER DE TEMPS EN TEMPS ET EN PROFITER JUSTE POUR PROFITER DE LA NATURE.
TU VAS RÊVER, MAIS C'EST CE QUE JE VIENS DE FAIRE, J'AI DÉCONNECTÉ : PLUS DE PENSÉE, LE REPOS DU CERVEAU. JE REVIENS DE 3 SEMAINES D'INITIATION AVEC DES CHAMANS AU PÉROU, DES MAGICIENS!
UN RETOUR À NOTRE MÈRE NATURE COMME TU NE PEUX PAS IMAGINER, AVEC DES GUÉRISSEURS INDIENS QUI PRATIQUENT DES TECHNIQUES DATANT DE MILLÉNAIRES.
DES RITUELS, DES PLANTES, ILS TE SOIGNENT LES MÉMOIRES SOMATIQUES, TOUT CE QUE TES CELLULES ONT ENGRANGÉ DEPUIS TA NAISSANCE EN EXPÉRIENCES ET QUI FONT CE QUE TU ES AUJOURD'HUI. TU SAVAIS QUE TES CELLULES DÉTENAIENT AUSSI LES MÉMOIRES DE TES ANCÊTRES ET QU'EN QUELQUE SORTE, ILS VIVENT EN TOI?
UNE DES PLANTES S'APPELLE L'AYAHUESCA, UNE PLANTE VISIONNAIRE QUI T'EMMÈNE AU FOND DE TOI ET DE TON HISTOIRE. ON EST BIEN LOIN DU MONDE ARTIFICIEL CONSTRUIT AUJOURD'HUI, ET C'EST LÀ AUSSI QUE J'AI PRIS CONSCIENCE DE LA PUISSANCE DE LA NATURE. UNE SEMAINE SANS MANGER ET SEUL EN PLEINE JUNGLE... TU VOIS NOTRE TECHNOSPHÈRE AVEC UN AUTRE REGARD. LA PLANTE M'A DONNÉ DE NOMBREUX ENSEIGNEMENTS ET M'A EXPLIQUÉ QUE NOUS SOMMES PERDUS DANS LE MONDE DE LA PENSÉE QUI NOUS ÉCARTE DE CELUI DU CŒUR. J'Y AI VU TANT D'AUTRES CHOSES SUR L'HUMANITÉ, SON HISTOIRE ET SON SENS.
J'Y AI VU DES MAGICIENS QUI TRANSFORMENT DES GENS PAR LEURS CHANTS. DES REGARDS QUI CHANGENT, DES DÉMARCHES QUI SE TRANSFORMENT, DES VISIONS DU MONDE QUI NE SONT PLUS JAMAIS LES MÊMES. FRANCHEMENT TU DEVRAIS ESSAYER...

EN PARLANT DE MAGICIENS, JE PEUX TE DIRE QUE MON BOSS, C'EN EST VRAIMENT UN! IL EST DANS LA DROITE LIGNE DE BRANSON! CE MEC, IL NE PENSE PAS COMME LES AUTRES, À CHAQUE PROBLÈME IL T'AIDE À TROUVER UNE SOLUTION À LAQUELLE TU N'AURAIS JAMAIS PENSÉ. PAR EXEMPLE, ON ÉTAIT CONFRONTÉ À UN VRAI PROBLÈME DE PROXIMITÉ ENTRE LES FILIALES ET LE SIÈGE SOCIAL. ÇA COÛTAIT CHER DE FAIRE VENIR AU SIÈGE TOUS CES COLLABORATEURS POUR LES RÉUNIONS. ALORS LE SIÈGE S'EST INSTALLÉ DANS UN AVION, TROIS JOURS PAR SEMAINE NOUS SOMMES À PROXIMITÉ DES FILIALES! UN SIÈGE SOCIAL VOLANT! AVEC LES PROGRÈS DE LA SÉCU? LE PLUS ÉTONNANT EST L'UTILISATION DES PLANTES POUR GUÉRIR DES MALADIES GRAVES, LES LABOS DEVRAIENT BIEN S'EN INSPIRER.

BONNE CHANCE À NOUS!

POUR TOUJOURS,

LAOSA

ENDMSG'VERISIGN//00024007970HW36-KZ024 ‖‖‖‖‖‖‖‖‖‖‖‖‖‖‖‖‖

Commencez par changer en vous ce que vous voulez changer autour de vous.

Gandhi

Les magiciens

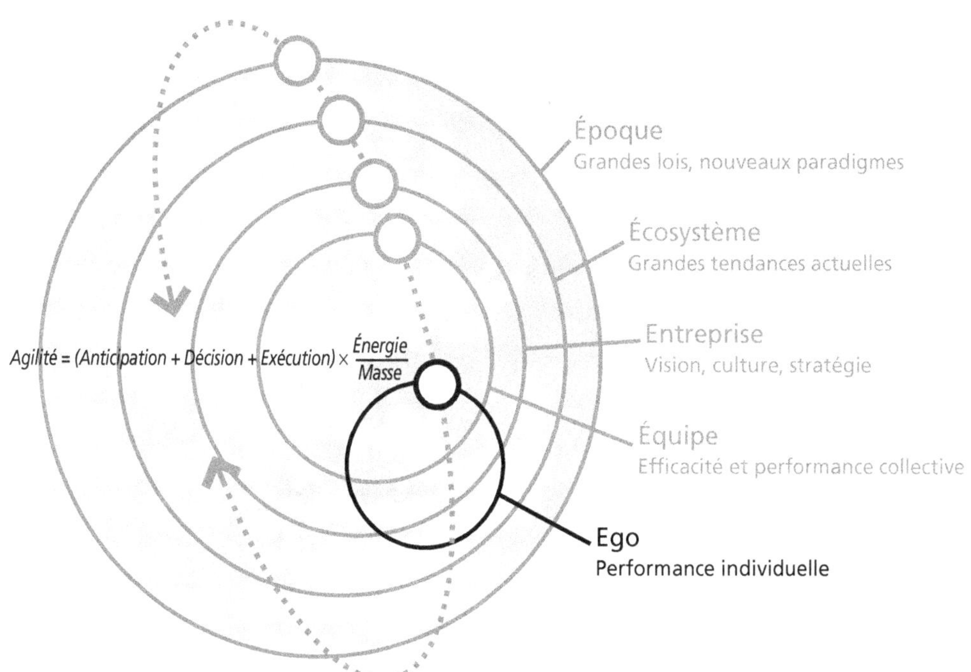

Au fur et à mesure que les liens se resserrent entre nous, de gré ou de force comme nous avons tenté de l'illustrer tout au long de ce livre, nous accédons sans exception à la position de magicien, capable d'influencer le monde. Comme disait l'oncle de Peter Parker dans le film *Spider Man*, «à grands pouvoirs, grandes responsabilités». Nous devenons tous acteurs du changement, que nous le voulions ou non.

Dans notre vie quotidienne au travail, nous nous devons d'avoir un rêve pour l'avenir, né de la connexion intime avec notre environnement et le partager avec ceux qui nous entourent. Cela requiert du courage et de l'humilité : une volonté de s'engager au quotidien.

Portraits...

« À tous ces fous, les marginaux, les rebelles, les anticonformistes, les dissidents... Tous ceux qui voient les choses différemment, qui ne respectent pas les règles. Vous pouvez les admirer, ou les désapprouver, les glorifier, ou les dénigrer, mais vous ne pouvez pas les ignorer. Car ils changent les choses. Ils inventent, ils imaginent, ils explorent. Ils créent, ils inspirent. Ils font avancer l'humanité. Là où certains ne voient que folie, nous voyons du génie. Car seuls ceux qui sont assez fous pour penser qu'ils peuvent changer le monde, y parviennent. » Extrait de la publicité Apple

Anonymes ou personnages connus, les magiciens sont plus nombreux qu'on le croit, hommes et femmes politiques, d'entreprises, hommes et femmes tout simplement, ils laissent toujours une trace là où ils passent, une forme de mythe qui perdure et rend leur magie parfois plus grande encore.

MERLIN L'ENCHANTEUR

Beaucoup d'événements nous ont coupés de la nature profonde des choses au cours du temps et nous ne savons finalement plus vraiment l'écouter. Le magicien est celui qui entend ce que les autres n'entendent pas, celui qui voit ce qui est invisible aux yeux des autres. Grâce à ses dons, sa perception d'autres réalités, il détecte des signaux et peut en déduire l'avenir et le communiquer. Merlin est non seulement magicien, mais également prophète, il est le maître de la forêt, l'homme sauvage pur qui a su retrouver l'équilibre des temps mythiques où l'homme vivait en harmonie avec la nature. C'est un sage qui est mû par une certaine conception du monde et de la vie, par un idéal : réconcilier l'homme et la nature (au sens de son environnement). Merlin se démarque de la société de son temps car il veut retrouver la réalité nouvelle : celle de la nouvelle alliance. Celui qui passe pour fou dans son époque, s'avère avec le temps en définitive résolument sage.

Merlin sait que le monde ne peut être durable que si les rapports si délicats entre les êtres et les choses, reposant sur un équilibre toujours remis en cause, sont respectés. En ouvrant les voies qui mènent vers l'avenir, il donne et porte le sens et sait montrer quelle serait notre condition humaine si nous savons lâcher notre orgueil à vouloir à tout prix dominer le monde.

HILDEGARDE VON BINGEN

Hildegarde von Bingen fut une personnalité hors du commun du XIIe siècle. Dixième enfant d'une famille noble très croyante, elle entre au couvent des bénédictines de Disibodenberg sur le Rhin à l'âge de 8 ans et prend le voile à 14 ans. Fait inédit pour l'époque, elle est élue abbesse à l'âge de 38 ans, et commence à consigner ses visions quelques années plus tard. Religieuse et mystique, elle fonde plusieurs monastères et couvents, et elle écrit de nombreux ouvrages reconnus tant par le Pape que dans tout l'Occident.

En parallèle, quelques siècles avant Léonard de Vinci, elle sera à la fois médecin, musicienne, et une éducatrice lucide et engagée dans le combat des femmes. En tant que médecin la plus importante de son époque, elle écrit des livres qui préfigurent les idées à venir sur la circulation du sang et les caractéristiques du système nerveux. Les médicaments qu'elle utilise pour les diverses maladies révèlent chez elle une vaste connaissance de la pharmacologie et des herbes. Elle entretient une correspondance volumineuse avec les plus grands penseurs et participe à tous les débats politiques et religieux de son époque. Elle inspire Dante par sa conception holistique de l'univers, fondée sur l'unité du corps et de l'esprit. Au cours de sa vie, elle produira une œuvre immense, consignant dans des livres denses ses visions, l'expression musicale et poétique de ses soixante-dix chants et hymnes, la richesse de sa correspondance, l'élaboration d'une langue et d'un alphabet nouveaux, deux ouvrages médicaux, les seuls au XIIe siècle, tout cela constituant une véritable encyclopédie des connaissances du temps en matière de sciences naturelles et de médecine. Elle consacre également sa vie à l'éducation et au développement intellectuel des religieuses, partageant avec elles sa soif de connaissances et d'harmonie.

Elle fut parmi les premiers saints pour lesquels une procédure officielle de canonisation fut appliquée, quelque temps avant que l'Église n'entame sa chasse aux sorcières...

ROSA PARKS

Rosa Louise McCauley Parks (1913-2005), était une couturière noire qui devint une figure emblématique de la lutte contre la ségrégation raciale aux États-Unis, ce qui lui valut le surnom de Mère du mouvement des droits civiques de la part du Congrès américain. Elle est devenue célèbre car le 1er décembre 1955, à Montgomery (Alabama), elle a refusé de céder sa place à un passager blanc dans un bus. Arrêtée par la police, elle se vit infliger une amende et fit appel de ce jugement. Un jeune pasteur noir inconnu de 26 ans, Martin Luther King, lança alors une campagne de protestation et de boycott contre la compagnie de bus qui dura 381 jours. Le 13 novembre 1956, la Cour suprême cassa les lois ségrégationnistes dans les bus, les déclarant anticonstitutionnelles.

Par la suite, Rosa Parks devient une icône pour le mouvement des droits civiques. Elle se joindra à l'équipe du représentant démocrate du Michigan, l'Afro-Américain John Conyers à la Chambre des représentants des États-Unis pour lequel elle travailla de 1965 jusqu'à sa retraite le 30 septembre 1988. Ce combat contre les discriminations déboucha en 1964 avec le Civil Rights Act, loi qui interdit toute forme de discrimination dans les lieux publics, et en 1965 avec le Voting Rights Act qui supprima les tests et autres taxes pour devenir électeur aux États-Unis.

KARL MARX

Une vie hors du commun, une œuvre hors du commun, cet homme a transformé le XXe siècle. Marx est avant tout un journaliste. Philosophe, économiste et militant politique. Chacun connaît son combat politique et sa réflexion fondée sur la lutte des classes (exploitants et exploités) comme moteur de l'histoire. Il prône le matérialisme dialectique qui se caractérise par le primat de l'histoire (tout évolue), le progrès venant de contradictions résolues, l'action réciproque des choses les unes sur les autres, le progrès par bonds, par crises brusques et soudaines (révolutions). Il préconise une organisation internationale du prolétariat pour s'emparer du pouvoir et, après une période de transition (dictature du prolétariat), conduire à l'abolition des classes et la disparition de l'État (communisme). Karl Marx prédit la fin de la société actuelle où le capitalisme se détruira lui-même, permettant ainsi l'avènement d'un état ouvrier. Karl Marx crée avec Engels La Ligue des communistes en 1847 et rédige avec lui le *Manifeste du parti communiste*. Après l'échec de la révolution allemande en 1848, il s'exile à Londres où il mène en parallèle son activité militante (animation de la première «Internationale ouvrière») et la rédaction de son œuvre majeure, *le Capital*, qu'il laisse inachevée.

Que l'on adhère ou non à sa philosophie, Marx avait une vision, une conception du monde. Sa pensée donnait un sens à l'action et visait à projeter l'humanité dans un futur meilleur à ses yeux. Toute sa vie fut un combat pour ses idées, à aucun moment il ne fit un seul compromis et il resta jusqu'au bout fidèle à ses convictions. Il fit preuve d'un courage extraordinaire, vivant dans une pauvreté absolue (soutenu toute sa vie par Engels), perdant deux de ses enfants, poursuivis par les polices allemandes, rejeté par ses pairs. Marx a donné sa vie à défendre sa philosophie, il a engendré une nouvelle vision du monde ouvrant d'autres possibles et entraînant dans son sillage d'autres penseurs, hommes politiques, se concrétisant par la révolution d'octobre 1917.

MAHATMA GANDHI

Issu de la caste des Vayshia et de famille relativement aisée, Gandhi est né le 2 octobre 1869 à Porbandar dans l'État du Gujerat. Enfant, sa mère lui inculque les valeurs hindouistes mais il apprend aussi à connaître les autres religions et la tolérance à leur égard. C'est sans doute pendant cette période que se forgent les convictions morales de Gandhi.

Conformément aux coutumes de sa caste, il est marié à 14 ans avec Kasturbai qui restera son épouse toute sa vie. Convaincu qu'il doit rompre avec les coutumes de l'Inde en copiant le style de vie des Anglais, il s'embarque pour l'Angleterre en 1888 pour y faire ses études de droit en laissant femme et enfant.

C'est en Angleterre que Gandhi va s'imprégner de différents courants religieux et qu'il lit les principaux textes de l'hindouisme, notamment la Baghavad-Gita qui l'influencera profondément. Il rentre après trois ans, avec son diplôme d'avocat. Son combat pour la justice et la libération des Indiens et de l'Inde démarre en 1893 lors de son expérience en Afrique du Sud qui durera 11 ans, et où Gandhi ne cessera de s'opposer aux lois. Il y écrira son premier livre dans lequel il développe les théories du combat par la non-violence : la satyagraha.

De retour en Inde, il va se lancer dans un combat non violent pour libérer le pays de l'exploitation coloniale par l'empire britannique et tenter l'union impossible, celle des hindous et des musulmans.

Soutenu par le parti du Congrès et par les musulmans, il appelle à la non-coopération avec l'administration britannique et se prononce pour le boycott des produits textiles d'origine européenne, des écoles, tribunaux, et produits britanniques. Il fait bouger l'Inde entière et ses manifestations silencieuses font grand bruit dans le monde entier telle la fameuse «marche du sel» en 1930. Malgré sa popularité et son influence il ne parviendra pas à empêcher la rupture de l'union sacrée entre les hindous et musulmans : malgré son jeûne protestataire, les Indes se divisent en deux États, et en 1947 Lord Mountbatten annonce l'indépendance de deux nouvelles nations : le Pakistan et l'Inde.

On assiste alors à l'exode meurtrier de plusieurs millions de personnes. Les meurtres, les règlements de compte en tout genre feront entre un et deux millions de victimes.

Le 30 janvier 1948, la 5e tentative d'assassinat aura raison de lui, un extrémiste abat le Père de la Nation Indienne à Delhi. Aujourd'hui encore l'empreinte de Gandhi est vivante en Inde même si la société juste, égalitaire et non violente dont il avait rêvé reste à construire. La vision de Gandhi était la libération de l'Inde du colonialisme anglais par des actions non violentes. Tout son chemin a été fidèle à sa conviction profonde, jamais il n'a dévié, son idéal était plus important que sa vie.

AUNG SAN SUU KYI

Fille du leader de la libération birmane Aung San (assassiné en 1947), Suu Kyi est née à Rangoon en 1945, juste avant que la Birmanie ne se libère de la tutelle colonisatrice de la Grande-Bretagne. Sa mère est diplomate et Suu Kyi est élevée en Inde et en Grande-Bretagne. Elle fait des études de philosophie, d'économie et de sciences politiques à Oxford. Elle poursuit une carrière académique jusqu'à ce qu'elle rentre en Birmanie, en 1988, pour soigner sa mère malade. En juillet 1988, le général Ne Win, à la tête de la junte militaire depuis 1962, est obligé de démissionner. Les troubles qui suivent cet événement sont brutalement réprimés par l'armée et le régime totalitaire est maintenu. Influencés par la philosophie et les idées du Mahatma Gandhi et de Martin Luther King, Suu Kyi et ses amis politiques fondent, en 1988, la Ligue nationale pour la démocratie (LND). Son engagement, non violent, en faveur de la mise en place d'un régime démocratique lui vaut un grand succès auprès de la population. Ce succès va amener, en 1989, la junte militaire au pouvoir à assigner Suu Kyi à domicile afin de diminuer son influence, mais cette mesure ne va pas empêcher la LND de remporter presque 80 % des sièges lors des élections de 1990. Les militaires au pouvoir vont refuser le résultat démocratique sorti des urnes et vont au contraire augmenter la répression et les persécutions vis-à-vis de l'opposition et des minorités ethniques. Malgré cela, Suu Kyi, appelée «la Dame», continue de résister. Pour son combat et sa conviction, elle a reçu le prix Nobel de la paix en 1991.

RICHARD BRANSON

Tout ce qu'il fait est hors du commun. Marié, deux enfants, Richard Branson est une personnalité très populaire en Grande-Bretagne. Fondateur et président de Virgin, c'est un aventurier en affaires comme dans la vie. Il a été le premier à traverser l'Atlantique et le Pacifique en montgolfière. Il a battu le record de traversée de l'Atlantique en hors-bord et celui de la Manche... en voiture amphibie. Sa vie est une aventure !

Richard Branson a débuté dans la presse et la musique rock, il s'est diversifié dans la distribution, puis s'est lancé dans le transport aérien, les téléphones mobiles, les trains et aujourd'hui le tourisme spatial. Rebelle, star de la pub, milliardaire engagé dans l'humanitaire, il est peut-être le patron le plus populaire du monde. C'est un visionnaire doué dans les affaires qui pense le monde autrement. Sa seule vraie stratégie : des projets aux dimensions internationales où il pense pouvoir proposer une approche nouvelle. Son credo : «Je ne lance jamais un produit s'il n'apporte pas quelque chose de nouveau.» Ce n'est pas tant son approche stratégique qui semble le porter vers la réussite que sa capacité à attirer autour de lui des équipes atypiques désireuses de vivre une aventure hors du commun. S'il avait eu une stratégie préétablie, il ne serait par exemple probablement jamais investi dans le transport aérien, puisque tous ceux qui avaient cherché à casser le système des compagnies nationales avaient fait faillite. Freddie Laker, le célèbre pionnier des vols charters et fondateur de Laker Airways, avait été mis K0 par British Airways juste avant le lancement de Virgin Atlantic.

STEVE JOBS

Steve Jobs a reçu la médaille nationale de la technologie en 1985, le Jefferson Award pour service public en 1987 et a été nommé entrepreneur de la décennie en 1989 par le *Inc.* magazine.

> L'innovation n'a rien à voir avec votre niveau d'investissement en R & D. Quand Apple lança le Mac, IBM dépensa au moins cent fois plus que nous en R & D. Ce n'est pas une question d'argent. Tout est une question de personnes, qui sont vos collaborateurs et comment vous les dirigez, et le contexte que vous créez.
>
> Steve Jobs, *Fortune*, 9 novembre, 1998

Enfant adopté, il a décroché très vite du collège, préférant suivre des cours de calligraphie. Il rencontre Steve Wozniak à l'âge de 13 ans et tente de vendre une combine que son ami a inventé pour téléphoner gratuitement (le *blue box*). Ils abandonnent vite cette activité plutôt risquée... Très attiré par les philosophies orientales, Jobs part en Inde pour s'initier aux philosophies contemplatives. Il revient en Californie pour gagner sa vie et entre comme employé chez Atari où il crée avec Wozniak le jeu vidéo. Le 1er avril 1976, les deux hommes fondent avec très peu de moyens la société Apple. Le talent de visionnaire de Jobs associé au perfectionnisme de Wozniak fait naître une nouvelle industrie : l'informatique personnelle.

Ils se séparent en 1981 pour des raisons de visions divergentes sur le devenir d'Apple. Jobs reste chez Apple jusqu'en septembre 1985, après que John Sculley ait réussi à persuader le conseil d'administration d'Apple de l'écarter de la direction de la firme. Jobs préfère démissionner et va fonder Next. Après un départ catastrophique, Next décolle et devient NeXT Software. Il vend des licences WebObject aux plus grands noms de l'industrie (Nike, Disney...).

En 1986, Jobs rachète la division informatique de LucasFilm, rebaptisée Pixar, qui va produire en 1996 *Toy Story,* premier film pour enfant réalisé entièrement en images de synthèse, qui remporte un succès mondial. Visionnaire, il est rappelé à la tête d'Apple en 1997.

Steve Jobs est un enfant de la vague 1968, il est imprégné de son voyage «initiatique en Inde», de ses cours de calligraphie. Dans un discours adressé aux étudiants de Stanford le 21 juin 2005, il affirme : *« Vous devez trouver dans la vie ce que vous aimez ».* L'amour, l'intuition, la recherche esthétique, rendre la vie meilleure ont été ce qu'en langage psychologique on appellerait ses *drivers.* C'est un visionnaire qui au moment où tous s'interrogent sur l'avenir du commerce de musique en ligne, il lance i-Pod et i-Tunes. Il a révolutionné le monde par l'informatique personnelle, il est peut-être en train de le faire aujourd'hui en marquant un tournant majeur dans la vie d'Apple qui devient un multimédia player. Son imagination semble sans limite, il tire parti de ses échecs qu'il décrit comme des expériences et sans cesse il applique la fameuse phrase devenue emblématique du groupe : «Think different».

AUDREY HEPBURN

Audrey Hepburn fut une des actrices les plus adorées des années 1950 et 1960. Née à Bruxelles d'une baronne hollandaise et d'un banquier irlandais, elle grandit en Hollande. Durant la seconde guerre mondiale, malgré l'Occupation allemande, elle se lance dans la musique et la danse et trouve un débouché pour ses talents de comédienne dans la Résistance, pour laquelle elle deviendra messager secret. Après la guerre, elle s'installe à Londres et entame sa carrière d'actrice, d'abord modeste, avec un premier rôle dans un music-hall. Rapidement remarquée par sa carrure atypique et sa simplicité, elle jouera avec les plus grands acteurs tels Humphrey Bogart, Henry Fonda, Fred Astaire, Cary Grant, Sean Connery et bien sûr Mel Ferrer, et remporta un Oscar dès son premier grand rôle. Cette réussite se fait malgré son image et son style particulier, qui sont à l'inverse des stéréotypes de l'époque. Grâce aux robes du couturier Hubert de Givenchy dont elle fut l'égérie et la grande amie, elle incarna l'élégance et influença le style vestimentaire et la coiffure de nombreuses femmes dans le monde. À 39 ans, elle abandonne le cinéma pour s'occuper de ses enfants et être ambassadrice de l'Unicef jusqu'à la fin de sa vie.

Officiellement nommée Ambassadeur de Bienveillance pour l'Unicef en 1988, une organisation qu'elle avait précédemment aidée lors d'événements de bienfaisance, elle se consacre entièrement à cet engagement. Pendant

5 ans, jusqu'à sa mort, elle fera plus d'une cinquantaine de missions humanitaires dans des conditions difficiles, parfois au risque de sa vie, au Soudan, au Salvador, au Honduras, au Mexique, au Venezuela, en Équateur, au Bengladesh, en Thaïlande, au Vietnam, en Éthiopie, en Érythrée et en Somalie. Déterminée à faire prendre conscience des besoins en aide humanitaire, elle entretiendra un lobby soutenu auprès de l'assemblée spéciale des Nations unies, des associations de presse et des gouvernements, et ce tout au long de son mandat, jusqu'à sa mort en 1993.

LOU GERSTNER

Créé en 1911, IBM («Big Blue») est devenu un véritable éléphant dans les années 1980 qui vont être celles de l'apprentissage des affres de la concurrence. Le pachyderme n'est plus capable de fabriquer l'intégralité des composants de ses PC : il doit passer commande de circuits intégrés à Intel, et à bien d'autres entreprises. De même pour les logiciels.

IBM perd pied et affiche – une décennie durant – de catastrophiques résultats financiers. L'aiguille ne sort pas du rouge et finit par sombrer dans les profondeurs en 1993. Le géant moribond subit cette année-là une perte de 8 milliards de dollars. Les effectifs du groupe sont retombés à 250 000 employés et les plus optimistes en sont réduits à compter les mois avant que l'édifice ne s'écroule. En cette fameuse année 1993, Big Blue accouchera dans la douleur d'un plan stratégique aussi brutal que visionnaire. Son initiateur, Lou Gerstner.

Il est catholique, vient de l'agroalimentaire et – sacrilège – porte des chemises bleu lavande. Chez IBM, Lou Gerstner fait la révolution. Louis Gerstner, ancien patron de Nabisco, premier «non-IBMer» et premier catholique à prendre les rênes du groupe, a fait taire ceux qui brocardaient sa méconnaissance de l'informatique.

Lorsque Louis V. Gerstner Jr. arrive chez IBM le 1er avril 1993, IBM ne va pas très bien. Dix ans plus tard, il quitte son poste en héros. Gerstner a consigné sa mission de résurrection d'IBM dans un livre de mémoires dans lequel il présente ses méthodes et les difficultés auxquelles il a fait face, *Who Says Elephants Can't Dance? Inside IBM's Historic Turnaround*, HarperBusiness (*J'ai fait danser un éléphant*, Village Mondial, 2003).

Le redresseur d'IBM commence par «dégraisser le mammouth». Terminée l'époque du nombrilisme : IBM doit être pragmatique et les employés doivent éviter de recréer ce qui existe ailleurs. Fini l'emploi à vie : IBM resserre la vis du management et fixe des objectifs chiffrés à ses employés. Ceux qui ne s'y conforment pas sont mis à pied et viennent gonfler la vague des licenciements.

Lou Gerstner se place à la barre et vire brutalement de bord. Big Blue met le cap sur les services – avec la création d'IBM Global Services et le rachat de PWC Consulting. IBM vise aussi les logiciels – avec les rachats successifs de Lotus, Tivoli et Rational. Désormais, le géant ne se contente plus de vendre du matériel : il conseille ses clients et déploie des solutions, vendant ordinateurs et logiciels dans un seul mouvement. Gerstner a fait d'un archipel de divisions un véritable continent, unifié et cohérent, que d'autres géants de l'informatique ne tarderont pas à imiter.

Le plan d'action de Lou Gerstner est couronné de succès : fin 2002, IBM a repris du poids, l'éléphant est sorti de la plus grave crise qu'il ait jamais connue. L'entreprise compte près de 350 000 employés, ses bénéfices pour l'année 2001 frisent les 8 milliards d'euros – pour 86 milliards de chiffre d'affaires. En 2003, l'activité atteint les 89 milliards de dollars, pour un résultat positif de 7,61 milliards. Une santé étonnante quand on sait d'où revient l'entreprise, mais qui caractérise sa capacité à rebondir.

Être, ou ne pas être...

Les magiciens ont des points communs, des constantes qui les rassemblent avec plus ou moins de pondération.

PORTEURS DE RÊVE

Leur premier point commun est l'imagination. Tous ont cette capacité à penser le futur, à imaginer au-delà des solutions, un monde nouveau, une utopie, qui se traduit par une proposition qui peut être au premier abord surprenante, parfois mégalomane ou irréaliste et déraisonnable. John Kennedy en offre un bel exemple avec une vision du monde provocante pour l'Amérique de 1960 : dans son programme électoral prônant la «Nouvelle Frontière», il prévoit la détente avec l'URSS, l'envoi d'un homme sur la Lune, l'égalité des noirs et des blancs, la relance de l'économie, la lutte contre la pègre et l'arrêt de l'expansion communiste dans le monde. Élu contre Richard Nixon, son discours du 20 janvier 1961 est resté dans les mémoires : «*Vous qui, comme moi, êtes américains, ne vous demandez pas ce que votre pays peut faire pour vous, mais demandez-vous ce que vous pouvez faire pour votre pays. Vous qui, comme moi, êtes citoyens du monde, ne vous demandez pas ce que les États-Unis peuvent faire pour le monde, mais demandez-vous ce que vous pouvez faire pour le monde!*»

Lors de son discours du 25 mai 1961, il annonce le lancement d'un programme spatial pour qu'un Américain mette le pied sur la Lune avant un Soviétique, alors que les moyens techniques de l'époque ne permettent pas de dire si c'est envisageable. Chacun connaît la suite de l'histoire. Imaginer, avoir une vision, un rêve, mais un vrai rêve, un rêve d'aventure humaine!

Être n° 1 mondial est peut-être une vision, mais ce n'est pas du domaine du rêve ou de l'aventure. Des entreprises tentent de mobiliser des collaborateurs autour de projets comme «un projet de croissance» ou «doubler notre EBIT en 5 ans!». Penser que des collaborateurs vont s'engager ou vont être attirés pour suivre un leader qui promet une première place mondiale ou un projet de croissance est une illusion, car un projet de croissance n'est pas un rêve, pas une vision. Cela peut être une nécessité, mais aucunement quelque chose qui va créer un engagement durable tel, que les collaborateurs vont avoir envie de se dépasser pour l'atteindre. Celui qui voit une vision dans ce type de déclaration est peut être un leader, mais il n'est pas magicien, car il lui manque une dimension fondamentale : le sens!

CONVAINCUS

C'est le deuxième point commun entre tous ces hommes et ces femmes : ils ont des valeurs, des croyances, qui sont leurs moteurs, leur foyer vital de vie, leur flamme intérieure. Ils savent qu'ils ont une place dans le monde et qu'ils peuvent souvent y jouer un rôle. Ils ne sont pas le monde, mais ont souvent le sentiment profond d'en faire partie. Cette caractéristique peut leur donner une certaine dimension poétique, en ce sens qu'ils s'évertuent par l'action à apporter leur rime à la grande histoire de l'humanité. Certains y verront l'expression de l'ego, mais ceux-là se trompent. Leur moteur est bien au-delà de ça! Ils œuvrent pour une question de sens se traduisant en principes d'action qui donnent une discipline de vie et de conduite dans tout ce qu'ils entreprennent. La discipline selon ces principes conducteurs et déterminante et confère toute la cohérence entre leur vision et l'action, cette discipline est indispensable pour ceux qui les suivent et œuvrent dans le même but.

ENGAGÉS

Convaincus de ce rôle qu'ils peuvent jouer, ils s'engagent sans compter dans l'action, ils ont une énergie souvent débordante car animés de la passion. Inspirés, ils sont source d'inspiration pour ceux qui les entourent. Ils transmettent leur énergie et savent la démultiplier en la faisant converger.

Même si certains sont médiatiques et médiatisés, ils ne rayonnent pas tant par leur charisme que par leur capacité à favoriser dialogue et confrontation. Ils savent que seuls ils ne peuvent rien et – pour eux – la qualité de leurs équipes est déterminante pour accomplir leur œuvre. Ils savent, qu'ils ont besoin des autres pour mener à bien leur rêve. Ils savent choisir ceux qui vont leur permettre d'y parvenir en les associant dans le dialogue et la confrontation des idées. Ils n'ont pas peur de voir remis en cause leur point de vue s'il est enrichi par celui des autres. Le paroxysme du magicien sur ce point est sa capacité à révéler le potentiel qui est en l'autre : parce qu'il est humble, qu'il sait faire confiance et qu'il sait que l'autre peut être meilleur que lui, il lui permet de s'exprimer, il lui offre des possibilités de grandir car il sait voir au-delà de qui est exprimé, le talent qui peut émerger.

HUMBLES ET COURAGEUX…

Dans cette définition du magicien, nous sommes assez proches de ce que décrit J. Collins dans *De la performance à l'excellence* comme leader de niveau 5, où il parle d'un leader Humble, ayant une ambition très forte, sachant constituer une équipe mobilisée par la passion du projet et disciplinée, un leader qui engage et favorise le dialogue et la confrontation.

Les magiciens entretiennent un rapport à l'échec particulier : celui-ci souvent n'existe pas pour eux. Ils considèrent toute situation comme une expérience qui permet de grandir et d'apprendre. Ils sont très résilients et cette posture face à la vie leur donne une capacité de rebond hors du commun; lorsqu'on les croit morts, ils reviennent ailleurs et souvent plus forts encore. Ils se donnent droit à l'erreur et considèrent aussi que les autres y ont droit à condition de ne pas répéter deux fois la même erreur.

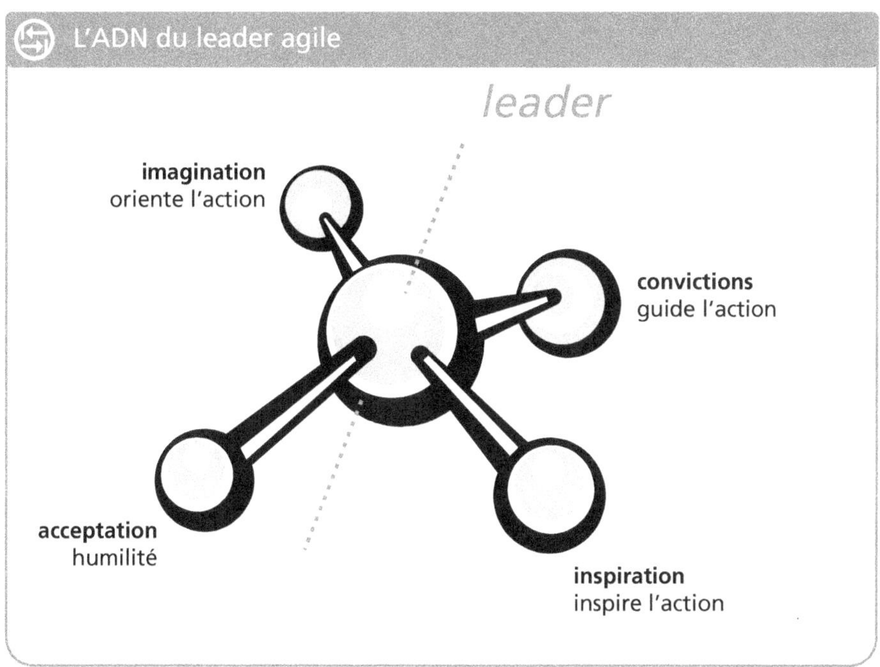

Enfin, ils ont courage souvent hors du commun. JFK publia un livre intitulé *Profiles in Courage* (Portraits d'hommes courageux), où il fait la biographie de huit sénateurs qui ont risqué leur carrière pour défendre leur point de vue. Ce livre a reçu le prix Pulitzer en 1957. Les magiciens ont conscience que leur vision peut déranger, mais ils tiennent le cap : la société Walgreen, un exemple que prend Jim Collins dans son livre, avait été pendant des dizaines d'années une entreprise de restauration et possédait en 1980 plus de

500 restaurants avec une rentabilité très moyenne. Le P-DG Charles Walgreen, convaincu que le devenir de l'entreprise était hypothéqué à moyen terme, a annoncé à ses collaborateurs que l'avenir était dans la distribution de produits pharmaceutiques où les marges étaient plus confortables, mais ce, à une condition : être différent! Il a donné 5 ans à ses équipes pour réaliser la transformation. En interne, le changement a été vécu comme un choc, mais le P-DG n'a jamais dévié. L'histoire lui a donné raison car la rentabilité de Walgreen fut pendant 15 années quinze fois supérieure à celle des concurrents du marché de la distribution de médicaments.

Les magiciens ont conscience du risque, mais également du potentiel que recèle une transformation pour le futur.

Oser devenir magicien

OSER ÊTRE SOI : PARCE QUE JE LE VAUX BIEN!

Nous passons plus d'un tiers du temps dans l'entreprise. La vie est ce que nous avons de plus précieux et avec elle, le temps. Le temps, avec l'imagination, est l'un des seuls biens que nous ayons vraiment, et nous sommes pleinement responsables de la façon dont nous l'utilisons, dont nous le laissons s'envoler, ou dans quoi nous l'investissons.

La vie est une entreprise au sens de construction, d'évolution, c'est une entreprise de soi. Cette réflexion conduit à la question du sens que chacun de nous entend donner à sa vie. Si pouvoir se la poser est à la portée de chacun, y répondre est encore un luxe pour la plupart.

Il nous est arrivé, lors de sessions de formation, de rencontrer des individus, parfois cadres de très haut niveau, pris dans un mouvement qu'ils ne maîtrisaient pas, comme victimes du destin, et ayant l'impression profonde qu'ils auraient été plus épanouis dans une activité différente, dans un autre métier, une autre trajectoire. Lors d'un dîner, un ancien ministre nous confiait que son rêve d'enfant était d'être médecin, mais que sa famille lui avait tracé une carrière de diplomate. Il eut sans doute les honneurs, mais le bonheur ?

Chacun a au fond de soi une voix qui l'appelle (vocation/vocare), qui sait parfaitement le chemin à prendre pour être à sa place. Conduire sa vie, c'est décider de ses orientations, prendre en main son destin pour qu'au bout du compte, regardant dans le rétroviseur, chacun puisse se dire : «si c'était à refaire, je ne changerais rien».

La maîtrise de son destin ne consiste plus à conduire sa vie de façon linéaire, rigide et cadrée, mais à se montrer capable de flexibilité, d'«entrepreneuriat personnel», pour trouver une valeur et un sens dans l'action et la création. L'entreprise de soi, c'est trouver son caractère unique, sa spécificité, apprendre à la développer et savoir la faire connaître. Le magicien de cirque ne fonctionne que comme cela, il est sa propre entreprise. En se développant, il accroît sa richesse et sa valeur, et plus sa valeur, est grande plus son prisme de choix s'élargit. Devenir entrepreneur de soi, c'est œuvrer à sa liberté en élargissant le champ de ses possibles et de ses choix.

Cette tendance est forte et le sera de plus en plus pour les personnes très qualifiées, rares (uniques) qui travailleront de façon sélective, pour le plaisir et pour leur développement. L'entrepreneur de soi sera comme un intermittent du spectacle, dans la précarité puisque sans réel autre filet que son propre talent. Son «filet» est la confiance en soi, une sécurité ontologique qui lui permet de se passer de la sécurité offerte par une structure telle que l'entreprise.

Ce centrage trouve sa source dans la simplicité, dans une forme de dépouillement pour être dans l'essentiel. Or, malheureusement, tant de choses tendent à nous sortir régulièrement de l'essentiel et nous conduisent à ne plus avoir le discernement nécessaire pour gérer la ou les priorités(s). Être dans l'essentiel, gérer les priorités implique parfois et même souvent une forme de renoncement qui peut être vécue comme un sacrifice. Mais n'est-ce pas là que démarre justement le sens ?

Le centrage est d'ordre identitaire et pour l'atteindre plus facilement, l'individu doit avant toute chose reconnaître ses talents, il doit se connaître pour mobiliser cette force qui lui appartient et en fait un être unique. Combien cherchent à copier, à ressembler, à imiter ? Il est compréhensible que des motivations bien légitimes peuvent conduire à l'imitation et notamment, la peur d'être rejeté par crainte d'être différent, mais, en se «caméléonisant», le danger est de renier sa nature profonde, ses aspirations ontologiques et passer finalement à côté de son projet de vie, de sa mission de vie. Simplement parce que dans ce cas, celui qui ne vit pas sa vie, mais celle des autres, finit par s'égarer de lui-même et perdre le sens de sa propre existence. Dans cette vie par procuration, causée par le mimétisme, il est impossible d'aller vers soi, de le devenir et d'avoir la chance de découvrir quelqu'un... d'exceptionnel! Tant de gens deviennent ainsi, dans le meilleur des cas, des individus moyens sans couleur ni saveur, ou dans le pire, des personnages tout à fait médiocres.

La liberté d'être soi a un prix parfois lourd à payer : elle impose des sacrifices et des choix, un travail souvent très important et une discipline sans faille. La discipline est une règle de vie où les choix sont guidés par le sens et la conscience de la nécessité que, pour être soi, il est impératif de résister aux tentations de l'uniformisation ou de la facilité du «prêt-à-penser» ou à agir. Trouver ses ressources et faire émerger son potentiel de talents peut s'avérer un travail long et difficile. On parle de discipline sportive ou artistique, mais l'excellence dans une vie professionnelle en entreprise échapperait-elle à cette notion de discipline ?

L'EFFET MAGIQUE : OSER SURPRENDRE

Dans le cirque, le magicien est celui qui sait surprendre, créer l'effet magique. L'effet magique, c'est la présentation d'une autre lecture du réel. On appelle cela la dissonance cognitive, la différence entre l'attente et le résultat obtenu. La surprise vient du fait que cette autre lecture du réel n'est pas celle que nous attendons, elle n'est pas conforme à ce que notre raison imposait comme réponse immédiate et peut même profondément choquer la raison. L'effet magique heurte le réflexe de pensée.

Ceci n'est pas une pomme

Notre cerveau fonctionne avec des cartes mentales, qui permettent de décrypter, interpréter le réel et proposer une réponse la plus adaptée possible à cette lecture.

Par définition, une carte est une représentation, une interprétation du réel (la carte n'est pas le territoire) et, par conséquent, ne donne qu'une vision partielle de la vraie réalité. Penser que ce que nous voyons est réel est une profonde illusion! Et les illusionnistes le savent bien.

Les mentalistes (une discipline de la magie) utilisent par exemple les «tunnels mentaux» pour créer l'illusion de phénomènes télépathiques (deviner la pensée de l'autre); les tunnels mentaux sont comme des circuits pré-établis dans notre cerveau, qui engendrent des réflexes par définition difficilement contrôlables, notamment en situation de stress. Un exemple de tunnel mental est, par exemple, dans le cas d'un tissu brûlant sur une ampoule d'y jeter de l'eau. Car le réflexe «eau éteint feu» est ancré, bien que chacun sait que l'eau et l'électricité ne font pas bon ménage. On voit combien un tunnel mental peut mener à une décision absurde, voire dangereuse.

Sleon une édtue de l'Uvinertisé de Cmabrigde, l'odrre des ltteers dnas un mto n'a pas d'ipmrotncae, la suele coshe ipmrotnate est que la pmeirère et la drenèire soeint à la bnnoe pclae. Le rsete peut êrte dnas un dsérorde ttoal et vuos puoevz tujoruos lrie snas porlbème.

C'est prace que le creaveu hmauin ne lit pas chuaqe ltetre elle-mmêe, mias le mot cmome un tuot.

Le magicien a ce talent : mettre l'autre dans une situation de surprise, parfois décalée, voire inconfortable. Il fait vivre à l'autre une expérience nouvelle qui va pouvoir élargir, ouvrir la grille de lecture de l'autre à d'autres possibles. Il offre ce cadeau inestimable : pouvoir PENSER AUTREMENT!

BREAKING THE RULES : OSER AGIR AUTREMENT

Ces cartes mentales se construisent dès le plus jeune âge et sont imprégnées du contexte historique, géographique, politique, social, familial... Au fur et à mesure de son évolution, chaque individu élabore des constructions mentales qui vont jouer un rôle de repère pour évoluer dans le monde. Comme des programmes informatiques, ces grilles de lecture constituent notre structure individuelle de décryptage du monde et sont essentiellement composées de nos croyances et de nos valeurs. Elles sont le fruit d'une «boucle systémique» telle que décrite page suivante.

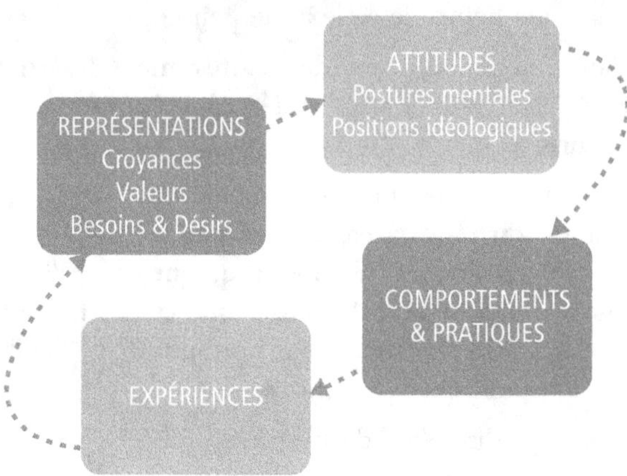

Pour résumer de façon caricaturale cette boucle, cela revient à dire que chacun de nous vit les expériences (positives ou négatives) qu'il «mérite», elles résultent simplement de nos constructions mentales et viennent les valider, voire les renforcer. Le hasard n'a finalement plus tellement de place dans ce modèle.

Au fur et à mesure, à force d'expériences de même ordre, nos grilles se renforcent et peuvent devenir alors de véritables prisons de la pensée, où plus aucun possible différent ne peut émerger, la créativité et l'innovation deviennent difficiles.

Casser les règles pour en laisser naître de nouvelles dans une entreprise peut être vital quand le décor évolue constamment, quand la concurrence imprime une pression croissante, quand les règles du jeu externe changent. Le magicien est force de proposition et crée des conditions d'expériences nouvelles.

Jobs en lançant Pixar, ou plus récemment l'iPod, a cassé les règles du jeu classique du dessin animé ou bien a prouvé contre toute attente la pertinence de la vente de musique en ligne.

Quand Rupert Murdoch rachète le site américain MySpace pour 580 millions de dollars, tous les analystes sont plus que sceptiques, certains criant au fou, mais lui avait vu que les règles du jeu des relations entre ados avaient profondément changé et que MySpace était la réponse. Il est aujourd'hui propriétaire du plus grand site Internet du monde!

Combien d'entreprises, combien de dirigeants sont piégés par la culture de leur entreprise ou leur propre culture, pris dans leurs convictions (forgées au cours du temps) et leurs certitudes, tout écart leur paraît une prise de risque souvent trop grande. Pourtant, c'est bien dans la transgression des règles du passé que réside le potentiel d'innovation et de croissance. Casser les règles suppose une prise de risque pour se lancer dans une expérience nouvelle, forcément inconfortable au début, mais tellement salutaire.

POUVOIRS MAGIQUES ET MAGIE DU POUVOIR

Les conditions de l'exercice du pouvoir semblent avoir changé aujourd'hui. Dans bon nombre d'entreprises se pose la question de savoir comment accroître le niveau d'engagement des collaborateurs et notamment des cadres. L'individualisme exacerbé, la quête de «mon bien-être avant tout» décrit dans le chapitre «Magic World» où l'individu zappeur ne s'engage plus et ne reconnaît finalement que son propre pouvoir, conduit à ce que certains nomment «crise du pouvoir». Il semble en fait qu'il s'agisse davantage d'une crise d'obéissance, remettant en cause les conditions traditionnelles de l'exercice du pouvoir et de l'autorité. Le pouvoir ne se décrète plus, ne s'impose plus de la même façon qu'autrefois. Dans la pensée de la sociologie organisationnelle, détient un pouvoir celui qui établit une relation de dépendance avec autrui. Celui qui détient aujourd'hui le pouvoir possède deux capacités qu'il combine : il a une expertise, un savoir expert et une capacité de communication, d'influence. À ce titre, le magicien est détenteur d'un pouvoir : il a un secret, un savoir-faire unique : il sait mettre en tension son public et révèle une vérité nouvelle au travers de l'expérience, il sait capter l'attention et communiquer. Il est expert dans son art d'entraîner le public.

Nombreuses sont les entreprises où les managers, les leaders sont nommés avant tout pour leurs qualités d'experts, couplées à l'ancienneté. Leur légitimité autrefois tenait davantage à leur position hiérarchique qu'à leur capacité à entraîner leurs équipes grâce à l'alchimie savante des relations humaines, mais quand l'obéissance n'est plus de mise et que le zapping s'accroît, ces managers ont peine à trouver leur légitimité et à obtenir l'engagement de leurs collaborateurs. Le couple expertise/ancienneté est définitivement inopérant. Le pouvoir du magicien est proportionnel à sa capacité de transformer :

* les initiatives en succès;
* les situations critiques en opportunités fructueuses;

- les individus ordinaires en acteurs extraordinaires;
- les équipes dysfonctionnelles en meutes de «gagnants».

LE MAGICIEN BLANC : OSER L'AMOUR

En faisant la description des différentes composantes du magicien à des interlocuteurs, nous nous sommes vus à plusieurs reprises confrontés à des réactions similaires : «mais Hitler et Staline étaient magiciens alors!» Sans doute, mais des magiciens noirs!

Le magicien peut effectivement se révéler sous deux formes, le magicien noir et le magicien blanc. Il est clair que cette vision manichéenne, binaire et simpliste des choses sera sans doute contestée, mais nous en prenons le risque et la responsabilité, car nous sommes convaincus qu'il n'y a pas d'autre alternative. N'est-ce pas cela aussi être magicien!

La différence entre ces deux formes de magicien réside dans ce qui fonde l'humanité, ce qui est à la source de toute vie : l'amour.

Toute la mythologie, la littérature, la filmographie traitent de la confrontation entre le Bien et le Mal, combat pour la vie ou pour la mort, le bon ou le mauvais, le mensonge ou la vérité. Le magicien noir y est dépeint comme le représentant des forces du mal (Dark Vador dans *La Guerre des étoiles*), du diable qui – étymologiquement – sépare et divise alors qu'au contraire l'amour (en réalité le symbole) est ce qui unit, qui rassemble et qui produit de la création. Les forces du mal sont celles du calcul froid, du mental alors que celles de l'amour sont celles du cœur.

Le magicien noir est celui qui utilise ses pouvoirs pour un autre but que celui de la vie, dans un autre sens que celui de l'amour. Il utilise le plus souvent ses pouvoirs séparateurs pour son propre compte, pour nourrir et compenser sa peur d'impuissance. À terme, cela le mène généralement à une forme de destruction ou de déconstruction de la nature, à un désenchantement du monde et peut le conduire à sa propre perte.

Le magicien blanc, lui, est en recherche de l'harmonie dans l'union et l'unification, le respect des contraires, car il trouve dans la diversité un miroir de la nature, symbole de la vie. Son moteur est l'amour de la vie et de l'autre.

Chacun de nous porte en lui des ombres – au sens jungien du terme – et comme l'ombre n'existe que parce qu'il y a la lumière, nous avons également ment chacun cette part de Bon, de Beau et de Vrai. Nous avons tous aussi ce potentiel magique de nous transformer et de transformer le monde sur lequel nous agissons. Alors, magicien blanc ou noir? Le choix nous appartient, nous sommes pleinement responsables de notre création.

Parler d'amour dans l'entreprise est un tabou que nous brisons, une règle interdite que nous osons transgresser, car nous sommes convaincus qu'il est de notre responsabilité de réhabiliter dans les structures organisationnelles ce qui en fait à la fois le sens et le moteur : l'homme. Les entreprises sont des structures inventées par et pour les hommes, à leur service et non pour les asservir. La planète nous fournit des ressources, les entreprises sont des lieux de transformation, de partage et de distribution de ces ressources sous forme de biens ou de services. L'entreprise est un lieu de rencontre et de développement des hommes, et comme dit Kant, l'homme n'est pas un moyen, il est une fin, alors que le profit – certes vital – n'est pas une fin, mais un moyen, une énergie qui doit circuler comme le sang dans les veines. Notre civilisation fonctionne sur un système qui marche à l'envers et qu'il sera bon d'inverser si nous la voulons pérenne.

Ce non-sens vécu dans les entreprises peut-être parfois l'œuvre des magiciens noirs, quand ils utilisent leurs pouvoirs pour un monde froid dénué de cœur, pour contrôler le monde du haut de leurs tours de verre érigées comme de véritables cathédrales où est voué un culte au nom du dieu «profit et cotation» pour que l'action (drôle de terme pour parler de quelque chose de si peu vivant) grimpe et en enrichisse son propriétaire.

Ce discours volontairement provocateur contrebalance le risque de désenchantement qui plane. Il est évident que l'entreprise est aussi une structure économique. Certaines entreprises Cirque comme Danone ont intégré depuis longtemps cette vision, avec son double projet économique et social en affirmant : une entreprise par et pour les hommes.

Un magicien se devine rarement quand il est en poste. Combien ont laissé croire qu'ils en étaient alors que le temps a révélé des secrets cachés remettant en cause fortement l'impression initiale. Nombreux sont les exemples de patrons adulés et qui laissent au final à la postérité un sentiment plus que partagé. Le temps seul permet de dire finalement si tel ou tel était bien un magicien blanc.

Ils ne sont pas pléthores et dans l'entreprise Cirque, le magicien ne peut être que blanc.

Des magiciens pour demain

LE LEADER MAGICIEN

Le magicien est celui qui détient un pouvoir magique, celui de transformer le réel. Il veut le transformer car il a conscience que cette transformation est salutaire, positive et bonne pour le monde. Le magicien propose une autre façon de regarder le monde, une autre équation pour résoudre l'énigme du réel. Il sait l'existence de l'illusion, il connaît la différence entre ce qu'il voit et la réalité et sait en jouer. Le magicien révèle le potentiel caché dans les choses car il en a une connaissance intime, intuitive et consciente. Le magicien est celui qui ne prend jamais rien pour argent comptant, car il sait que l'apparence cache souvent un secret à révéler. Nous sommes proches dans l'esprit de la pensée chinoise telle que la décrit François Jullien dans son livre intitulé *La propension des choses* où il explique que toute chose, chaque situation recèle un potentiel de développement pour le futur.

Là où la plupart verront une simple graine, le magicien lui, verra la fleur! Et parce qu'il verra la fleur, il saura agir pour la révéler, la faire pousser et grandir. Tout est une question de regard que nous portons sur le monde : «certains voient le monde et se disent «pourquoi?», moi je le regarde et me dis «pourquoi pas?» disait Georges Bernard Shaw. Le «pourquoi pas» ouvre et le «pourquoi» ferme!

Le «pourquoi» est la question de la victime, de celui qui subit les éléments et les événements qui lui arrivent, c'est la question de celui qui est ancré dans son présent, avec le regard dans le rétroviseur à scruter le passé pour y trouver les causes de l'état présent. Celui qui pose la question «pourquoi pas?» est aussi dans le présent, mais il y voit une opportunité potentielle porteuse d'avenir, il y voit le monde des possibles ouvert devant lui et sait qu'il pourra choisir. Le premier n'a pas de choix, le second, parce qu'il a élargi son champ de possibles se donne tous les choix. Le premier subit le non-sens, le second construit le sens!

Être magicien suppose une qualité maîtresse : le courage. Parce qu'il a le choix, il décide et en décidant, il prend le risque de se tromper. Parce qu'il n'est pas conforme à la pensée la plus commune, il peut être incompris et décrié et se sentir seul, il doit contre vents et marées être fidèle à lui-même (foi en lui) et savoir garder son cap face aux pressions. Enfin, il porte le sens, ouvre les voies et, à ce titre, porte une responsabilité supérieure à la moyenne. Le magicien est un leader guidé par son imagination, il sait emmener les autres sur d'autres chemins, il a la vision d'une autre réalité et la partage pour aider chacun dans ce chemin à se transformer à son tour et construire un autre monde.

LES CRÉATEURS DE MONDES : L'ÉCOLE DES MAGICIENS

On reconnaît enfin la force des magiciens à leur pouvoir d'influence et la marque indélébile qu'ils laissent derrière eux. Après leur passage, rien n'est jamais plus pareil. Le magicien est comme un sachet de thé plongé dans l'eau chaude : l'eau prend la couleur et la saveur, qui persistent même après que l'on ait retiré le sachet. Le magicien imprègne de sa personnalité la culture et lui donne toute son unicité. Beaucoup d'entreprises souffrent de sachets de thé aux contenus insipides, banals ou bien clonés, qui font qu'elles finissent par toutes se ressembler. Plusieurs raisons en sont la cause :

* Tout d'abord la formation de ce qu'on appelle les élites du business. L'enseignement des écoles, même si certaines tentent de se différencier, produit des clones, des «produits» où tous pensent pareil et sont conditionnés aux mêmes réflexes. L'humilité, le courage, l'exemplarité sont des qualités qui y sont assez peu promues et reconnues. Cette jeunesse qui fera le monde économique est nourrie aux valeurs anciennes de compétition, d'optimisation du rendement du capital, de rentabilité à court terme, de performance financière pour être le meilleur. Pour être beaucoup intervenus dans des business schools françaises, nous avons constaté à quel point la majorité des jeunes rêvaient de réussite sociale, de signes extérieurs de richesse et étaient profondément désarmés devant la question du «pourquoi ?». Peu se posent les questions de qui ils sont, du sens qu'ils vont donner à leur carrière. Et les structures ne sont surtout pas prévues pour ça.

Nous avons été surpris par l'absence d'un enseignement invitant à une prise de recul sur soi et sur le monde, une capacité de recul pour entrer dans davantage de profondeur. On y trouve un enseignement aux contenus somme toute assez uniformes et où peu d'originalité se dégage, un enseignement de l'immédiat et de l'efficacité. Nos business schools semblent plus attachées à développer des capacités techniques qu'à révéler de vrais talents de magiciens, peu d'entre elles jouent vraiment un rôle d'ouverture par exemple aux sciences humaines, aux sciences de la complexité... Combien d'entre elles développent de façon sérieuse et approfondie dans leur cursus la créativité, le développement personnel ? La transdisciplinarité y est timidement pratiquée et la notion d'université au sens premier du terme fait souvent défaut.

L'enseignement de ces écoles est encore très traditionnel, centré sur le mental plus que sur le cœur, la compétition plus que la coopération, la pensée linéaire plus que le raisonnement analogique. Combien d'entre elles enseignent le commerce équitable, le marketing responsable, les mécanismes du micro-crédit, etc. dans une perspective justement de transcendance ?

Notre civilisation est façonnée par l'économique. Ce sont les entreprises qui aujourd'hui ont un pouvoir fort d'influence sur le monde et notre futur, avec à leur tête leur dirigeant. Il semble dommage qu'aujourd'hui aucune école formant ces élites économiques ne s'attache vraiment à former des magiciens capables d'imagination pour transformer de façon durable et responsable notre société.

Il est vrai que certains sortent du lot et vont devenir magiciens, mais ce n'est pas la plus grande partie et ce ne sera pas grâce à l'institution. Combien n'auront pas été aidés à découvrir cette partie d'eux-mêmes qui profondément ferait toute la différence ?

* Ensuite, la formation et le développement des leaders dans les entreprises son souvent déficientes ou insuffisantes pour réellement contribuer à former de véritables magiciens : dans une société où il est question de *life long learning*, il est surprenant de constater la quasi-carence de «formation» au métier de leader dans les entreprises. Quand elles existent, elles sont plutôt techniques et souvent de courte durée, suivant des protocoles pédagogiques assez traditionnels donnant plus l'impression d'une volonté de se donner bonne conscience que de réellement créer un mouvement profond d'évolution.

L'entreprise est un monde sérieux, c'est du moins la croyance partagée la plus commune : on doit par conséquent y faire des activités sérieuses. Et pourtant, c'est tout le contraire de ce qu'il faudrait pour entraîner les leaders : il est illusoire de vouloir créer un véritable apprentissage pour ces personnes avec des méthodes traditionnelles, simplement parce qu'apprendre suppose de leur part d'accepter de ne pas savoir (et l'école ne leur a pas enseigné l'humilité) et qu'en tant qu'élite, ils éprouvent souvent une grande difficulté à reconnaître leur ignorance – quand ils en ont conscience. Les leaders sont souvent comme des enfants de maternelle, brillants, narcissiques, impatients, ils captent vite et zappent. Alors pourquoi ne pas s'inspirer du travail des institutrices pour aborder la question de la pédagogie des leaders ? La plupart des actions qui leur sont proposées, au contraire de les développer comme magiciens, renforcent leurs réflexes anciens et leur certitudes et jouent à contre-emploi.

Des tentatives d'approches pédagogiques innovantes existent avec, par exemple, les ASE (Accelerated Solution Environment) proposés par Cap Gemini qui a acheté les licences d'exploitation du système à son créateur. Les ASE sont inspirés des études menées par Maria Montessori (spécialiste des enfants) et sont déclinés dans la forme, au travers d'un environnement très modulaire qui s'adapte aux exigences du moment et sur le fond, par un processus spécifique respectant les rythmes des groupes.

- Enfin, les profils recrutés sont eux aussi, relativement conformes, aux normes imposées par une forme de conformisme implicite. Malgré les incantations «on veut de l'unique, du nouveau», force est de constater que les profils recrutés sont très souvent «politiquement corrects», bien sous tous rapports! Poli comme la pierre, sans angle ni rugosité, un peu passe-partout, ce qui permet de naviguer plus aisément dans les méandres internes des jeux politiques, le nouveau recruté doit de préférence porter les symboles incontournables permettant d'entrer dans le cercle restreint des gens très sérieux de notre monde : le costume-cravate.

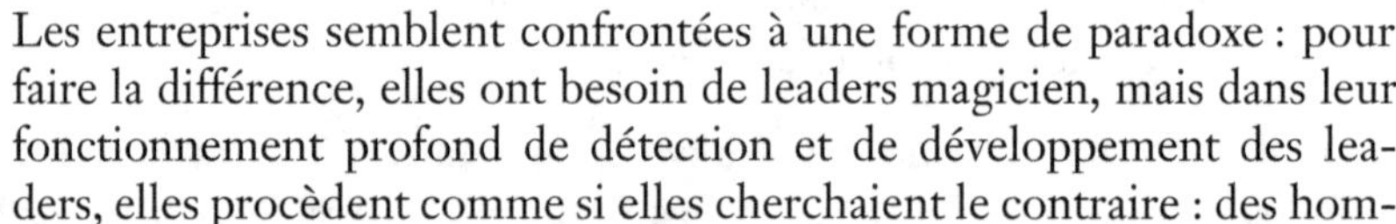

Les entreprises semblent confrontées à une forme de paradoxe : pour faire la différence, elles ont besoin de leaders magicien, mais dans leur fonctionnement profond de détection et de développement des leaders, elles procèdent comme si elles cherchaient le contraire : des hommes standards, interchangeables et relativement uniformes (dans leurs attitudes et leur aspect).

Les business schools, en tant qu'entreprises, ne répondent qu'aux besoins du marché en proposant des «produits» standards aux normes internationales (BA, MBA…).

Là encore, être différent, c'est prendre un risque. Mais le risque finalement n'est-il pas plus grand à recruter et à développer des standards de leaders?

⊠INDISATGLOBALNETP2PVIRTUALINK//BENGALORE(IA)OUTBOUND//DATE=2710
2033-10:24(GMT+5)/WWREP/00045108906PJ78-GY034/////////////////

Bengalore, le 27 octobre 2033

Laosa,

Tu sais, j'ai un peu le blues, je ne sais pas si mon régulateur humoral est déréglé ou bien si c'est plus profond. Ta lettre m'a interpellé et tu as peut-être raison, je suis moi aussi peut-être trop loin de la nature. Mais sortir des villes devient si difficile, elles sont devenues si grandes.

Je me rends compte que je ne prends pas assez de temps pour moi, et tout va si vite, on dirait que tout s'accélère, toutes ces découvertes autour de nous, ça me fait peur. As-tu vu les procédés télépathiques qu'ils viennent de mettre en place ? On ne va même plus être tranquille dans nos têtes, c'était encore le seul espace de liberté qu'il nous restait.

J'envie nos parents et mes grands-parents qui avaient des vies tranquilles. Tout semblait si calme en 2000. Ni guerre, ni épidémie, pas tous ces tracas et soucis du futur. Franchement, ils avaient de la chance.

Je crois que je vais changer de métier, je vais investir dans un download de massages ayur védique, ce n'est que trois jours de téléchargement en cérébro-transaction nocturne. Moi aussi j'ai envie d'aller vers les sources. Plus de simplicité, plus de vrai. À 40 ans, j'ai besoin de passer à autre chose, je ne sais pas si tu ressens ça aussi. J'ai acheté une assurance-vie et j'ai investi dans un rein et un foie chez Diogène, je fais les prélèvements de cellules demain.

Tu vois, je crois que mon plus grand regret, c'est de ne pas avoir d'enfant, mais en même temps quand je vois l'allure de l'humanité, je me dis que c'est peut-être mieux. La bonne nouvelle, c'est qu'on n'est pas les seuls à plus vouloir d'enfants, tu as vu les dernières stats de l'OMS : 1,3 enfant par couple en moyenne sur la planète. Ça veut dire que nous serons revenus en 2100 au même nombre qu'en 2000 ! Ils parlent même de repeupler l'Afrique.

Enfin voilà, c'était mes états d'âme, au moins ça veut dire qu'on en a encore une !

À bientôt,

Angie.

ENDMSG'VERISIGN//00045108906PJ78-GY034

Action !
Pistes pour l'entreprise du XXIe siècle

«Un imbécile qui marche ira toujours plus loin qu'un intellectuel assis.»

On entend déjà poindre certaines critiques ou remarques quant à l'analogie avec le cirque, quant à certains des modèles utilisés ou les suggestions méthodologiques faites à propos de l'agilité des organisations, des équipes ou encore sur le leadership : «travail de consultants, réflexions intellectuelles, exercice de style…» pour les plus bienveillants ou encore : «théories idéalistes, déconnecté de la réalité, facile à dire…» pour d'autres.

Tout cela est sans doute vrai! En partie du moins. Nous ne croyons pas qu'il existe de recette standard, «de prêt-à-mettre-en-œuvre», de vérité universelle en matière de conduite des affaires, d'organisation des entreprises ou de management. À l'instar d'une personne, une entreprise est unique et ne peut tolérer que des solutions uniques. En revanche, nous pensons qu'il existe des conditions à l'agilité qui, même si elles ne sont pas suffisantes, sont nécessaires à la survie. L'une des conditions est le mouvement, marcher : avancer ne peut se faire qu'à condition de déséquilibre et de prendre le risque de tomber.

Sur le «comment faire?», nous proposons des pistes pour avancer, pour mettre en œuvre ces conditions initiales de l'agilité qui permettront de conserver le mouvement et la dynamique de progrès de l'entreprise.

Un thermomètre à agilité...

La mesure a cet effet bénéfique de placer l'objet de la mesure comme un objectif central et permet ainsi de mobiliser l'ensemble des acteurs autour de cet enjeu. Si l'agilité est un point vital pour l'entreprise et sa pérennité, alors mettre en place des critères permettant d'évaluer le degré d'agilité de votre entreprise pourra l'aider à progresser sur ce point.

Dans l'approche que nous préconisons, rappelons les trois niveaux de travail sur lesquels devra jouer la mesure : l'entreprise (organisation, processus, culture...), l'équipe, et l'ego (les individus). La mesure devra aussi prendre les paramètres qui la définissent et que nous avons exposés sous la forme :

$$\text{Agilité} = (\text{Anticipation} + \text{Décision} + \text{Exécution}) \times \frac{\text{Énergie}}{\text{Masse}}$$

La vitesse (énergie/masse) comme témoin de la dynamique va donc être le point central d'un certain nombre des éléments d'évaluation :

Vitesse d'anticipation, Vitesse de prise de décision, Vitesse d'exécution.

L'idée n'est pas de faire l'apologie du «toujours plus vite», mais de porter la réflexion sur cette notion de vitesse qui doit désormais aller de pair avec l'excellence : vite et bien!

Le bien est justement fondamental, il implique le respect, celui de la notion du temps dans son déroulement (durée) et dans l'instant (*momentum*). Il y a un temps pour toute chose, imagineriez-vous vouloir réduire la durée de maternité de 9 mois à 7 mois pour gagner en efficacité? Techniquement, c'est possible mais quelles en seraient les conséquences sur l'humanité et quel sens cela aurait-il? Pourquoi en serait-il autrement pour les entreprises?

Par ailleurs, trop ou pas assez de vitesse ferait perdre le *momentum*, ce moment juste où les décisions ont un impact maximal car elles sont au bon moment. Nous mettons donc en garde sur les dangers de cette quête de vitesse qui, poussée à l'excès, peut devenir pathologique, et en termes de résultats peut conduire à des réductions de temps préjudiciables ou bien des décisions prises au moment inopportun.

Compte tenu du caractère spécifique de chaque entreprise, les critères de préférence seront différents, mais on pourra néanmoins en définir certains toujours communs :

- La vitesse d'anticipation : ce critère intègre par exemple votre capacité à détecter signaux faibles et forts pouvant marquer une rupture dans votre environnement. À quelle vitesse êtes-vous capables d'identifier des changements ? Ce critère est aussi lié à la vitesse de circulation de l'information, à la capacité d'échange et d'analyse rapide des données clés pour les transformer en signaux à traiter. Imaginez que vous êtes au volant de votre voiture la nuit : plus votre prisme de vue est large, plus vos phares éclairent loin et votre état physique affûté et concentré sur «devant», plus votre vitesse d'anticipation sera importante. Mesurer la vitesse d'anticipation revient à évaluer entre autre cause, la largeur du prisme (ouverture), la distance de visibilité (recul) et la vitesse de circulation des données et pour les effets, la vitesse de détection d'opportunités ou de dangers.

- La vitesse de prise de décision se mesurera, elle, par l'écart entre le moment d'arrivée d'une information et le moment de départ de l'ordre de mise en œuvre. Parmi les grands freins à la prise de décision, on notera classiquement : la peur, que ce soit du risque, de la responsabilité ou de la réprimande, la hiérarchie avec ses méandres décisionnels et ses jeux de pouvoirs.

- La vitesse d'exécution, enfin, correspondra au temps écoulé entre la décision prise pour un résultat visé et l'accomplissement de ce même résultat. À titre d'exemple, une fusion dure – entre le moment du rachat et le fonctionnement comme une entité unique – environ 18 à 24 mois. Combien gagnerez-vous en diminuant avec succès ce temps de fusion ? Il en est de même par exemple pour les recrutements : quel temps prenez-vous pour recruter des profils clés ? Les exemples sont déclinables à tous les champs de l'entreprise et sur les trois niveaux décrits précédemment.

La vitesse est liée à la masse et à la structure, à l'organisation et aux processus internes, consommateurs d'énergie, mais elle est aussi liée directement aux personnes. Il est évident qu'aucune dynamique n'est vraiment envisageable si ces mêmes personnes ne sont pas dans une énergie forte et de façon durable : combien de vos collaborateurs ont une compréhension claire de la vision et de la stratégie par exemple ? Combien se sentent impliqués dans une aventure collective motivante qui donne sens à leur quotidien professionnel ? Vos collaborateurs ont-ils le sentiment de pouvoir contribuer à l'avenir de l'entreprise ou bien éprouvent-ils plutôt un sentiment d'impuissance quant au destin du groupe ? Dans quelle catégorie d'énergie est perçue votre organisation par les collaborateurs : résignation, confort, combat ou passion ? Êtes-vous certains de bénéficier de tout le potentiel créatif de vos collaborateurs ? Tout cela se mesure et s'évalue et permet d'identifier les zones de progrès prioritaire. Qu'allez-vous faire si, comme dans 80 % des entreprises, vous constatez que la stratégie est perçue comme floue ou incomprise dès les niveaux n-2 ? Notre expérience nous montre que la mesure de ces facteurs permet des prises de conscience très fortes et peut – bien utilisée – constituer un outil de progrès collectif efficace.

Comment savez-vous que règne dans votre entreprise une façon de faire unique et reconnue ?

Si l'on considère le niveau de corrélation entre l'unicité d'une entreprise, sa capacité à faire vivre une expérience aux parties prenantes et le niveau d'agilité, il nous paraît clair que la mesure du niveau d'unicité sera central. Plus vous serez unique et centré, plus votre capacité de réaction aux aléas sera forte. Mesurer l'unicité se fait au travers de sondages des parties prenantes de l'entreprise, mais aussi par une mesure du niveau d'intégration de la culture et de la façon unique de faire (*the way*) et ce à tous les niveaux de l'entreprise sans exception.

La mesure permet d'enclencher une logique de progrès délibérée et conduite sur des critères précis et choisis. Cette mise en œuvre passe par la mise en place de processus, de structures et de responsabilités.

Secouez-moi, secouez-moi : processus d'agilité...

Nos capacités d'apprentissage collectif nous limitent pour apprendre. L'engagement commun à changer ne peut exister qu'en association avec une capacité collective à créer des aspirations communes. Les sujets «tabous» ne sont pratiquement jamais abordés dans les entreprises, car la peur de parler vrai règne. Les formes de dialogue qui permettraient de parler ouvertement de problèmes complexes et conflictuels en toute sécurité sont souvent inexistants. L'interdépendance et les causes profondes des problèmes nécessitent, pour être perçues et traitées, des aptitudes et des formations à la pensée systémique.

DES «STRATEGIC ACCELERATION PROCESS»

L'une des demandes régulières que nous rencontrons dans les entreprises est ce qui est communément appelé «alignement stratégique». Le terme, dans une conception moderne de l'entreprise paraît désuet tant il rappelle des notions militaires obéissance/exécution. En revanche, les entreprises souffrent de plus en plus de mise en œuvre de la stratégie de façon cohérente et rapide combinée à un besoin croissant de sens de la part des collaborateurs.

Notre expérience montre qu'il est possible de mettre en place des processus extrêmement efficaces permettant de mobiliser les collaborateurs autour d'une vision partagée, qu'ils vont pouvoir challenger et enrichir. La difficulté de ces processus libérant les énergies et faisant émerger l'intelligence collective tient essentiellement aux comportements des membres de direction : il s'agit pour eux d'accepter de lâcher certaines croyances fortes telles que «je suis payé pour savoir». Là reviennent les fameuses qualités du magicien (humilité et courage) dans ce process parfois confrontant.

Le Strategic Acceleration Process est une démarche très précise combinant plusieurs étapes successives se déroulant dans des séminaires rassemblant souvent des groupes de 50 à 500 collaborateurs en même temps. Des techniques d'animation permettent de travailler efficacement en trois étapes. Les techniques utilisées sont, par exemple, celles de la rétroprospective (futur antérieur), d'émergence de l'intelligence collective au travers de séquences participatives, de groupes de production inspirés des techniques *think tank* des années 1980, de techniques de co-développement élaborées au Canada...

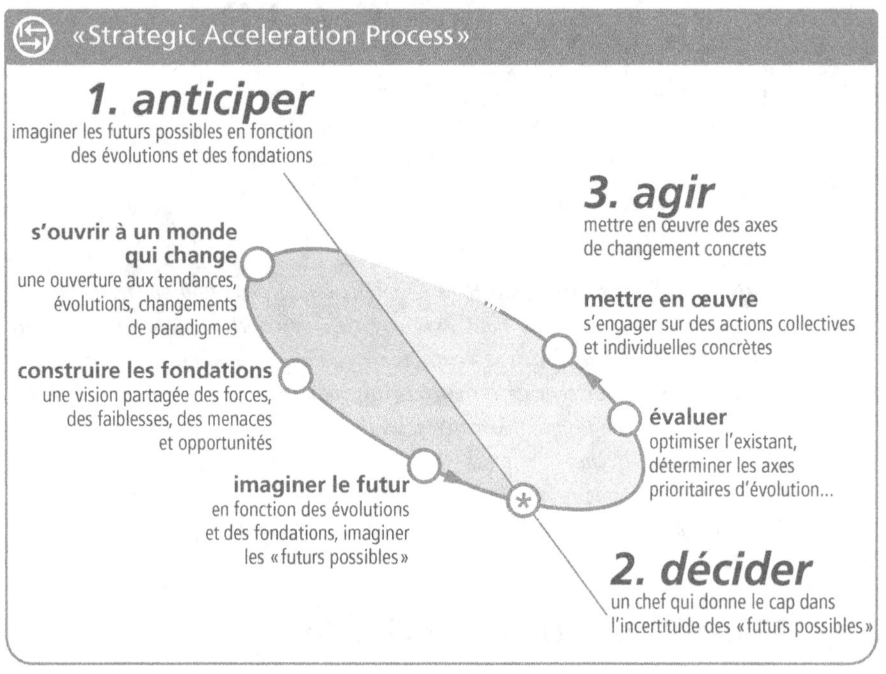

La dernière étape est majeure, elle implique les acteurs clés dans le déploiement de la stratégie auprès de l'ensemble des collaborateurs. Il est évident que cette approche requiert une mise en cohérence des façons de manager, le plus souvent accompagnées de programmes de développement du leadership dans une conception «magicien» ou bien d'accompagnements personnalisés pour renforcer les talents individuels.

Ces processus ne doivent pas être comme un fusil à un coup, ils s'intègrent dans une démarche de long terme et, à ce titre, deviennent un élément constitutif fort de la culture de l'entreprise qui les met en place. En règle générale, plusieurs groupes de collaborateurs se succèdent dans différents séminaires, en commençant le plus souvent et préférablement par le président et son comité de direction. Cette dynamique est comme une spirale, où chaque année les équipes reviennent à un nouveau point de démarrage pour faire évoluer la stratégie. C'est une boucle de vie néguentropique, où chaque spirale correspond à un niveau d'organisation supérieur adapté aux changements du contexte. Ainsi, dans cette dynamique de progrès constant, l'entreprise devient un système très adaptatif, en ancrant cette approche dans le temps, l'organisation devient peu à peu apprenante.

MICRO-CHANGEMENT ET MÉGA-TRANSFORMATION : TOUS ENTREPRENEURS

Nous avons très souvent rencontré des projets de changement très ambitieux dans les entreprises, la mise en œuvre de chantiers de grande ampleur à la fois par le nombre d'acteurs concernés, les budgets déployés et les résultats escomptés. Nous avons aussi souvent constaté que les résultats n'étaient pas toujours à la hauteur des moyens déployés.

Notre conviction est que la raison de ces déceptions est liée à un facteur souvent manquant : le manque d'humilité. Ce manque d'humilité qui conduit parfois au besoin de produire de l'ostentatoire comme pour combler un vide d'actions. Agir pour se rassurer. Il est pourtant parfois préférable et moins préjudiciable de ne rien faire, que de générer des espoirs qui seront déçus. Comme le dit le moine bénédictin Don Minguet, «on ne décongèle les choses qu'une fois». Dans les entreprises règne aujourd'hui souvent une forme de cynisme ou de méfiance quant aux actions de changement mises en œuvre car beaucoup ont dans le passé été porteuses d'espoir, ont libéré des énergies qui se sont ensuite trouvées inexploitées dans le meilleur des cas, exploitées au sens négatif du terme dans le pire.

L'une des pires choses qui arrive dans l'entreprise pour les collaborateurs est le sentiment d'impuissance. L'impression de ne pas pouvoir agir ou exprimer une partie d'eux-mêmes dans une forme de créativité : sentiment de ne pas grandir, de ne pas progresser, de ne pas être pris en compte comme un individu.

> La plus grande des intentions n'aura jamais le poids de la plus petite des actions.

Nous avons regardé avec grand intérêt les mécanismes de micro crédit initiés par Muhammad Yunus en 1976 au Bengladesh et aujourd'hui diffusés dans de très nombreux pays non seulement en voie de développement, mais aussi occidentaux. Le micro crédit qui fonctionne sur le principe «un micro projet»/un financement, réhabilite des personnes démunies en les aidant à se reconnecter à leur pouvoir créateur, en reconnaissant en eux la capacité à prendre en main leur destin. La confiance en est l'un des ingrédients forts. Nous sommes convaincus que l'entreprise souffre de maux comparables : résignation, manque de confiance, démission, exclusion...

Comment alors aider des collaborateurs à devenir des micro entrepreneurs ?

- **Devenir «banc de sardines»** (voir page 119) en réduisant la taille des équipes. En créant des micro entreprises solidaires, responsabilisées sur les bases d'un financement contrôlé, nous donnons davantage de pouvoir à chacun. Limiter la taille permet aux collaborateurs de mieux appréhender leur contribution et de sentir leur pouvoir.

- **Aider les acteurs à définir précisément leur zone d'influence**. Nous avons constaté que souvent les personnes dépensent une énergie colossale à essayer de changer des choses sur lesquelles elles n'ont aucun impact. En les aidant à prendre conscience de leur périmètre, à définir des objectifs humbles et clairs, alors nous commençons à leur donner plus de chances de réussite.

- **Investir dans l'exploitation des forces des collaborateurs plus que dans l'amélioration de leurs points faibles**. La plupart des approches de développement des compétences déployées dans les entreprises sont fondées sur l'impératif du manque à combler, c'est-à-dire le réflexe quasi systématique de vouloir aider un individu à progresser sur ses points faibles. Cette approche est extrêmement dangereuse, peu productive de résultat et à terme pénalisante car :

  - elle ne reconnaît pas l'individu dans ce qu'il est, dans sa richesse et donc contribue à renforcer une image de soi déficiente ;

  - l'entreprise passe ainsi à côté du meilleur de chacun. Le courant américain de la «psychologie positive» dont Gallup est l'un des précurseurs a montré qu'en ce sens les démarches de 360° n'étaient pas créatrices de valeur.

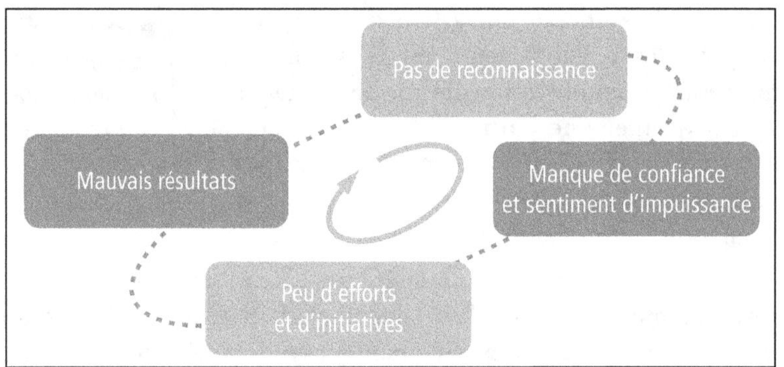

- **Fixer des objectifs dans un contrat d'entrepreneur** : «je veux changer ça... j'ai besoin de... et ça va rapporter... à moi et à l'entreprise». C'est le principe même du micro crédit. On peut imaginer pour de grands groupes un système de «monnaie interne» pour un financement des micro projets avec une commission d'attribution du financement et un rapport annuel d'activité du micro entrepreneur. Un soutien, mentoring en cas de besoin du financé. Il est clair que cette démarche requiert une organisation dédiée qui aura un coût et qui devra elle-même fonctionner comme une fonction ressource à retour sur investissement, comme c'est le cas pour les banques de micro crédit.

- **Célébrer les réussites, même les plus petites.** La reconnaissance des réussites est le plus grand des moteurs. L'art du stretching développé page 149 en est l'illustration. Souvent, on constate un cercle vicieux dans les entreprises où les mauvais résultats engendrent une cascade de conséquences aboutissant finalement au désengagement. Reconnaître chaque réussite, même les moins visibles, enclenche une dynamique positive de renforcement de l'estime de soi et permet le vrai progrès.

DEVENIR APPRENANT...

Apprendre, apprendre à apprendre, transmettre les savoirs et expertises, l'entreprise agile, nous l'avons vu, est un système apprenant. Quels sont les process internes que vous avez mis en place pour vous assurer que tous les savoirs sont non seulement transmis, mais enrichis ? Avec les pressions fortes auxquelles sont soumises les entreprises, le temps dédié à la transmission des savoirs, à l'apprentissage est extrêmement faible. On a aussi trop souvent tendance à assimiler ces démarches à des approches de formation, ou bien à des outils de management du savoir, or l'apprenance est un trait culturel qui se développe au travers de process dédiés sortant des schémas traditionnels et fondés sur les logiques de solidarité, de partage et de coopération.

Le travail collectif et la collaboration fluide relèvent d'approches nouvelles fondées sur des modalités favorisant l'émergence de la créativité, l'adhésion à des visions partagées et la capacité des hommes et des équipes à s'engager ensemble dans des processus de coopération mobilisant leur personnalité et leur volonté commune à vivre ensemble.

La technique de co-développement initiée au Canada est un exemple d'approche mise en œuvre dans cet esprit : elle met en «scène» des collaborateurs de l'entreprise, équipe naturelle ou non, dans une démarche d'entraide sur des sujets et des problématiques réels. Le co-développement fait émerger l'intelligence du groupe dans une résolution de problème en mettant les participants en situation de conseil et de soutien. Bien d'autres approches de ce type existent et permettent d'accélérer l'adaptation aux changements. Par exemple, la sociocratie, dans sa dynamique participative et ses processus de décision par objection offre une piste intéressante (http://sociogest.ca/).

LE DROIT D'INVENTER

L'innovation est évidemment au cœur de l'agilité. C'est à dessein que nous n'avons pas développé ce thème en profondeur. Comme le montre Mihaly Csikszentmihályi dans son livre *La créativité*, les créateurs sont le fruit d'un contexte (milieu) dans un domaine précis. Ils ne sont créateurs que si les conditions du milieu le permettent et qu'ils ont cette reconnaissance, d'abord de leurs pairs.

Par ailleurs, les personnes pensent prendre un risque en faisant les choses autrement, en déviant de ce qui se faisait traditionnellement. Le risque d'être critiqué ou remis dans le droit chemin. Résultat : la censure est intériorisée et chacun se défend alors de prendre des initiatives. C'est ainsi que la structure devient figée et n'avance que lentement. Nous avons essayé un processus inspiré de la US Navy, appelé «permis d'inventer». Le système est simple : sur un carton format carte de crédit sont inscrites au recto cinq questions.

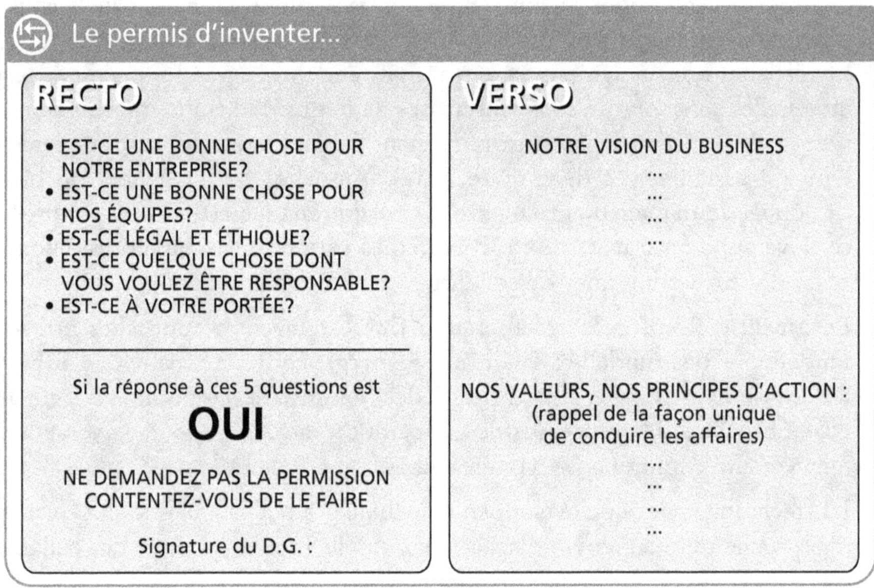

Le permis d'inventer est remis aux collaborateurs dans un contexte de réflexion sur le futur, la vision... par le représentant de l'autorité qui symboliquement donne la possibilité de trouver la liberté dans un cadre de contrainte. Cette démarche implique une donnée fondamentale : le droit à l'erreur.

Quel est le rapport à l'erreur dans votre structure?
Quel rapport à l'erreur entretenez-vous dans votre quotidien, avec vous, vos collaborateurs, vos enfants…?

Des structures dédiées

DES CENTRES D'ENTRAÎNEMENT À L'IMAGINATION ET À L'AGILITÉ

On a vu se développer de nombreuses universités d'entreprise au cours de ces dernières années, en Europe et aux États-Unis. La première génération dans les années 1980 était essentiellement des centres de formation destinés à pallier des carences en formation spécialisée dans des secteurs spécifiques. Ce fut par exemple l'université Accor. Aux États-Unis, ces universités d'entreprise sont restées beaucoup dans cette logique. La deuxième génération est apparue à la fin des années 1990 avec des dispositifs plus souples, davantage destinés aux acteurs clés de l'entreprise et utilisés comme des leviers plus stratégiques. Malgré tout, ces universités d'entreprise aux budgets de fonctionnement parfois lourds sont souvent encore conçues comme des centres de formation, même si les contenus et modalités pédagogiques ont évolué et se veulent innovants.

Les universités d'entreprise de 3e génération seront assez différentes et s'assimileront davantage à des fabriques à idées, véritables lieux d'entraînement à l'imagination et au développement de la créativité pour créer des «ingénieurs de l'imagination». L'appellation vient de Disney qui, depuis longtemps, a compris que sa valeur tenait avant tout à sa capacité d'imaginer produits et scénarios nouveaux.

La richesse de l'entreprise est l'intelligence collective qu'elle abrite. Les savoirs sont dispersés, chacun vit ses expériences sans partager les leçons qu'il en a tirées. Chacun imagine des possibles sans les partager avec ses pairs. Imaginer et construire ensemble! Cela va sans doute être le leitmotiv de bon nombre de groupes demain.

Dans ces centres de développement de l'imagination, on trouvera à la fois des spécialistes de la créativité et de la pensée latérale, du cerveau et des mécanismes de la décision, des experts de la pédagogie infantile, des intervenants ouvrant sur d'autres mondes et d'autres façons de penser (philosophes, scientifiques), tout ce monde stimulant la pensée des acteurs de l'entreprise. On y trouvera aussi des processus d'entraînement pour faire émerger idées, concepts et nouvelles pratiques, avec des mises à l'essai en lien avec le Laboratoire du leadership. Les lieux et matériels (dimensions physiques) devront aussi être appropriés et favoriseront la créativité, à l'instar des ASE (Accelerated Solution Environment) développés par Cap Gemini qui sont dans cet état d'esprit.

Ces centres entraîneront à penser autrement dans des situations de changement de rupture, à utiliser sa capacité à imaginer, à inventer, à créer du nouveau quel que soit son métier ou son secteur.

« RÉSEAUX PROGRÈS DU MANAGEMENT » ET LABORATOIRES DU LEADERSHIP

Conduire les hommes et les entreprises questionne, interpelle, fait et a fait couler beaucoup d'encre, fait réfléchir tant de spécialistes et nourrit des générations de consultants et de formateurs.

Tant ont essayé de modéliser le leadership, théoriser sur ce que c'est... illusion de l'exercice qui reviendrait à modéliser l'impressionnisme, le fauvisme ou toute autre forme d'art car l'exercice du leadership tient davantage de l'art que de la science et toutes les tentatives de modélisation nous semblent réductrices et assez vaines. Il est pourtant indéniable que, comme dans l'art, des lois de base sont incontournables et doivent être respectée a minima. L'art naît quand les règles de base sont transcendées par une expression unique. Chaque entreprise, dans sa culture, possède sa façon de conduire les affaires et les hommes, et le développement de qualité de leadership doit avant tout passer par l'adaptation des règles de base à la culture.

Encore une fois, nous pensons que l'intelligence est dans l'entreprise et dans chacune où nous avons eu l'occasion d'intervenir sur ces sujets, nous avons constaté de vraies forces en interne, des gens brillants qui malheureusement n'échangent pratiquement jamais entre eux sur leurs forces.

Dans le futur, nous pensons qu'existeront des réseaux de progrès managérial, véritables lieux pour challenger et échanger sur les pratiques, avec – certes des experts externes, mais surtout – des facilitateurs mettant les collaborateurs en capacité d'échange, d'entraide, de soutien et d'expérimentation. Un laboratoire du leadership grandeur nature.

DES CHAUDS DOUDOUS POUR LES STARS

Pour retenir les meilleurs, nul doute que l'entreprise va devoir redoubler d'efforts pour garder ses ressources rares. Nous allons probablement assister à l'émergence dans les entreprises de structures (externes ou internes) d'assistance et développement personnalisé pour les acteurs clés. De telles structures existent déjà dans un certain nombre de groupes, mais ces structures sont encore relativement artisanales dans leur offre et leur fonctionne-ment. Il est probable que se structureront des prestations proches de celles que nous trouvons pour les sportifs de haut niveau intégrant des conseils et un suivi «médicalisé» diététique, cardiovasculaire... Un apprentissage des techniques de remise en forme, de gestion du stress. Un espace de réflexion sur ses pratiques et les façons de les améliorer, un coaching opérationnel pour les questions business... le tout complètement sur mesure.

De nouvelles têtes dans le paysage

MONSIEUR LOYAL, MISTER UNIQUE

Comment allez-vous vous assurer de l'unicité de votre entreprise ? Comment faire pour être incomparable ?

Centrage identitaire et capacité à faire évoluer la culture sont les deux enjeux. La réponse est relativement simple quand le fondateur est encore le dirigeant, les choses se corsent lorsque le patron est un salarié parmi les autres et que l'entreprise est une structure cotée aux capitaux publics.

À l'instar de Danone, vous pouvez opter pour un patron de l'unicité, un Monsieur Unique !

Comme Monsieur Loyal, il est le représentant des lois internes de fonctionnement, véritable garant de la culture du groupe. Sa mission est d'assurer l'ancrage identitaire du groupe et sa transmission dans les moindres recoins de l'entreprise qui devra transpirer la culture. Il est le gardien des racines et de l'ADN du groupe, l'un des garants de la façon de faire de l'entreprise. Il imagine l'adaptation de l'esprit fondateur aux nouvelles activités qui émergent. Il est la mémoire identitaire du groupe, le mât du chapiteau sur lequel se tend toute la toile et à ce titre joue un rôle transversal très fort et doit être l'un des proches du président si celui-ci n'est pas le fondateur.

LE PATRON RÉSEAU

Le maillage et les connexions favorisent la circulation d'informations et transcendent les barrières hiérarchiques. L'analogie avec le cerveau a largement été utilisée pour parler d'entreprise neuronale. Il est clair que, compte tenu de la taille des grands groupes internationaux, la communication interne traditionnelle et l'approche linéaire des process de décision ne sont plus envisageables. Dans toutes les entreprises, petites ou grandes, existent des tribus, des communautés d'intérêts avec leurs leaders d'opinion, pouvoir d'influence… Ces réseaux s'entremêlent et sont des leviers extraordinaires pour piloter une entreprise, prendre le pouls interne, sonder le terrain, insuffler des changements. Une fonction d'interface réseaux aurait une mission qui consisterait à :

- Élaborer une cartographie de tous les réseaux internes avec leurs zones d'interférence, les points leaders…
- Déterminer par des codes couleurs les types d'influence.
- Créer une forme de corrélation enjeu/réseau permettant de savoir selon le type de décision, ou résultat souhaité quel réseau actionner prioritairement.

Cette fonction étant stratégique, elle a toute sa place dans un comité de direction.

DIRECTEUR ARTISTIQUE, PATRON DE L'IMAGINATION

Cette fonction ne sera sans doute pas valable dans tous les cas, mais certainement déterminante dans des activités très concurrentielles pour des produits ou services à cycle de vie court, sensibles aux effets extérieurs et effets de mode.

Ces activités vont être très proches en termes de fonctionnement des équipes cirque, de spectacles se rassemblant un temps pour un produit, un spectacle et se dispersant une fois la lumière éteinte.

Dans ces temples de l'éphémère et de la mise en scène, l'émotion et l'investissement psychologique priment sur la démarche rationnelle, Ces produits conçus comme des œuvres éphémères, tireront leur succès d'effets de gamme et de l'identité de la marque. La direction artistique comme dans les métiers du spectacle donnera à penser les gammes de produits ou services comme des collections de couture dans lesquelles on reconnaît la patte du créateur et son identité, donnant du fait une âme aux produits. Cette approche est déjà connue pour les produits à faible diffusion comme dans l'automobile de luxe ou de séries spéciales avec des designers comme Pininfarina, Giugiarro ou Bertone. Renault avait timidement tenté cette aventure en positionnant sa marque avec une base line «créateur d'automobiles» au moment de la sortie de l'Avantime et de la Velsatis. L'erreur de Renault fut peut-être une forme de dépersonnalisation du créateur qui finalement n'avait pas d'autre nom que Renault! La promesse n'était pas tenue. Essai risqué et malheureusement raté, peut-être un peu en avance sur son temps, mais définitivement dans le sens de l'histoire. Les constructeurs d'électronique ou de téléphones portables sont assez dans cette logique.

DDH : DIRECTION DE LA DYNAMIQUE HUMAINE

Autrefois appelée «direction du personnel», la fonction avait évolué pour s'intituler aujourd'hui direction des ressources humaines. Le chef du personnel est devenu directeur des ressources humaines et a pris un peu de chaleur dans l'exercice de ses fonctions autrefois froides et techniques. Le métier est encore resté technique sur de nombreux aspects et il est probable que la fonction évoluera probablement fortement dans le futur vers trois orientations possibles :

* une sous-traitance des parties administratives non stratégiques du métier;

* une séparation de la fonction en deux;

* une évolution et une montée en puissance vers la stratégie.

Pour la question de la séparation en deux de la fonction, il est possible que nous voyions émerger deux spécialisations distinctes du métier, l'une en renforcement de la technique de la fonction ressources humaines traditionnelle, l'autre en émergence d'une dimension nouvelle : la dynamique humaine!

Directeur de la Dynamique Humaine, une fonction stratégique dont la mission va être la mise en mouvement au travers de l'aventure humaine dans l'entreprise en lien et en coordination avec les autres fonctions nouvelles (Unicité, Imagination, Réseau).

L'humain est un enjeu stratégique dans l'entreprise et la fonction dynamique va être vitale. Transversale dans son application, elle va prendre une place très importante dans les comités de direction d'entreprise où la vitesse sera déterminante.

Introduction de fin

Ce monde est-il sérieux ?

Quel cirque ! Il semble que nous entrons dans un monde de calculs. Le mot revient même de plus en plus dans le jargon des jeunes et des ados comme un leitmotiv à la moindre phrase : « J'le calcul pas ! »

Dire «calculer» pour exprimer le fait de ressentir, de voir ou de prévoir... comme si le mental s'exprimait désormais en lieu et place du cœur qui détenait encore jusqu'alors le monopole des émotions et de l'expression de nos sens.

Calculer est un exercice sérieux, car prévoir ne supporte guère le risque de l'erreur et le calcul s'exacerbe quand la peur d'un futur plus imprévisible s'accroît. La tentation croissante de mettre le monde en équations pour mieux le maîtriser et le contrôler conduit au fur et à mesure à le rendre plus froid, plus dur et rigide... et plus cynique.

Dans notre environnement peuplé de calculateurs en tout genre, ordinateurs censés contribuer à plus de communication et destinés à libérer l'homme, il semblerait que finalement et paradoxalement, il y ait une plus grande proximité d'échanges avec l'étranger du bout du monde appartenant à la même communauté d'intérêts qu'avec son proche ou son voisin. Étrange assemblage de mots d'ailleurs dans cette expression «communauté d'intérêts», comme si seul l'intérêt était désormais la motivation de la rencontre et de l'échange. Dans ces relations intéressées, le calcul prend une part importante et a cet effet étrange d'inverser les distances : les cœurs se distendent alors que les raisons se rapprochent. Serait-ce le signe d'une fin possible des communautés de cœur au profit de celles d'intérêt?

«Je pense donc je suis.» Par conséquent, pour exister, il est important – sinon de penser – au moins de montrer que l'on pense. Penser, analyser, calculer, sont des actes sérieux qui méritent respect, à l'image du mathématicien avec *le Petit Prince*. Pour montrer que l'on pense, il est préférable de paraître sérieux et d'endosser l'habit des gens qui pensent : le gris et le bleu sont des couleurs sérieuses qui, assorties à une grande langue autour du cou (cravate), laissent présager de l'importance et du niveau de pensée de l'interlocuteur.

La pensée qui domine met à terre l'émotion, nous avons abandonné notre enfant intérieur qui se nourrissait de grands frissons, d'imagination et de passion, nous sommes devenus des êtres arrogants devant la nature que nous pensons dominer.

C'est une partie de l'amour de l'enfant et de l'humilité de l'homme que nous avons enfouie très loin. L'humilité et l'amour, deux ingrédients qui, conjugués, apportent l'humour, ce regard différent et amusé sur la vie et le monde qui finalement peut nous faire dire : ce monde est-il sérieux?

Postface

Daniel Lamarre

Président du Cirque du Soleil

À première vue, cela peut paraître étrange, voire frivole, qu'une compagnie de cirque signe la postface d'un ouvrage sérieux sur les affaires. Le cirque traditionnel, peuplé de saltimbanques, de marginaux et de clowns évoque pour certains le chaos, le désordre, l'absence de règles et de sérieux. Or, les auteurs du présent ouvrage utilisent le monde du cirque comme modèle pour comprendre le présent, décrypter et imaginer l'avenir. Pour eux, l'esprit et la culture «cirque» sont porteurs de sens dans un monde où l'individualisme et la raison instrumentale sont maîtres. À cet égard, le Cirque du Soleil n'est ni un cirque tout à fait comme les autres, ni une entreprise tout à fait comme les autres.

L'ÉQUILIBRE VITAL

Depuis ses débuts en 1984, le Cirque du Soleil a entraîné dans son rêve plus de 50 millions de spectateurs, dans plus d'une centaine de villes réparties sur quatre continents. En 2006, le Cirque du Soleil, qui compte 3 500 employés dont environ le quart sont des artistes, présente simultanément treize spectacles dans le monde. L'entreprise a multiplié ses revenus par 22 en l'espace d'une dizaine d'années.

Quelle est la clé de ce succès ? Il y en a plusieurs.

Dans un cirque traditionnel, tout est question d'équilibre (du latin «égale liberté») : fil de fer, jonglerie, trapèze, monocycle, etc. Au Cirque du Soleil, outre les éléments physiques propres aux arts du cirque, l'équilibre se joue entre l'Art et le Commerce – ou, pour reprendre le titre du présent ouvrage, entre Circus et Company.

Bâti sur l'audace, le risque et l'imagination, le Cirque du Soleil a été fondé en 1984 par Guy Laliberté et une bande de jeunes amuseurs publics qui voulaient divertir le public, voyager et s'amuser. À l'époque des communes, à la fin du mouvement hippie, Guy Laliberté était tout sauf un homme d'affaires. C'était un accordéoniste, un échassier et un cracheur de feu qui gagnait sa vie en récoltant ce que les passants voulaient bien déposer dans son chapeau. Guy Laliberté et ses fidèles complices se situaient donc du côté «créatif» du spectre Art et Commerce.

LE DÉSÉQUILIBRE VOLONTAIRE – QUI NE RISQUE RIEN N'A RIEN

Or, les entreprises comme le Cirque du Soleil qui démarrent de ce côté du spectre et connaissent un certain succès tendent à basculer vite sur l'autre versant. Plus la croissance d'une entreprise est forte, moins celle-ci est encline à courir des risques, la tendance naturelle étant de ne pas s'aventurer en terrain inconnu lorsqu'on risque de «tout perdre».

Le Cirque du Soleil, qui a beaucoup plus à perdre aujourd'hui qu'il y a 22 ans, a toujours résisté à la tentation de mettre l'aspect commercial à l'avant-plan. La créativité et la prise de risques demeurent des éléments intrinsèques de son plan d'affaires. L'équilibre entre l'Art et le Commerce suppose une «mise en déséquilibre» délibérée et continuelle. Beau paradoxe! La prise de risques est une condition *sine qua non* de la créativité et du dépassement de soi.

Lorsque le Cirque du Soleil a annoncé la création d'un cabaret érotique à Las Vegas, les médias, bon nombre de fans du cirque et même certains de nos employés n'étaient pas persuadés qu'il s'agissait d'une stratégie judicieuse. Depuis lors, *Zumanity* fait figure de spectacle culte à Las Vegas.

Lorsque nous avons annoncé la création d'un spectacle en aréna fondé sur le catalogue musical du Cirque du Soleil et nécessitant l'équivalent en matériel de deux concerts rock à grand déploiement, plusieurs ont cru que nous étions tombés sur la tête. Au titre des recettes du spectacle, *Delirium* a surpassé Céline Dion, Elton John et Bon Jovi à plusieurs reprises au box-office américain en 2006.

Lorsque Guy Laliberté et le regretté George Harrison ont lancé l'idée de créer un spectacle sur l'héritage musical des Beatles auprès de Paul McCartney,

Ringo Starr et Yoko Ono (la veuve de John Lennon), les attentes du public – et, avouons-le, des Beatles eux-mêmes! – étaient extrêmement élevées. *Love*, présenté à guichets fermés depuis la première en juin 2006, a ravi les deux Beatles survivants, les veuves de George et John ainsi que la grande majorité des fans.

L'art, la créativité et la prise de risques sont donc à l'avant-plan au Cirque du Soleil. Bien sûr, le côté commercial joue un rôle capital dans le succès de l'entreprise. La coexistence de l'Art et du Commerce est un souci quotidien. Chaque décision, qu'elle soit artistique ou d'affaires, est évaluée en fonction de cet équilibre. Chaque dépense est prise en compte à la lumière de cet équilibre.

CRÉER SON PROPRE ESPACE D'ÉQUILIBRE

Par ailleurs, qui dit prise de risques, dit possibilité d'échec. S'aventurer en terrain inconnu, explorer des idées qui pourraient ne pas aboutir, abandonner certains projets que l'on caressait sont une partie intégrante du processus de création. Ce sont des effets indirects inévitables de la quête de l'équilibre.

Un autre facteur du succès phénoménal du Cirque du Soleil peut être attribué à ce que W. Chan Kim et Renée Mauborgne ont nommé la stratégie «océan bleu». Selon ces auteurs, le fait d'évoluer dans un environnement concurrentiel saturé n'est pas garant d'une rentabilité à long terme. Pour sortir de l'«océan rouge» de la concurrence, une entreprise doit ouvrir et conquérir des espaces stratégiques encore vierges qui aboutiront à la création d'espaces de marché entièrement nouveaux – des océans bleus. Selon les auteurs, ces nouveaux espaces stratégiques sont le propre des industries naissantes, où les parts de marché sont encore incontestées. Dans un océan bleu, la demande est créée plutôt que disputée. Dans la majorité des cas, les océans bleus sont créés lorsqu'une entreprise modifie les frontières de l'industrie dans laquelle elle évolue.

Le Cirque du Soleil, qui s'abreuve à même la tradition des arts du cirque, n'a pas inventé le cirque moderne, mais il a su proposer des formes de divertissement qui visent à «invoquer l'imaginaire, provoquer les sens et évoquer l'émotion des gens autour du monde», comme le rappelle sa mission.

À un moment où le cirque traditionnel était en déclin (du moins en Amérique du Nord) et où les numéros avec animaux étaient de plus en plus contestés, les probabilités de succès d'un cirque au Québec – même sans animaux – semblaient minces, mais le Cirque du Soleil n'avait nullement l'intention d'affronter les cirques traditionnels sur leur propre terrain de jeu. Guy Laliberté et sa bande de complices ont plutôt choisi de créer un espace stratégique incontesté – un océan bleu. L'entreprise allait proposer des spectacles aussi colorés que les cirques traditionnels à trois pistes, mais d'une complexité et d'une intensité se rapprochant davantage du théâtre, du ballet ou de l'opéra.

En 1984, personne ne revendiquait un cirque à une seule piste et sans animaux. Le Cirque du Soleil n'a pas répondu à une demande des consommateurs, il l'a créée.

Guy Laliberté a vite constaté que rien ne l'empêchait de créer plus d'un spectacle, contrairement aux cirques traditionnels qui pouvaient partir en tournée pendant plusieurs années avec un seul ensemble de numéros. En ajoutant un nouveau spectacle tous les deux ou trois ans, il allait établir un répertoire qui lui permettrait de trouver de nouveaux débouchés pour les productions existantes, tout en retournant périodiquement dans les marchés établis pour proposer de nouvelles créations.

Cette vision est essentiellement celle d'un seul homme dont la créativité, le flair et les talents d'entrepreneur sont inégalés. À cet égard, à l'instar de Microsoft et d'Apple, le Cirque du Soleil est en grande mesure le reflet de son fondateur et de sa vision éclatée.

DIVERSITÉ = AGILITÉ

Cela dit, notre entreprise n'est pas pour autant un one-man-show. Nos 3 500 employés – acrobates, comptables, voltigeurs, électriciens, clowns, musiciens, techniciens, artisans, entraîneurs, directeurs, concepteurs, attachés de presse, contorsionnistes et vice-présidents, pour ne mentionner que ceux-ci – sont les ambassadeurs de la culture du Cirque du Soleil. Collectivement, ces collaborateurs sont «génétiquement» armés pour l'agilité.

Le Cirque du Soleil – dont les employés représentent une quarantaine de nationalités, ce qui donne un concert de quelques 25 langues – est un environnement complexe où la diversité est une richesse pleinement exploitée. Son siège social international, situé à Montréal, se veut un laboratoire de création mondial où les meilleurs créateurs de la planète sont appelés à collaborer à des projets créatifs. En assumant ce rôle de catalyseur et de rassembleur, le Cirque du Soleil est en mesure de se réinventer à chaque chapitre de son histoire, voire à chaque spectacle.

«Le cirque est le temple de l'agilité», soutiennent les auteurs du présent ouvrage. Au fil des ans, la multiplication des projets a obligé notre entreprise à former des «cellules de création» afin de gérer l'organisation de manière organique. Parallèlement, la nouvelle équipe de la Synergie créative voit à maximiser le potentiel créatif de l'organisation par toutes sortes de moyens et à tous les niveaux de l'entreprise. Ainsi, chaque défi – de création, d'affaires, de marketing ou de gestion – est un maillon de l'œuvre commune, le fruit d'efforts complices. Le maintien de l'équilibre suppose des ajustements constants.

LE « JUSTE RETOUR DES CHOSES »

La notion d'équilibre renferme un autre principe tout aussi fondamental : celui du «juste retour des choses». «Il ne faut jamais oublier nos origines», tient à rappeler Guy Laliberté. Le Cirque du Soleil consacre chaque année 1 % de ses revenus bruts à l'action sociale. Avec ces ressources, le cirque vient en aide, entre autres, aux jeunes en difficulté dans une cinquantaine de communautés aux quatre coins du globe par l'entremise de Cirque du Monde, un programme mené de concert avec des organismes comme Jeunesse du Monde et Oxfam International.

Persuadés que les rêves les plus fous se réalisent, Guy Laliberté et ses complices s'apprêtent à porter la cause de l'eau partout sur la planète. 1,1 milliard de personnes n'ont pas accès à de l'eau potable dans le monde, 2,4 milliards ne disposent pas d'installations sanitaires décentes et 9 à 10 millions de personnes meurent chaque année en raison d'un manque d'accès à de l'eau potable. «Les idées les plus extravagantes voient le jour lorsqu'on y met de la volonté, de la créativité et de la persévérance» clame celui qui est bien placé pour le dire.

VERS L'ÈRE DE L'IMAGINATION

Les rapports humains semblent évoluer vers davantage de coopération, de solidarité et d'entraide, avancent les auteurs du présent ouvrage. Cette nouvelle réalité appelle les entreprises à devenir de meilleurs citoyens, à former et à écouter des «magiciens», ces transformateurs du réel.

J'ignore combien d'entreprises sont entrées dans l'ère de l'imagination ou l'ère circassienne dont nous parlent les auteurs du présent ouvrage. Ce qui est certain, c'est que je côtoie des «magiciens» tous les jours; certains sont des employés, d'autres des collaborateurs du Cirque du Soleil. Tous, à leur manière, contribuent à propulser vers l'avenir cette «tribu de talents», cette bande d'«équilibristes du quotidien» et à nourrir des rêves audacieux qui rayonnent bien au-delà de l'entreprise. La créativité est leur force et la liberté, leur moteur.

Daniel Lamarre
Président et chef de la direction
Cirque du Soleil

Bibliographie

Attali Jacques, *Dictionnaire du XXIe siècle*, Fayard, 1998.

Attali Jacques, *Le peuple nomade*, Le Livre de Poche, 2005.

Beinocker Éric, « The Adaptative Corporation », *McKinsey Quarterly*, n°2, 200.

Buckingham Marcus, Coffman Curt, *Manager contre vents et marées*, Village Mondial, 2005.

Collins James C., Jerry I. Porras, *Bâties pour durer : Les entreprises visionnaires ont-elles un secret ?* First, 1996.

Collins Jim, Prigent Agnès, *De la performance à l'excellence : Devenir une entreprise leader*, Village Mondial, 2006.

Corneau Guy, *Père manquant, fils manqué*, L'Homme, 2006.

Csikszentmihalyi Mihaly, *La créativité : Psychologie de la découverte et de l'invention*, Robert Lafont, 2006.

Csikszentmihalyi Mihaly, *Vivre la psychologie du bonheur*, Pocket, 2007.

Davis Stan, Meyer Christopher, *The Coming Convergence of Information, Biology, and Business : It's Alive*, Texere Publishing, 2003.

Davis Stan, Meyer Christopher, *Speed of Wealth* ?

Economist Intelligence Unit, *CEO Briefing, Corporate priorities for 2005*, 2005.

Ferry Luc, *L'Homme-Dieu ou le sens de la vie*, Le Livre de Poche, 1997.

Florida Richard, *The Rise of the Creative Class.* Basic Books, Reprint, 2004.

Gaudin Thierry, Dégremont Jean-François, *2100, récit du prochain siècle*, Payot, 1993.

Gerstner Louis. *J'ai fait danser un éléphant*, Village Mondial, 2003.

Gleick James, *Toujours plus vite,* Hachette Littérature, 2001.

Jonas Hans, *Le principe de responsabilité. Évolution et liberté*, Rivages, 2000.

Joyce William, Roberson Bruce, «Nohria Nitin What Really Works», *Harvard Business Review* Jul 1, 2003.

Kaku Michio, *Visions : Comment la science va révolutionner le XXIe siècle*, Albin Michel, 1999.

Kim W. Chan, Mauborgne Renée, «Blue Ocean Strategie», *Harvard Business Review*, octobre 2004.

Kotter John P., Heskett James L., *Corporate Culture and Performance*, Free Press, 1992.

Luh Shu Shin, *Business the Sony Way*, Wiley & Sons, 2003.

Maffesoli Michel, *Le temps des tribus*, Table Ronde, 2000.

Marx Karl, «Critique de l'économie politique», in *Karl Marx Œuvres* (volume 1), Gallimard, 1965.

Nordstrom Kjell A., Ridderstrale Jonas, *Funky Business. Le talent fait danser le capital*, Village Mondial, 2000.

Nordstrom Kjell A., Ridderstrale Jonas, *Karaoke Capitalism*, Praeger, 2005.

Observatoire des tendances sociologiques Foreseen, *Le retour des clans*, Denoël, 1997.

Pessoa Fernando *Le livre de l'Intranquillité*, Christian Bourgois, 2004.

Ray Paul H. Anderson Sherry Ruth, *L'émergence des Créatifs Culturels*, Yves Michel, 2001.

Rifkin Jeremy, *L'âge de l'accès : La nouvelle culture du capitalisme*, La Découverte, 2005.

Rosnay Joël de, *L'homme symbiotique*, Seuil, 2000.

Senge Peter, *La cinquième discipline*, First, 2000.

Smith Adam, *Recherche sur la nature et les causes de la Richesse des Nations*, Economica, 2000.

Solé Andreu, *Créateurs de mondes*, Le Rocher, 2000.

Toffler Alvin, *Le choc du futur*, Gallimard, 1987.

Toffler Alvin, Toffler Heidi, *Créer une nouvelle civilisation : La politique de la troisième vague*, Fayard, 1995.

Vinge Vernor, Abadia Guy, *Un feu sur l'abîme*, Le Livre de Poche, 1998.

Weick Karl, *Sociologie de l'organisation*, Vuibert, 2003.

Weick Karl E., *Sensemaking in Organizations*, Sage Publications, 1995.

Index
des entreprises citées

Index général

Les auteurs

www.circus-company.com

LAURENT SAUSSEREAU : LE MAGICIEN

Créateur d'entreprises, spécialiste des universités d'entreprise et des dimensions stratégiques de la RH, il a été le fondateur d'une des grandes sociétés spécialisées dans ce domaine, l'ICAD. Il est l'auteur d'un livre intitulé *Management du savoir, vers les Universités d'entreprise*.

Passionné par la prospective et la créativité, il aide les entreprises dans des démarches d'anticipation et accompagne les équipes de direction qui veulent s'entraîner à penser autrement. Il est associé du cabinet de conseil en stratégie Secor.

THIERRY ROUSSIN : LE JONGLEUR

Thierry a principalement consacré sa carrière au développement des entreprises par acquisitions et partenariats, d'abord au sein de PME canadiennes ouvertes sur l'international, puis pour des sociétés multinationales cotées, alternativement dans divers secteurs industriels et des médias. Il a également œuvré quelques années à titre de vérificateur responsable de grands comptes français et canadiens pour le cabinet Ernst & Young.

Associé du cabinet de conseil Secor à Paris depuis 2001. Il intervient essentiellement auprès d'entreprises qui font face à des enjeux majeurs de changement dans des environnements complexes et multinationaux. Dans ce cadre, il accompagne les équipes dirigeantes en les aidant à articuler et à mettre en œuvre la vision et les dynamiques pour y faire face dans une logique d'accélération et de résultats.

ÉRIC-AXEL ZIMMER : LE DOMPTEUR

Éric-Axel a d'abord travaillé dans l'aérospatial chez Eutelsat et Arianespace dans des fonctions marketing. Après cinq ans, il a surfé sur la vague de la bulle Internet et vécu l'aventure de l'entreprenariat : il a cofondé et développé l'agence multimédia Spoutnik spécialisée dans le ludo-éducatif. Depuis 2004, il est consultant en alignement stratégique à Secor.

Son ambition est de favoriser et de participer au développement du capital social à tous les échelons de la société, en aidant les entreprises à visiter, évaluer et souvent transformer leur organisation pour répondre aux enjeux du XXIe siècle. Éric-Axel est d'origine belge, canadienne et américaine.

Table des matières

Agile ou fragile?

Magic World

Éléphants dancing

La piste aux étoiles

Les magiciens

Action!
Pistes pour l'entreprise du XXIe siècle

www.ingramcontent.com/pod-product-compliance
Lightning Source LLC
Chambersburg PA
CBHW081251130726
47998CB00010B/2748